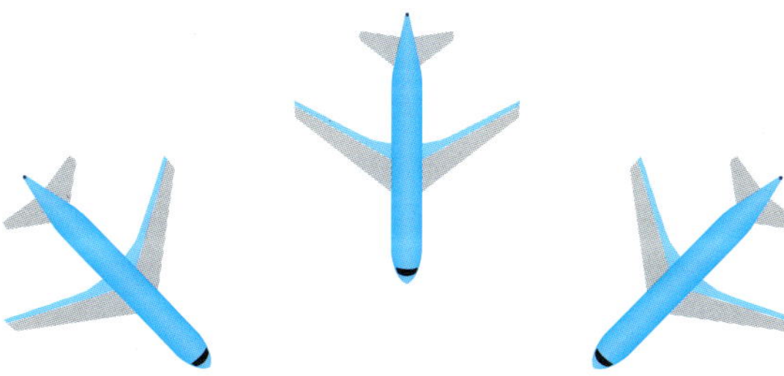

나만의 여행을 찾다보면 빛나는 순간을 발견한다.

잠깐 시간을 좀 멈춰봐.
잠깐 일상을 떠나 인생의 추억을 남겨보자.
후회없는 여행이 되도록
순간이 영원하도록
Dreams come true.

Right here.
세상 저 끝까지 가보게

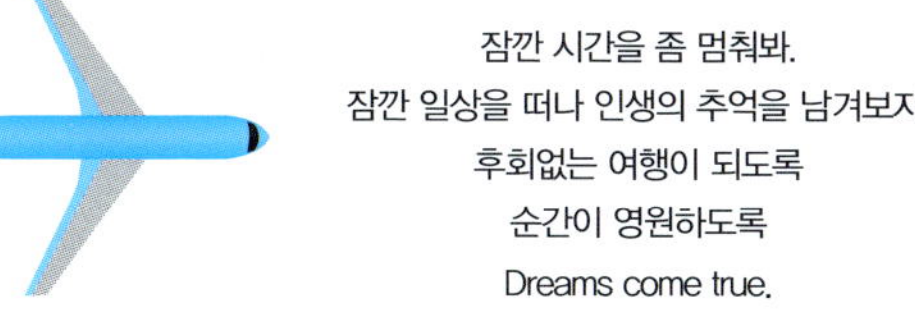

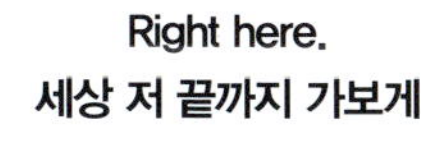

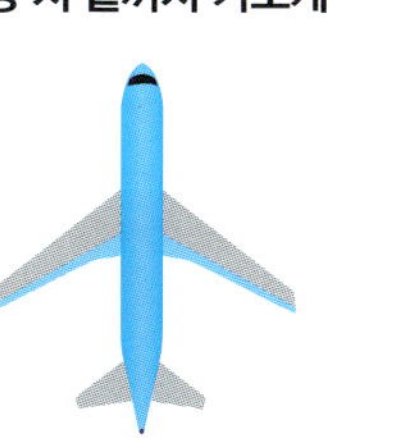

Contents

가오슝 남부 | *318*

볼거리

노공 공원 / 대보 관광공장 / 큐빅 / 이케아 가오슝점 / 까르푸 성공점
MLD 대려 / 전진지성 / 드림몰 / 타로코 파크

웨이우잉

볼거리

웨이우잉 벽화마을 / 웨이우잉 예술 문화센터 / 마리스 기프트

가오슝 근교

볼거리

불광산 / E-DA 테마파크

여행 대만어(중국어) 회화 | *342*

Intro

대만의 부산. 단 한 문장으로 가오슝(高雄)을 친숙하게 느낄 수 있는 마법의 문장이다. 가오슝은 실제로도 부산과 자매 결연을 맺은 도시이며, 한국의 남쪽에 위치한 부산과 같이 대만 남부, 정확히는 서남부에 위치한 항구 도시다.

보통 대만 여행이라고 생각한다면 타이베이(台北)를 생각하는 사람들이 많고, 실제로 한국 여행자들이 가장 많이 여행하는 대만의 여행지도 타이베이다. 이처럼 아는 사람들만 알면서 대만 여행의 숨겨진 보석처럼 여겨지던 가오슝(高雄)은 2010년대 중반부터 한국 매체에 방영되며 점차 이름을 알렸으며, 최근 몇 년간 다양화된 여행 예능 프로그램에서 다수 소개되며 더욱 더 많은 사람들에게 각인되기 시작했다.

그렇다면 대만의 인기 여행지로 떠오르고 있는 가오슝(高雄)은 어떤 곳일까. 가오슝은 항구를 통해 철강업과 석유화학을 기반으로 대만 최대의 공업 도시로 성장하였으며, 타이베이 다음으로 큰 대만 제 2의 대도시로 자리 잡았던 곳이다. 그러나 시대가 변하고 3차 산업이 발전하면서 2차 산업이 쇠퇴하기 시작했고, 2차 산업인 중공업을 기반으로 성장한 가오슝 또한 시대의 흐름을 따라 빛을 잃어가는 듯 했다.

하지만 2000년대로 들어서기 시작하면서, 가오슝(高雄)시는 쇠락해가는 가오슝을 되살리기 위해 관광 문화 조성에 전폭적인 노력을 쏟기 시작했다. 가오슝 시내 곳곳을 연결하는 교통편이 개통되기 시작했고, 실내외 할 것 없는 관광 포인트들이 세워지고 진흥되기 시작했다. 이제 가오슝을 방문하는 여행자들은 가오슝 시내와 인근을 편리하게 이동할 수 있는 지하철인 MRT와 경전철 LRT(트램)로 가오슝을 좀 더 쉽게 여행할 수 있으며, 가오슝 곳곳에 설치된 공공 자전거 C-BIKE를 타고 완벽히 갖춰진 자전거 도로를 가르며 가오슝 시내 구석 구석을 자유롭게 이동할 수 있게 됐다.

가오슝(高雄) 시내에서 대표적으로 만날 수 있는 관광명소로는 가오슝을 가로지르는 아이허(愛河)를 평화로이 조망할 수 있는 태양광 전지 유람선과 곤돌라, 볼거리 즐길 거리 먹을 거리가 가득한 보얼 예술 특구(駁二藝術特區), 페리를 타고 10분도 안되는 시간에 도착해

남북으로 길게 뻗은 해안을 맘껏 즐길 수 있는 치진(旗津)섬이 있다. 이에 더해 각종 육류와 해산물, 간식 등을 만나볼 수 있는 미식의 보물창고 같은 야시장, 낮과 밤 언제나 즐길 수 있는데다 현대 근대 할 것 없이 만나볼 수 있는 가오슝의 다양한 건축물, 실내외 할 것 없이 즐길 수 있는 테마파크 등은 가오슝에서의 여행을 더욱더 다채롭게 만들 것이다. 또 가오슝(高雄)에서 1~2시간 이내면 대만의 경주라 불리는 타이난(台南), 숨겨져 있던 소도시 헝춘(恆春), 대만의 대표 휴양지 컨딩(墾丁)도 쉽게 방문할 수 있다.

많은 사람들의 관심이 계속해서 증가하고 있는 가오슝(高雄)은 대만의 각광받는 여행지라는 타이틀을 받기 이르렀다.

특히 가오슝은 어디를 가나 한국어가 들리는 타이베이(台北)에 비해 한국인 관광객을 만나는 일이 드문 편이다. 외국에서 한국인 관광객이 많아 외국 느낌을 받지 못하는 것을 꺼리는 사람들에게 좋은 곳이 될 것이다.

따뜻한 나라에서도 더 따뜻한 남부에 위치한 가오슝(高雄). 가오슝은 한 해의 일조 시간이 2,200시간에 달해 태양의 도시라는 별칭까지 갖고 있다. 또 따뜻한 기온만큼이나 순박한 정서를 갖고있는 가오슝의 시민들이 여행자들에게 베푸는 친절함은 가오슝에서의 여행을 더 좋은 기억으로 만들어줄 것이다.

트래블로그 가오슝은 가오슝의 다양한 관광지 및 식당을 직접 방문하고, 밤낮으로 걷고 뛰며 진짜 모습을 담고 취재했다. 또 대만을 처음 방문하는 여행자는 물론, 중국어를 잘 알지 못하는 사람도 쉽게 자유 여행을 즐길 수 있도록 실제적이고 유용한 여행 정보를 가득 담았다. 가오슝에 방문할 계획이 있다면, 가오슝을 즐길 준비가 됐다면 이제 트래블로그 가오슝을 가지고 떠나자!

ABOUT
가오슝

Kaohsiung

가오슝의 사계절

많은 사람들이 더운 날씨로 유명한 다른 동남아시아처럼 가오슝(高雄) 또한 1년 내내 더울 것이라 생각한다(사실 대만은 지리적으로 동북아시아에 속한다). 그러나 가오슝의 날씨는 1년 12달 내내 덥기만 하지 않다. 우리나라처럼 영하 10도 이하로 내려가는 혹독한 겨울 날씨는 전혀 없지만, 생각보다 쌀쌀하다면 예정에 없던 지출이 생길 수도 있다. 따라서 가오슝 여행을 계획하는 사람이라면 가오슝의 계절이 어떠한지 잘 알아두고 가야한다.

가오슝의 연평균 기온은 최저 기온이 19℃, 최고 기온이 29℃다. 평균 기온 자체는 높아 보이지 않지만, 몬순 기후의 영향을 받기 때문에 여름에는 고온다습하고 비가 많이 온다. 겨울은 여름과 비교해 보았을 때 저온 건조하고 강우량이 적다.

가오슝은 1~2개월 간격으로 봤을 때 강우량이나 기온에 큰 차이가 없으며, 우리나라처럼 사계절을 나눌 수 있는 명확한 기준도 없다. 가오슝의 사계절을 나누려면 기온과 강우량이 비교적 차이나는 월별로 구분해 살펴보는 것이 가장 좋다.

봄
Spring

통계적인 평균 기온은 25℃지만 한낮에는 30℃까지 올라가는 일도 종종 있다. 월평균 강우량 또한 20~30mm로 비도 별로 오지 않기 때문에 여행하기에도 좋은 날씨다. 그러나 아침, 저녁으로는 다소 선선할 수 있다. 추위를 잘 탄다면 얇은 긴팔을 입거나, 반팔을 입는다면 가디건을 준비하는 것이 좋다.

여름
Summer

가오슝(高雄)의 여름은 4월에 시작된다. 4월부터는 가오슝의 기온이 평균 29℃, 습도가 60%에 접어들며 5월부터는 30℃를 가볍게 넘고 습도 또한 80%를 웃돈다. 여름 중에서도 특히 6～8월은 강우량이 집중되는 시기로 월평균 300～400㎜의 비가 쏟아진다.
해가 뜨는 날도 많지만 비가 왔다 갔다 하는 날이 많다. 이 시기에 여행을 간다면 튼튼한 우산이나 우비가 필수다.

가오슝(高雄)의 기온과 습도가 아주 조금 내려가는 시기다. 최고 기온은 여전히 30℃ 언저리에 머무르며 습도도 80%에 머물러있다. 또 10월까지는 이따금 태풍이 올 때가 있다. 이 시기에 여행한다면 태풍 때문에 여행에 차질이 생길 수 있음을 알아두고 계획하자.

그나마 쾌적한 가오슝(高雄)을 즐길 수 있는 시기다. 찜통더위도, 비도, 태풍도 없어 가오슝을 여행하기 가장 좋다. 기온은 2-3월과 같이 평균 25℃지만, 한낮에는 30℃까지 올라가기도 한다. 평균 강우량 또한 10~20mm로 적은 편이다. 그러나 아침, 저녁으로는 다소 쌀쌀하기 때문에 얇은 긴팔을 입거나, 반팔을 입는다면 가디건을 챙겨놓는 것이 좋다.

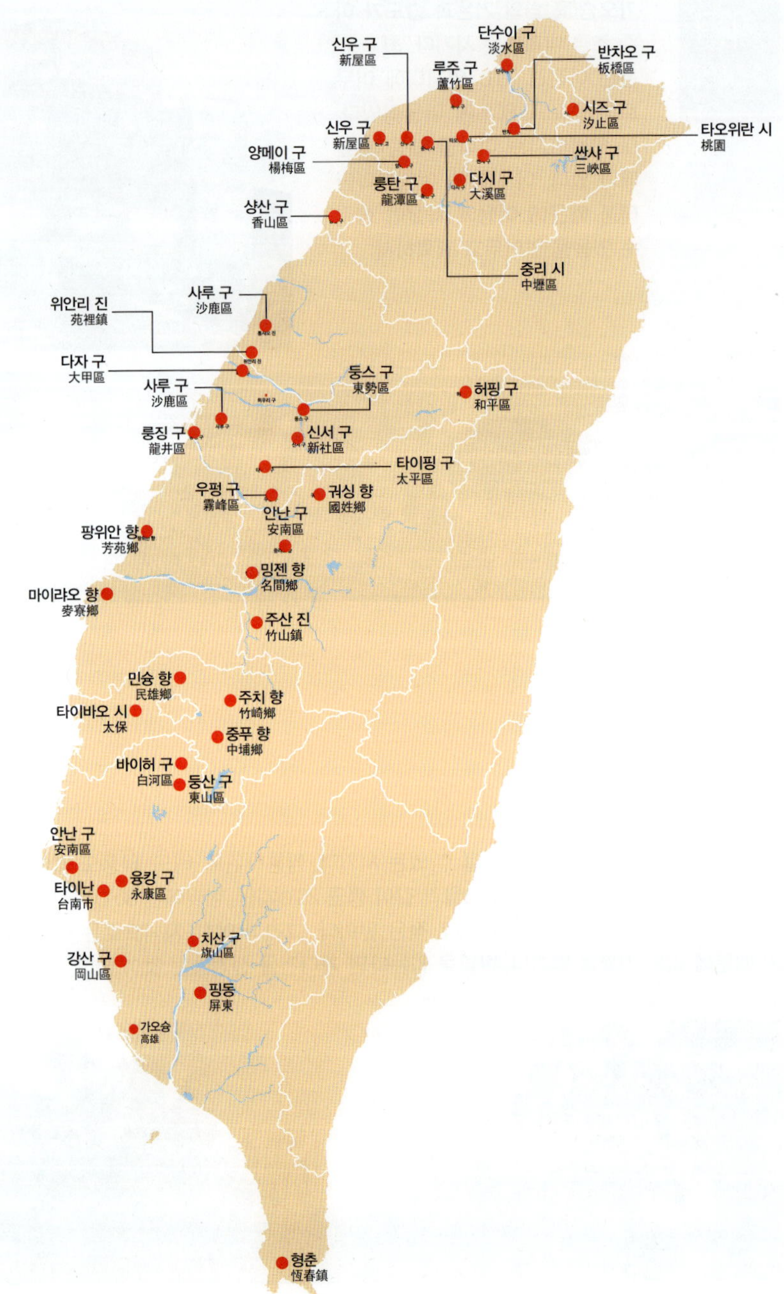
신우 구
新屋區
단수이 구
淡水區
반차오 구
板橋區
루주 구
蘆竹區
시즈 구
汐止區
신우 구
新屋區
타오위란 시
桃園
양메이 구
楊梅區
싼샤 구
三峽區
룽탄 구
龍潭區
다시 구
大溪區
샹산 구
香山區
중리 시
中壢區
위안리 진
苑裡鎮
사루 구
沙鹿區
다자 구
大甲區
둥스 구
東勢區
허핑 구
和平區
사루 구
沙鹿區
신서 구
新社區
룽징 구
龍井區
타이핑 구
太平區
우펑 구
霧峰區
궈싱 향
國姓鄉
팡위안 향
芳苑鄉
안난 구
安南區
밍젠 향
名間鄉
마이랴오 향
麥寮鄉
주산 진
竹山鎮
민슝 향
民雄鄉
주치 향
竹崎鄉
타이바오 시
太保
중푸 향
中埔鄉
바이허 구
白河區
둥산 구
東山區
안난 구
安南區
융캉 구
永康區
타이난
台南市
치산 구
旗山區
강산 구
岡山區
핑동
屏東
가오슝
高雄
헝춘
恆春鎮

한눈에 보는 가오슝

가오슝(高雄)은 대만의 서남부에 위치한 항구도시다. 아열대성 몬순 기후의 영향을 받는 곳으로 연중 온화한 날씨이며, 대체로 덥고 습도가 높다. 가오슝 공항에서 가오슝 시내까지는 30분도 안 되는 시간에 도착할 수 있을 정도로 가까우며, 지하철인 MRT로 쉽게 이동할 수 있다.

가오슝의 대표적인 볼거리로는 가오슝의 랜드 마크를 다투는 가오슝 85대루(高雄85大樓)와 용호탑(龍虎塔), 보얼예술특구(駁二藝術特區) 등이 있다. 항구도시라는 이점답게 시내에서 10분 정도만 대중교통을 타고 나오면 바다를 감상할 수 있으며, 페리를 타고 10분도 안 되는 곳에 있는 치진 섬에서는 다양한 조형물과 함께 멋진 해안 풍경을 조망할 수 있다. 또 가오슝에서는 대만 남부의 유명한 도시인 타이난(台南)과 소도시 헝춘(恆春), 컨딩(墾丁)까지 1–2시간 이내로 닿을 수 있어 다양한 매력의 대만 남부를 쉽게 만날 수 있다.

▶ **위치** | 대만 서남부
▶ **인구** | 약 277.8만 명
▶ **면적** | 2,952㎢
▶ **연평균 기온** | 25℃
▶ **시차** | 1시간(한국이 1시간 더 빠름)
▶ **비자** | 90일까지 무비자 체류 가능
　　　　　(여권 유효기간 6개월 이상 및
　　　　　왕복항공권 소지자)
▶ **화폐** | 대만달러(NT$, NTD, TWD) 또는 위안 元
▶ **언어** | 대만어(중국어)

■ 도시를 가르는 아이허의 풍경

서울의 한강처럼 가오슝(高雄) 시내를 굽이지어 흐르는 아이허. 사랑의 강이라는 이름답게 낭만이 가득한 아이허는 낮에는 푸른 풍광을, 밤에는 아름다운 야경을 자랑한다. 태양광 전지로 움직이는 유람선이나 곤돌라를 타고 아이허의 주변 풍경을 즐긴다면 가오슝에서 의 잊지 못할 추억으로 남을 것이다.

다양한 매력을 가진 근현대 건축물

가오슝(高雄)은 다양한 근대 현대 건축물이 공존하는 도시다. 대표적인 근대 건물로는 가오슝의 서쪽 시즈완(西子灣) 지역에 있는 주홍빛 벽돌의 다거우(打狗) 영국 영사관, 고딕 양식으로 지어져 이국적인 아름다움을 자랑하는 장미성모 성전 주교좌당(玫瑰聖母聖殿 主教座堂)이 있다.

반면 세계의 다른 고층 건물과 차별되는 모양을 가진 가오슝 85대루(高雄85大樓)와 가오슝 전시센터, 가오슝 시립 도서관 등의 현대적인 건물들은 실용적인 역할과 함께 자랑할만한 외관을 갖고 있어 멀리서 보기만 해도 감탄을 자아낼 것이다.

편리한 대중교통과 자전거 도시

가오슝(高雄)은 시내 이곳 저곳을 연결하는 버스와 지하철 MRT, 트램 LRT가 잘 갖추어져 있기 때문에 대중교통으로 여행하기 좋은 도시다. 또한 가오슝은 아시아의 5대 자전거 도시로 시내 곳곳에서 자전거를 대여하여 가오슝 구석구석을 돌아볼 수 있으며, 자전거 도로 또한 완벽하게 조성해뒀기 때문에 안전하고 편안한 자전거 여행을 즐길 수 있다.

동북아를 아우르는 미식의 집합

대만은 독자적인 전통 음식도 많지
만, 동북아 주변 국가의 영향을 많이
받아 다양한 음식을 맛볼 수 있는
곳이다. 여행자들은 가오슝(高雄) 곳
곳에 있는 식당과 야시장에서 입 맛
에 찰떡같이 맞는 음식과, 때로는 전
혀 먹어보지 못한 독특한 음식을 맛
보면서 가오슝 여행의 진가를 느낄
수 있을 것이다.

■ 함께 즐길 수 있는 대만 남부 도시

가오슝(高雄)에서는 대만 남부의 떠오르는 관광 도시로 쉽게 이동할 수 있다. 특히 대만의 역사적인 건축물을 여기저기서 찾아볼 수 있는 타이난(台南), 구석구석 살펴볼 때 더 소중해지는 매력적인 소도시 헝춘(恆春), 대만 현지인과 외국인 관광객 할 것 없이 많은 사람들이 방문해 즐기는 대만 남부 대표 휴양지 컨딩(墾丁)까지 가오슝에서 환승 없이 1~2시간 안에 만나볼 수 있는 대만 남부의 도시들은 가오슝을 찾는 여행자들에게 또 다른 매력의 대만을 선사할 것이다.

K·A·O·H·S·I·U·N·G

가오슝
여행에
꼭필요한
INFO

가오슝의 역사

가오슝(高雄)의 역사를 살펴보려면 대만의 역사를 조금 들춰보는 것이 좋다. 가오슝이 역사적으로 조명을 받기 시작한 시기는 1600년대 정성공(鄭成功)이 대만에 등장한 때였다. 중국 역사의 한 축을 자리하던 대만이 세계열강들의 지배를 당하고 현재의 중화민국(中華民國)으로 오기까지는 수많은 시련과 고난이 있었다. 격동의 역사 속에서 대만 근현대사의 크고 작은 획을 그었던 가오슝은 어떤 역사를 갖고 있는지 살펴보자.

1500년대~1600년대 | 유럽 열강들의 대만 지배

15세기는 유럽 국가들의 대항해 시대가 시작된 시기다. 1590년 포르투갈의 항해사들은 대만 섬을 발견하였고, 그들은 대만을 아름다운 섬이라는 뜻의 'Ilha Formosa'로 이름을 붙였다.

그동안 중국의 수나라, 원나라, 명나라의 통치를 받고 있던 대만은 포르투갈에 의해 세계사에 등장할 수 있었다. 대만이 세계에 알려진 이후 유럽의 여러 나라들이 대만에 관심을 갖기 시작했으며, 네덜란드와 에스파냐, 스페인까지 대만에 진출해 대만 곳곳을 침식하기 시작했다.

Ilha Formosa로 표기된 대만의 고지도

1600년대~1700년대 | 정성공과 청나라 시대, 가오슝 발전의 시작

17세기 중반에는 명(明)나라가 멸망하고 청(淸)나라가 세워졌다. 명나라 출신의 정성공(鄭成功)은 대만에서 명나라를 복권시키려는 목적으로 타이난에 상륙한 후 네덜란드를 항복시키고 대만을 점거했다.

정성공 시대는 가오슝(高雄)이 본격적으로 개발되기 시작했던 시기로, 이때의 가오슝은 다거우(打狗)라 불렸다. 그러나 정성공 일가가 대만을 통치한 지 20년이 조금 지나지 않아 청나라는 중국통일에 성공한다. 이후 청나라의 황제 강희제(康熙帝)가 대대적으로 대만을 공격하였으며, 대만은 다시 청나라의 손으로 들어가게 된다.

정성공

강희제

1700년대~1900년대 | 청나라와 유럽 열강의 지배

유럽 열강 사이에서 고군분투하던 청나라는 영국과의 제 2차 아편전쟁에 패한다. 청나라는 패배의 댓가로 1858년 영국과 텐진조약(天津條約)을 체결하게 되는데, 이 때 영국은 텐진 조약에서 안핑(安平), 타이난(台南), 단수이(淡水), 지룽(基隆)과 함께 가오슝의 개항을 요구했다.

Signing the Treaty of Tientsin, 1858

1859년에는 스페인 선교사가 가오슝에 들어오며 대만에 카톨릭이 본격적으로 전해지기 시작했다. 대만에서 가장 큰 천주교 성당이자 가오슝의 관광지인 장미성모성당도 이 시기에 지어졌다. 가오슝은 텐진 조약이 체결되고 6년 후인 1864년 개항됐다. 1876년부터 시즈완(西子灣) 지역에 지어지기 시작한 다거우 영국 영사관은 1879년에 완공되었고, 현재는 가오슝의 대표 관광지로 남았다.

1894년 청나라와 일본은 조선을 사이에 두고 전쟁을 벌였다. 청일전쟁에서 일본에 패한 청나라는 대만을 일본에 넘겨주게되었으며, 대만은 일본이 태평양 전쟁에서 완패할때까지 식민지배를 당했다.

1900년대~현재 | 228 사건, 메이리다오 사건으로 얻은 민주화

1945년 일본이 태평양 전쟁에서 무조건 항복을 선언하면서 세계 2차 대전이 종전됐다. 51년간 일본의 식민 통치를 받던 대만은 일본의 지배를 떠나 국민당의 치하로 들어갔다.

광복을 맞이한 대만 시민들은 공평하고 공정한 정치를 기대했지만, 국민당은 본래 대만에서 살고 있던 본성인(本省人) 또는 내성인(內省人)을 배제하고 중국에서 건너온 외성인(外省人)을 요직과 기득권의 중심에 서게 하며 부정부패를 일삼기 시작했다.

228 당시 대만시내의 시위대

타이베이에 있는 228 기념 공원　　　　　　　　가오슝에있는 228 기념 공원

그러던 1947년 타이베이(台北)에서 2.28 사건이 일어났다. 이전부터 국민당에 대한 불만이 높았던 대만 시민들은 무자비한 유혈 진압과 언론 통제, 30여년이 넘는 오랜 기간의 계엄령으로 민주화에 대한 목소리를 조금씩 높여가기 시작했다.

오랜 기간의 계엄령이 계속되던 1979년, 가오슝에서는 '대만 독립과 민주화를 위한 잡지'라는 부제가 달린 메이리다오(美麗島)라는 잡지가 창간된다. 미려도는 1979년 12월 10일, 세계 인권의 날을 맞아 대만 인권 위원회를 발족하며 시위를 주최했다.

정부의 불허에도 불구하고 3만명이 넘는 시위대가 모였으며, 100여명이 넘는 중요 인사와 시민들이 체포 및 투옥, 중형을 선고받았다. 이 사건은 메이리다오 사건으로 불리며 대만 민주화의 본격적인 시작을 알렸다. 사건 이후 1986년에는 미려도 잡지의 창간 주역들이 모인 민주 진보당이 창당되었고, 이들의 열띤 활동은 1987년 7월, 약 40년간의 계엄령을 해제시키는 결과를 이끌어냈다.

2.28 사건

1947년 2월 27일 정부에서만 판매 가능한 담배를 몰래 팔던 노인이 단속반에게 폭행당하며 시발된 사건. 시민들이 과잉 진압을 항의하자 경찰은 발포로 대응하였고, 이 과정에서 무고한 시민이 사망하였다. 다음날인 2월 28일 시민들이 항의 및 처벌을 요구하며 시위를 벌였으나 경찰은 계엄령을 선포하고 강경하게 진압했다. 분노한 시민들 또한 무력을 사용하면서 국민당군과의 전면전을 펼쳤고, 타이베이台北에서 시작돼 전국으로 퍼진 시위대는 정치제도 개혁과 인권 보장을 포함한 32개 조항을 요구하였다. 그러나 국민당군은 시위자와 비시위자를 구분하지 않는 무차별 진압에 나섰고, 3월부터 5월까지 총 2달동안 약 3만여명의 시민을 학살했다. 사건이 잠잠해진 이후에도 언론을 통제하고 사건 거론을 금기시했다.

이후 메이리다오美麗島 사건으로 약 40년간의 계엄령이 해제된 1987년의 다음해, 리덩후이李登輝 총통이 228 사건에 대해 공식적인 사과를 표명하였으며, 이후 타이베이 중앙역 인근에 당시 사망한 시민들을 기리는 기념 공원을 세웠다. 가오슝高雄에는 MRT 옌청푸역鹽埕埔站 인근에 228 희생자들을 위한 228 평화 공원이 있다.

한국인 입맛에 딱!
대만에서 맛있게 먹을 수 있는 현지 음식 BEST5

먹거리의 천국이라고 불리는 대만! 대만과 한국은 동북아시아라는 같은 문화권에 속해있기에 익숙한 음식도 많고, 입맛에 꼭 맞는 것도 많다. 그러나 예상치 못한 향신료 맛에 한 숟갈도 뜨지 못하게 되는 음식도 있을 터. 다행히도 대만에서 쉽게 접할 수 있는 음식 중에는 미간을 찌푸리게 되는 향신료 맛이 크게 없는 것들도 있다. 그 중 한국인 입맛에도 충분히 맛있을 음식 BEST5를 꼽아봤다.

우육면(牛肉麵)

가오슝을 포함한 대만의 여러 도시에는 우육면 식당이 많다. 우육면만 먹고 사는게 아닐까 싶을 정도로 대만인들의 소울푸드soul food인 우육면의 종류는 3가지로 나뉜다. 맑은 고기 육수 국물의 칭뚠(淸燉), 대체로 농심 육개장 컵라면 정도의 매콤한 맛이 나는 빨간 국물 홍샤오(紅燒), 국물이 없이 비벼 먹는 뉴러우반미엔(牛肉伴麵)이 그 세가지다.

식당마다 우육면에 들어가는 면의 굵기가 다르고, 때로 면을 고를 수 있는 식당도 있지만 대체로 칼국수면 이상으로 굵은편이다. 우육면은 맑은 국물, 빨간 국물, 그리고 국물없는 것까지 향신료 맛이 크게 나지 않아 한국인도 편하게 즐길 수 있다.

칭뚠

홍샤오

뉴러우반미엔

딤섬(點心)

한국인에게 만두로 알려진 딤섬! 영어로는 덤플링dumpling이라고 부른다. 딤섬 안에 들어가는 재료로는 돼지고기 · 양고기 · 소고기 같은 고기류, 랍스타 · 전복 · 가리비 · 새우같은 해산물류, 버섯류, 야채류, 단 맛이 나는 크림, 과일 등이 있다. 딤섬은 하나의 재료만 들어가는 것도 있고 두세 개씩 섞어 만들기도 하는 등 다양한 종류가 있다. 가장 유명한

딤섬은 샤오롱바오(小笼包)로, 만두피 안에 따뜻한 육즙이 가득한 것이 특징이다. 딤섬은 만두에 익숙한 한국인도 쉽게 먹을 수 있으므로 대만 여행 시 맛있게 먹을 수 있는 음식으로 추천한다.

훠궈(火锅)

한국에는 몇 년 전부터 훠궈(火锅) 열풍이 불어 닥쳤다. 처음엔 몇몇 사람들의 입소문만 타던 훠궈는 이제 시내 번화가가 아닌 동네에서도 쉽게 찾을 수 있는 음식이 됐다. 훠궈는 한국의 샤브샤브처럼 미리 조리된 육수에 고기와 야채, 해산물 등을 넣어 먹는 음식이다.

육수는 매운맛의 빨간 육수인마라와 담백한 맛의 맑은 육수인 칭탕(清汤), 그리고 깔끔한 크림맛의 우유 니우나이^{牛奶}가 있다.

특히 마라는 한자로 '저릴 마(麻)', '매울 랄(辣)'을 써 혀가 마비될 정도로 맵고 얼얼한 맛을 의미한다. 한국처럼 맛있는 매운맛이 아니라 자극적이고 얼얼하며 톡 쏘는 매운 맛이 나기 때문에 호불호가 다소 갈린다. 훠궈는 한 육수만 주문해 먹어볼 수도 있지만, 우리나라처럼 육수를 반씩 나눠 담아 먹을 수 있는 위안양(鴛鴦)도 있다. 한 육수만 먹기는 아쉽고, 또 맛이 없을까 걱정된다면 반반탕을 골라 즐겨보자.

해산물요리

대만은 섬나라기 때문에 해산물 요리를 쉽게 접할 수 있다. 특히 가오슝과 대만 남부 도시들은 바다를 바로 옆에 끼거나, 바다에서 가까운 지역적 특성으로 어디에서나 쉽게 해산물 요리를 즐길 수 있는 이점이 있다.

특히 가오슝은 시내 번화가나 아이허(愛河) 주변, 각종 야시장, 배를 타고 10분 이내로 들어갈 수 있

는 치진(旗津) 섬 등 관광지 곳곳에 해산물 요리가 없는 곳이 없다. 가오슝과 대만 남부를 여행하다보면 언제 어디서 해산물 요리를 먹어야하나 고민할 필요가 없을 것이다. 대만에서 쉽게 접할 수 있는 해산물 종류는 새우, 굴, 오징어, 랍스터, 소라 등이 있다. 우리나라와 똑같이 볶음밥, 구이, 꼬치, 튀김 등으로 요리해먹기 때문에 거부감 없이 맛있게 먹을 수 있을 것이다.

빙수류

대만은 날씨가 덥기 때문에 빙수 문화가 발달했다. 대만을 여행하다보면 여러곳의 빙수 가게를 쉽게 만날 수 있다. 대만에서 만날 수 있는 빙수 종류는 크게 두가지다. 첫 번째는 달달한 살얼음에 삶은 땅콩과 연두부, 팥 등을 베이스로 다양한 떡과 과일 등을 넣어먹는 또우화(豆花)라는 전통 빙수이며, 두 번째는 한국처럼 간얼음이나 눈꽃 얼음에 각종 과일과 시럽을 넣어 먹는 현대 방식의 빙수다. 두 종류의 빙수 모두 각각의 매력이 있으므로, 대만을 여행하며 더위에 지쳤을 때 문을 열고 들어가 보자.

알 · 쓸 · 딤 · 잡
(알아두면 쓸데있는 딤섬에 대한 잡학사전)

딤섬은 한국 사람들에게 미지의 음식은 아니지만 어떤 사람에게는 꽤 멀고, 또 어떤 사람에게는 꽤 가깝다. 딤섬을 먹어보았고 알고 있는 사람이라면 알쓸딤잡으로 더 풍부한 딤섬의 정보를 얻고, 딤섬을 먹어보지 못했고 잘 알지 못하는 사람은 딤섬에 대한 개념을 잡고 대만 여행을 떠나보자.

딤섬의 진짜 정체

한국 사람들에게 익숙한 춘권. 그런데 춘권도 딤섬이라는 것을 알고 있는가? 많은 한국 사람들이 딤섬을 만두로 알고 있는 것과 다르게, 사실 딤섬은 만두를 부르는 단어가 아니다. 딤섬이라는 단어 자체는 중국 광동 지역에서 디엔신(点心)을 발음하는 사투리다. 디엔신은 중국어로 간식과 같은 가벼운 음식을 부르는 통칭이다. 한국으로 예를 들자면 떡볶이나 어묵, 호떡, 붕어빵 등을 길거리 간식으로 말하는 것과 같다. 딤섬은 특정 음식을 부르는 단어가 아닌 음식의 범주를 지칭하는 단어인 것이다.

많은 한국 사람들이 딤섬을 만두로 받아들이게된 어원은 특별히 밝혀지진 않았다. 아무래도 딤섬의 종류 중 한국 사람들에게 가장 유명하고 익숙한 것이 만두류기 때문이 아닐까.

딤섬의 역사

딤섬을 만들어낸 곳은 중국이다. 그러나 딤섬을 세상에 널리 퍼뜨려 즐기게 만든 일등 공신은 홍콩이다. 홍콩은 과거 영국의 식민지였던 때부터 외국과의 무역을 시작했으나, 국토가 좁은 지리적 특성 때문에 외국과의 중계 무역으로 경제를 운용할 수 밖에 없었다. 타의반, 자의반으로 경제 성장을 하던 홍콩이 아시아 금융의 허브가 되자 세계 여러 나라의 사람들이 홍콩에 모여들기 시작했고, 홍콩 음식의 큰 부분을 차지하던 딤섬 또한 자연스럽게 세계에 퍼졌다.

딤섬의 종류

딤섬은 찜, 볶음, 튀김 등 다양한 방식으로 요리하며 재료 또한 야채, 고기, 해산물 등을 모두 사용한다. 종류를 세어보자 한다면 수천개에 이르기 때문에 일일이 설명할 수 없을 정도다. 대신 한국 사람들이 쉽고 맛있게 먹는 딤섬은 정해져있어 크게 3가지 종류를 소개한다.

가우(餃)

피가 얇고 투명한 편으로 대체로 아담하거나 작은 사이즈다. 안에 어떤 재료가 들어있는지 보이는 것이 특징이다. 한국 사람들은 새우가 들어있는 하가우(蝦餃)를 선호한다. 특히 하가우는 12개 이상으로 주름을 잡아 머리빗 모양으로 빚어야한다고 알려져 있으므로, 주문 시 확인해보는 것도 작은 묘미가 될 것이다.

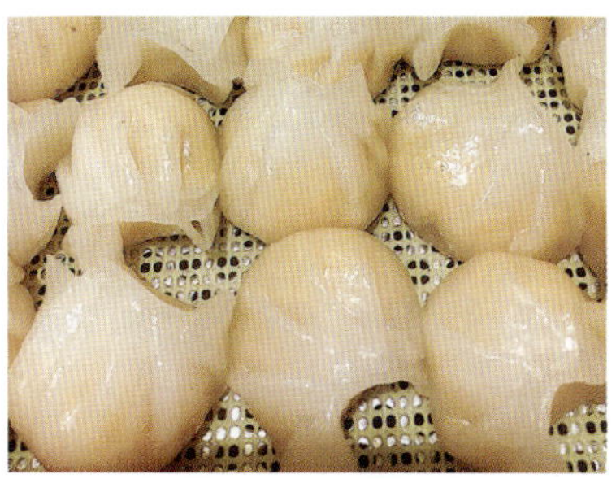

바우(包)

우리나라의 찐빵처럼 속이 꽉 차있고 두꺼운 찐빵류, 살짝 두툼한 피에 여러 가지 재료를 넣어 만드는 만두류로 나뉜다. 한국 사람들은 전자의 종류에서는 바비큐한 돼지고기를 넣은 차슈바오(叉燒包)를 선호하는 편이며, 후자의 종류에서는 육즙이 가득한 돼지고기 만두인 샤오롱(小籠包) 바오를 제일 좋아한다.

마이(賣)

크게 얇지도 크게 두껍지도 않은 피를 사용한
다. 윗부분까지 피를 감싸지 않는 특징이 있으
므로 속 재료를 쉽게 확인할 수 있으며, 사진
을 찍기에도 좋다.
한국 사람들은 돼지고기와 새우를 넣어 만든
샤오마이(燒賣)를 가장 좋아한다.

가오슝에서 만날 수 있는 딤섬 전문점 BEST 3

딘타이펑

세계적으로 유명한 딤섬 맛집이라는 이름을 붙여도 아깝지 않
은 딤섬 전문점이다. 한국에도 분점을 낸 딤섬 전문점으로, 본점
은 타이베이에 있다. 가오슝 지점은 MRT 쥐단역(巨蛋站) 인근
에 한신아레나 건물의 지하 1층에 위치해있으며, 식사시간이 아
닌 때에도 사람들로 붐빈다. 평일 주말 할 것 없이 식사 시간때
에 방문하고 싶다면 예약이 필수다.

팀호완

딘타이펑 다음으로 인기있는 딤섬 전문점으로 본점은 홍콩에 위
치해있다. 가오슝 지점은 가오슝 딘타이펑과 똑같이 쥐단역 한
신 아레나의 지하 1층에 있다. 보통 딘타이펑의 대기가 너무 많
을 때 방문하는 사람들이 많지만, 팀호완이 딘타이펑보다 좋다
고 하는 사람들도 꽤 있다.

유에핀(Yuepin)

MRT 미려도역(美麗島站) 근처에 있는 두아 호텔 내부에 있는
식당으로, 딘타이펑과 팀호완 다음으로 한국인들이 많이 가는
딤섬 레스토랑이다. 대부분의 메뉴가 향신료 향이 강하지 않기
때문에 한국인 입맛에도 편하게 먹을 수 있다.
딘타이펑이나 팀호완은 시내 중심에서 떨어진 한신아레나에 있
어 특별히 찾아가야한다는 단점이 있으나, 유에핀은 시내에서
멀리 가지 않고 미려도역에서 조금만 걸어가면 된다. 가오슝 시
내 중심에서 맛있는 딤섬을 편하게 먹고 싶을 때, 한신아레나로
가기는 시간이 없을 때 갈 딤섬 레스토랑으로 추천한다.

입에서 살살 녹아요. 대만에서 만나는 열대 과일

열대 과일을 하우스에서 기를 수 밖에 없는 한국. 신선하고 질 좋은 열대 과일을 먹고 싶어도 손 떨리는 가격에 내려놓았다면 이제 거침없이 손을 뻗자. 대만에서 먹을 수 있는 열대 과일들은 첫째로 저렴하고, 둘째로 질도 좋은데다, 셋째로 입에서 살살 녹는 당도를 갖고 있다. 대만을 여행하며 1일 1과일을 무조건 실천하게 될 열대 과일에는 무엇이 있는지 살펴보자.

호불호 따위 없는 반드시 먹어야 할 BEST 3

망고(芒果)

망고는 한국에서도 익숙한 과일이지만 생 망고의 가격은 익숙해질 수가 없다. 하지만 망고는 대만을 대표하는 열대과일! 대만 여행에서만큼은 신선하고 당도 높은 생 망고를 저렴한 가격에 맛볼 수 있다.

망고의 제철은 5월에서 10월, 대만이 더운 날을 자랑하는 시기다. 하지만 제철의 생 망고가 선사하는 부드러운 과육과 새콤달콤한 단맛은 대만의 찌는 듯한 더위도 잠시 잊게 해줄 것이다. 대만의 망고는 우리나라의 사과처럼 종류가 많은데 가장 유명하고 맛있는 것은 노란망고와 애플망고다.

파인애플(鳳梨)

망고와 함께 대만을 대표하는 과일
인 파인애플! 망고와 다르게 1년 사
계절 언제 방문해도 쉽게 먹을 수
있다.
생 파인애플이야 뭐 한국에서도 쉽
게 먹을 수 있고 생 망고보다 저렴
한데 굳이 먹어야하나 싶을 수 있
다. 하지만 대만에서 먹을 수 있는
생 파인애플은 한국에서 먹는 생
파인애플에 비해 몇배는 더 달고
과육 자체가 촉촉하다.
파인애플을 즐겨먹지 않았던 사람

도 대만에서 생 파인애플을 먹은 후에는 파인애플의 새로운 맛을 발견하게 될 것이다.

석가(釋迦)

망고, 파인애플과 다르게 겨울인
10월에서 2월에만 먹을 수 있는 과
일이다. 울퉁불퉁한 모양이 석가의
머리모양과 닮았다 해서 석가라는
이름이 붙여졌다.
석가는 한국 사람들에게 익숙하지
않은 과일로, 딱딱해 보이며 맛없
어 보이는 외관 덕분에 진입 장벽
이 있다. 하지만 석가는 한번 먹어
본 사람은 그 맛을 잊지 못한다 할
정도로 설탕처럼 달다.
석가의 종류는 파인애플 석가와 일반 석가가 있다. 일반 석가는 전체적으로 홍시와 비슷하
다. 딱딱해 보이는 외관에 비해 홍시처럼 손으로 부드럽게 쪼개지고, 식감과 맛 자체도 홍
시와 비슷하며 까만 씨가 있다. 파인애플 석가는 일반 석가보다 외관의 울퉁불퉁함이 좀
덜하지만 안쪽은 단감과 같이 딱딱해 칼이 필요하다. 식감 또한 감과 같으며 감처럼 까만
씨가 있다.

호불호가 많지만 한번쯤 경험해 볼만한 열대과일 3

구아바(芭樂)

아삭거리는 식감에 새콤달콤한 맛이 난다 싶은 정도의 맛을 가졌다. 겉은 옅은 연두색 외관이며 안쪽이 흰색인 일반 구아바와, 복숭아 정도의 붉은색을 나타내는 붉은 구아바 홍빠러(紅芭樂)로 나뉜다.
맛은 비슷한 편이나 붉은 구아바가 조금 더 단편이다. 대만 사람들은 레몬즙, 매실가루, 감초가루를 뿌리거나 찍어먹는데 그렇게 먹는 편이 훨씬 좋다. 야시장이나 일반 노점상에서 구아바를 구매할 때 양념을 선택할 수 있다.

파파야(木瓜)

익지 않으면 연두색, 다 익으면 노란색으로 변한다. 안쪽은 잘 익은 호박색으로, 호박처럼 안에 씨를 다 긁어낸 후 껍질을 제외한 과육을 먹는다.
당도 높은 단맛보다는 부드러운 느낌의 단맛을 느낄 수 있다. 대만 사람들은 우유와 함께 갈아 더 부드럽게 마실 수 있는 파파야 우유로 즐긴다.

용과(火龍果)

한국에서도 쉽게 접할 수 있는 용과는 외관이든 안쪽이든 독특한 모양과 색을 갖고 있다. 본래는 선인장 열매의 한 종류다. 수분이 촉촉하여 쉽게 베어물 수 있는 식감을 가졌다. 키위처럼 까만색의 작은 씨가 셀 수 없이 많이 박혀있는 것이 특징인데, 맛 또한 덜 달고 덜 시큼한 키위를 먹는 것 같다.

용과는 본래 황색, 적색, 백색의 3가지가 있으나 대만에서는 하얀색의 바이로우(白肉)와 짙은 자주빛의 홍로우(紅肉)를 접할 수 있다. 하얀색 용과보다는 붉은색의 용과가 조금 더 단 편이다.

먹었다면 마실 차례! 대만의 다양한 음료

먹거리 천국 대만으로 여행을 간다면 음료까지 섭렵해줘야 갔다왔다고 말 할 수 있다. 대만은 차와 과일을 재료로 하는 음료가 셀 수 없이 다양하며, 맛 또한 한국 사람들의 입맛에 익숙하거나 꼭 맞는 것도 많다. 카페, 편의점, 노점상, 야시장 할 것 없이 다양한 종류를 구경하고 맛보는 재미가 있는 대만의 음료에는 어떤것들이 있을지 살펴보자.

차(茶)

대만은 차茶로 유명한 나라다. 하지만 차에 특별한 취미가 없다면 대만의 다른 미식을 즐기기 바쁘거나, 날씨가 너무 덥기 때문에 뜨거운 차를 멀리하게 되는 경우가 많다. 편의점에서도 차 음료와 차가 섞인 음료를 많이 판매하고 있지만, 대부분 단맛이 더 강하게 나기 때문에 차를 마시기 위해 먹는 것으로는 추천하지 않는다.

꼭 전통적이거나 차를 전문적으로 취급하는 다실이 아니어도 된다. 곳곳에 있는 카페에서도 다양한 차를 판매하고 있으며, 충분히 맛있는 차를 즐길 수 있다. 대만 현지에서 맛있는 차를 한번 마시고 나면 대만 사람들이 왜 더운 날씨에 뜨거운 차를 마시는지 이해가 될 것이다. 특히 대만은 우롱차가 제일 유명하고 맛있다. 현지에서 마셔보지 못한다면 사오기를 추천한다.

과일 주스

대만에서 가장 쉽게 만날 수 있는 과일 주스! 재료로 들어가는 과일 또한 셀 수 없이 다양하다. 한국 사람들에게 익숙한 수박, 망고, 파인애플 등부터 시작해 라임, 사탕 주스, 깔라만시, 파파야 등 멀고도 가까운 과일도 많다. 과일주스는 대만을 여행하는 동안 언제 어디서나 저렴한 가격으로 먹을 수 있다. 돈 걱정과 맛 걱정은 제쳐두고 일단 사먹어보자. 자신만의 인생 주스를 어디서 어떻게 발견할지 모른다.

소금 커피(海巖咖啡)

배운 사람이라면 단 음식을 먹은 후 짠 음식을 먹어야하는 법. '85도씨'라는 대만의 프렌차이즈 커피 브랜드에서는 단짠단짠의 완벽한 조합을 자랑하는 소금커피를 판매한다. 물론 소금 커피는 한국에서 익숙한 음식이 아니기 때문에 다소 거부감이 들 수 있다. 하지만 소금커피의 소금은 거품에 뿌려지는 방식이라 짠 맛은 아주 잠깐씩 스쳐지나갈 뿐, 커피맛이 더 많이 나기 때문에 걱정하지 않아도 된다. 소금커피는 아예 안먹어본 사람은 있어도 한번만 먹어본 사람은 없다고 한다. 대만으로 여행간 당신, 이제 앞 문장의 후자가 되어보자.

버블티(珍珠奶茶)

버블티를 만들어낸 나라 대만! 대만의 음료 전문점 어디에서나 버블티를 만나볼 수 있으며, 여러 곳의 체인점도 여기저기 널려있기 때문에 먹고 싶을 때 언제든 먹을 수 있다.

한국 사람들이 좋아하는 메뉴로는 가장 기본적인 쩐쭈나이차와 최근 한국에서도 대란을 일으키고 있는 흑당 버블티가 있다.

루트 비어(Root beer)

비어라는 말이 들어가 맥주라고 생각할 수도 있다. 그런데 루트 비어는 이름에만 비어가 들어갈 뿐, 알코올 성분이 없는 탄산음료다. 루트 비어는 사르사파릴라^{Sarsaparilla}(사르사 덩굴, 야생 약용 식물의 일종) 또는 새서프라스^{Sassafras} (미국산 녹나무과의 나무)의 뿌리나 껍질을 넣고 만든 북미권의 탄산음료다. 사실 맛에 대한 호불호는 굉장히 갈린다.

물파스 맛이 나는 콜라라고 생각하면 된다. 약간 박카스 같은 느낌도 나 몸에 좋은 탄산음료를 먹는 것 같기도 한데, 한번쯤 경험해볼만한 맛이다. 대만에서는 헤이송사스(黑松沙士)라는 제품이 제일 유명하고 찾기도 쉽다.

놓치지 않을 거예요, 버블티에 대한 모든 것!

버블티? 밀크티? 쩐쭈나이차?

먼저 쩐쭈나이차의 의미를 해부해보자. 쩐쭈(珍珠)는 검은색의 타피오카 알갱이이며, 나이(奶)는 우유, 차(茶)는 우리가 아는 차^{tea}다. 내차(奶茶)는 우유와 홍차가 섞인 밀크티를 말한다.

이를 모두 합친 쩐쭈나이차(珍珠奶茶)는 버블이 들어간 밀크티인 버블 밀크티인 것이다. 버블티는 본래 차를 베이스로한 음료에 버블을 추가한 음료를 이르는 말이지만, 보통 한국 사람들은 버블밀크티를 버블티로 부른다.

> ### 타피오카
> 카사바(Cassava)라는 뿌리 식물을 가공하여 얻을 수 있는 전분. 쫄깃하고 부드러운 식감으로 대만에서는 음료와 빙수에 넣어먹는다. 한국 사람들 중 좋아하는 사람은 매우 좋아하지만 싫어하는 사람은 아예 먹지 않을 정도로 호불호가 크다.

중국어를 몰라도 주문할 수 있는 버블티 주문법

대만의 시내 번화가 및 관광지에서는 영어나 한국어 메뉴가 있는 편이다. 하지만 관광객이 많이 없는 소도시나 현지인 맛집에는 영어조차 없을 때가 있다. 또 버블티 가게의 경우 주문법을 그림으로 설명해놓는 곳이 많지만, 때로는 그림이 없는 곳을 방문하게 될 수도 있다. 대만을 여행하며 중국어밖에 없는 버블티 가게를 가게 되면 어쩌나 걱정될수도 있다. 하지만 주문하고자 하는 용기만 있다면 중국어를 몰라 버블티를 먹지 못하는 일은 없을 것. 아래의 주문법을 읽고 팁을 기억해둔다면 맛있고 시원한 버블티를 먹을 수 있을 것이다.

1 어떤 음료를 먹을지 메뉴를 고른다.

먼저 "니하오(你好)"하며 인사부터 한 후 쩐쭈나이차를 말하자. 사실 성조 때문에 한번에 알아듣지 못할 확률이 높다. 기본적으로 두세번은 말해줘야 알아듣는 편인데, 그 이상으로 알아듣지 못하면 메뉴판의 버블티(珍珠奶茶)의 한자를 찾아 짚어주자.

2 음료의 크기와 ICE/HOT을 고른다.

사이즈는 대체로 M과 L사이즈만 있다. M사이즈는 쫑뻬이(中杯), L사이즈는 따뻬이(大杯)이며 ICE는 삥더(冰的), HOT는 러더(熱的)다. 보통 버블티 전문점에서 일하는 직원들의 연령층이 젊기 때문에 M 사이즈, L 사이즈, 아이스, 핫 정도의 영어는 알아듣는 편이다.
일단 영어로 말해본 뒤 통하지 않는다면 쫑뻬이/따뻬이 중 원하는 사이즈를 말하고, 삥더/러더 중 원하는 음료의 상태를 말하자. 만약 중국어가 생각나지 않는다면 메뉴판에서 중(中), 대(大)를 짚어 사이즈를 알려주고 러(熱/더울 열), 삥(冰/얼음 빙)을 짚어 음료의 원하는 상태를 알려주자.

③ 당도와 얼음의 양을 고른다.

2번까지 주문을 완료했다면 직원이 "티엔뚜삥콰이너(甜度冰塊呢)"라고 물어본다. 당도와 얼음양은 어떻게 할 것인지 물어보는 것이다. 적당히 달달하고 시원하게 먹으려면 당도와 얼음이 50% 정도인 빤탕샤오삥(半糖少冰)을 외워두자.

본인이 원하는 당도와 얼음양이 정확하게 있다면 메뉴판에서 얼음의 그림이나 퍼센트, 당도의 퍼센트를 골라 짚어주면 된다. 만약 그림이나 숫자가 없고 중국어밖에 보이지 않는다면 분分을 찾자. 분은 퍼센트를 말하며 보통 당도를 표시할 때 쓴다. 9분(九分)이면 당도가 90%, 7분(七分)이면 당도가 70%인 것이다. 그리고 당도 표기의 위아래는 반드시 얼음양이 있다. 얼음양을 말하는 쩡창삥(正常冰:얼음보통), 샤오삥(少冰:얼음적게)은 한국사람에게 먼 한자어가 아니므로 쉽게 찾을 수 있고, 또 한국 사람들이 많이 선택하는 양이다. 본인이 원하는 당도와 얼음양을 찾아 짚어주면 주문은 끝난다. 주문받느라 고생한 직원에게 쎄쎄(謝謝:감사합니다)하고 인사하는 것도 잊지 말자.

- 한국은 아이스 음료의 60%~80%를 얼음으로 채워주지만, 대만의 얼음양은 100%를 골라도 음료 컵의 30%가 채워질락 말락한 정도다.
- 이따금 흑당버블티를 주문할 때 왜 당도와 얼음 선택을 하지 않는지 당황스러워질 수도 있다. 하지만 흑당 버블티의 경우 당도 조절 선택이 없고 고정된 경우가 대부분이다.

당도	당도
100% 쩡창티엔(正常甜) or 첸탕(全糖)	100%(30%) 쩡창빙(正常冰)
0% 부야오타이티엔(不要太甜)	50%~80%(20%) 샤오빙(少冰)
70% 샤오탕(少糖)	
50% 빤탕(半糖)	30%(5%) 웨이빙(微冰)
30% 웨이탕(微糖)	
0% 우탕(無糖)	0% 취빙(去冰)

④ 번호표를 받고 앞에서 기다린다.

번호를 알아듣지 못해도 상관없다. 음료가 나올 때마다 직원을 주시하자. 직원이 두어 번 무어라 말해도 아무도 다가가지 않는다면 당신의 것일 확률이 높다. 그 때 번호표를 보여주면 된다. 맞으면 당신에게 주고, 아니라면 주지 않을 것이다.

⑤ 포장 유무를 선택한다.

직원은 마지막으로 "니야오 따이즈마(你要袋子嗎)"라고 묻는다. 버블티를 담아갈 봉투가 필요하냐는 질문인데 필요하다면 "야오(要)", 필요가 없다면 "부야오(不要)"라고 말하면 된다.

대만 남부에서 쉽게 만나는 버블티 체인점 5

대만에는 유명한 버블티 체인점이 굉장히 많다. 한국 사람들에게 잘 알려진 대만 현지 버블티 체인점에는 코코, 우스란(50嵐), 춘수당(春水堂)이 있다. 대만 남부 또한 우스란(50嵐)을 쉽게 찾아볼 수 있지만 코코나 춘수당은 일부러 찾아가지 않으면 보기가 매우 어렵다. 더운 날씨 속에서 대만 남부를 여행하며 쉽게 찾아볼 수 있는 버블티 체인점 5군데를 소개한다.

우스란 50嵐

대만 전역에서 발에 채일 정도로 많은 버블티 전문점. 대만의 20대 젊은이들에게 가장 인기있는 곳이다. 우스란은 타피오카 버블이 두 개인데 우리가 아는 일반적인 크기의 쩐쭈와, 개구리 알처럼 작은 쩐쭈가 있다.

우스란에서 주문 시 가장 주의해야 할 것은, 다른 곳에서 주문하는 것처럼 쩐쭈나이차를 달라고 하면 개구리알 쩐쭈 밀크티를 받게 된다. 일반적인 쩐쭈가 들어간 밀크티를 먹고 싶다면 뽀빠나이챠(波霸奶茶)라고 주문해야한다.

밀크샵(Milk shop/迷客夏)

대만 현지인들도 줄 서서 먹을 정도로 요즘 핫한 음료 전문점이다. 한국 사람들에게는 〈짠내투어〉 대만 편에 방영돼 알려졌지만, 다른 버블티 전문점에 비해 한국 사람들에게 많이 알려지지 않은 편이다. 매일 직영 농장에서 신선한 우유를 배달받아 사용하는 곳으로 좀 더 고급진 우유맛의 밀크티를 즐길 수 있다. 또 다른 특징으로는 타피오카 펄이 검은색이 아니라 하얀색이며, 꿀을 넣어 만들었기 때문에 달달하게 즐길 수 있다.

청심복전(清心福全)

대만의 버블티 체인점 중 마케팅에 가장 힘쓰는 곳이다. 분기별로 다양한 캐릭터와 콜라보를 진행하기 때문에 컵의 패키지가 자주 바뀐다. 홍보뿐만 아니라 맛 또한 좋은 버블티 전문점으로 현지인들도 좋아한다.

특히 우롱녹차(烏龍綠茶)와 요구르트녹차(优多綠茶)가 유명한 곳으로 녹차가 맛있는 버블티 전문점이다. 청심복전에 방문을 했다면 꼭 녹차가 들어간 음료를 마셔보자.

차노모소우(茶の魔手)

차의 마수라는 뜻이 약간 섬뜩하긴 하지만 현지인들이 자주 찾는 버블티 전문점이다. 대만 현지에 매년 약 1,000톤의 차를 재배 및 생산해내는 직영 공장을 갖고 있는 곳이다.

대만 남부 여기저기서 쉽게 만날 수 있는 체인점이지만 한국인들에게는 이름도 잘 알려지지 않았다. 다양한 티와 음료들은 360㎖라는 작은 용량부터 750㎖에 이르는 대용량으로 먹을 수 있다.

공차(貢茶)

한국에서 꾸준한 인기를 끌고 있는 버블티 전문점인 공차는 사실 가오슝에서 시작한 버블티 체인점이다. 하지만 대만 자체에 매장이 많지 않은 편이기 때문에 다른 버블티 체인점에 비해 쉽게 볼 수는 없다.

시내 곳곳을 구경하다 어쩌다 한국과 똑같은 공차 간판 디자인과 익숙한 한국 연예인의 입간판을 보고 어? 하며 공차를 만나게 되는 경우가 많다. 가오슝에 있는 지점 중 접근성이 가장 좋은 지점은 MRT 옌청푸역(鹽埕埔站) 1번 출구 인근에 있는 지점이다. 한국에서 공차를 자주 가는 편이라면 대만 현지에서 만나는 공차도 한번쯤 방문해 맛을 비교해보는 것도 재미있는 추억이 될 것이다.

한국인들이 좋아하는 가오슝 3대 버블티 맛집

행복당(幸福堂)

현재 대만 버블티 프렌차이즈 중 가장 활발한 마케팅 및 홍보를 이어가는 곳이다. 맛 또한 홍보에 버금가기 때문에 현지인들도 좋아한다.

흑당 버블티가 가장 인기있는 메뉴이며, 일명 젤리사이다라고 불리는 푸른색의 음료는 색깔도 예쁘고 반짝거리는데다 분홍색의 커다란 젤리가 들어가 사진 찍기에 좋다. 음료 자체는 사이다 맛이라 마시기엔 괜찮지만, 안에 들어가는 젤리는 호불호가 갈린다.

타이거슈가(老虎堂)

흑당밀크티를 처음으로 만들어낸 원조 가게다. 흑설탕 시럽이 밀크티에 녹아내리는 모습이 호랑이 무늬 같아 타이거슈가(老虎堂)라는 이름이 붙여졌다. 메뉴판에도, 주문 시에도 안내하지만 15번 정도 흔든 후 먹어야 흑설탕과 밀크티가 고르게 섞인다. 현지인들에게는 인기가 조금씩 줄어들고 있는 중이지만 관광객에겐 여전히 인기가 좋다.

춘수당(春水堂)

대만에서 버블티를 처음으로 내놓은 원조로 불리는 곳인데, 음료 전문점이 아니라 대만의 다양한 현지 음식을 함께 내놓는 식당이다. 가오슝에서는 드림몰 1층에 있는 지점과 쭤잉(左營)역에 있는 신광미츠코시 백화점(新光三越高雄左營店) 3층에 위치한 지점이 접근하기 쉽다. 음식의 맛 또한 떨어지지 않기 때문에 식사와 함께 버블티를 함께 즐기는 사람이 많다. 이곳의 버블은 작은 개구리 알 같은 버블인데, 매장에서 먹으면 모양을 볼 수 있지만 테이크아웃은 파란색 용기에 담아주기 때문에 볼 수 없다.

한국 사람들이 좋아하는 타이완 비어 BEST 3

애주가들에게는 미안하지만 솔직한 이야기를 먼저 전하겠다.
대만은 맥주가 맛있기로 유명한 나라는 아니다. 대만 맥주는
대체로 밍밍한 맛으로, 혹시 탄산수인가 싶은 정도의 맛이 나
는 맥주가 많다. 맥주 맛이 난다 싶으면 딱 우리나라 맥주 정
도의 맛이기 때문에 유럽 맥주를 기대하면 안 된다.

대만의 맥주는 2002년까지 TTL(Taiwan Tobacco and Liquor Corporation)이라는 공기업이
독점 생산했기 때문에 TTL에서 나오는 타이완 비어가 대부분이다. 대만에서 맛있는 맥주
를 먹는 방법은 한국과 다르지 않다. 생맥주가 있는 곳에서는 무조건 생맥주를 먹자. 병맥
주와 캔 맥주 밖에 없는 곳이라면 무조건 병맥주를 골라야한다.

ONLY 18DAYS

타이완 비어 브랜드에서 가장 불호 없이 호평을 받는 맥주다(어디까지나
대만 맥주 중에 가장 괜찮은 것임을 잊지 않기를 바란다). 알코올 도수는
5%이며, 캔에 쓰인 18day라는 말처럼 유통기한이 18일이기 때문에 판매 자
체가 빠른 편이다. 찾지 않을 때는 보이고, 찾을 때는 보이지 않는 맥주이
기 때문에 눈에 보였을 때 먹는 것이 가장 좋다.

프리미엄

타이완 비어 브랜드에서 나오는 맥주 중 ONLY 18DAYS와 함께 한국인들의
선호 1,2위를 다투는 맥주. 알코올 도수는 ONLY 18DAYS와 똑같은 5%다.
프리미엄이라는 이름값을 한다고 할 정도의 평을 듣긴 하지만 어디까지나
대만 맥주 기준이다.

과일맥주

타이완 비어 브랜드에서 나오는 과일맥주다. 우리나라의 과일 소주류처럼
과일 맥주긴 하지만 알콜 도수가 2.8%이라 과일 맛이 더 많이 난다. 망고
맛이 제일 호평이며 파인애플, 포도도 맛있는 편이다.

호불호 갈리는 타이완 비어 3종

클래식

대만에서 처음 만들어진 맥주다. 공식적으로는 1919년부터 만들어져 100년의 역사를 가뿐히 넘긴 맥주다. 알콜 도수는 4.5%이며, 대만에서 가장 쉽게 찾아볼 수 있는 맥주다. 다른 타이완 비어에 비해서 조금 더 쓴맛이 나는 편이다.

골드메달

클래식과 함께 대만 어디에서나 쉽게 볼 수 있는 기본 맥주다. 알콜 도수는 5%이며, 병맥주 캔맥주 할 것 없이 대만스러운 느낌이 잘 나타나 사진찍기에 좋은 편이다. 첫맛은 맥주맛이 나지만 갈수록 밍밍해져 빠른 시간 안에 시원하게 들이키기에 좋다.

허니비어

일명 꿀맥주다. 알코올 도수는 4.5%이며 맥주 맛 자체는 편의점 꿀물의 맛인데 다소 인위적인 맛과 향이 난다. 타이완 비어 중에서 좋아하는 사람은 정말 좋아하고, 싫어하는 사람은 정말 싫어하는 최고의 호불호가 갈리는 맥주.

대만 여행의 꽃, 가오슝의 야시장

대만으로 여행을 갔을 때 야시장을 가보지 않은 사람은 없을 정도로 대만 여행의 필수 코스인 야시장! 야시장은 여러가지 고기류와 해산물, 간식거리 등 다양한 먹을 것은 물론, 간단한 게임 같은 놀 거리, 의류와 생활용품 및 기념품 등 볼 거리와 살거리를 총망라한 곳이다. 꼭 무언가를 먹거나 사지 않고 구경만 해도 즐거운 가오슝의 야시장에는 어떤 곳, 어떤 것이 있을지 살펴보자.

루이펑 야시장(瑞豐夜市)

일명 가오슝의 현지인 야시장으로 불린다. 먹을거리도 많지만 놀거리, 볼거리, 살거리도 만만치 않게 널렸다. 관광객도 많지만 현지인들이 더 많이 방문하며 진짜 야시장 분위기를 느낄 수 있다. 여행자들은 가오슝에서 딱 한 야시장만 가야한다면 루이펑 야시장을 추천하지만, 사람이 너무 많아 비추천하는 사람도 있다.
작은 노점상이 다닥다닥 붙어있고 통로 자체가 좁기 때문이다. 루이펑 야시장은 MRT 쥐단 巨蛋역에서 조금 걸어가면 찾을 수 있다.

리우허 야시장(六合觀光夜市)

일명 관광객을 위한 야시장이라고 불린다. 놀거리, 볼거리, 살거리는 별로 없고 먹을거리가 90%를 차지한다. 대부분의 상인들이 간단한 영어 또는 한국어를 구사할 줄 알기 때문에 주문이 용이한 편이다.
넓은 도로를 통제하고 도로 가운데에 테이블을 놓기 때문에 앉아서 먹고 가기도 쉽다. 사람이 많은 것을 싫어하고, 여유롭게 먹고 구경하는 것을 좋아하는 사람이 방문하면 좋다. MRT 미려도역(美麗島站)에서 걸어가면 입구를 금방 찾을 수 있다.

링야 시장(雅市場) / 자강야시장(自夜市)

MRT 중앙공원(中央公園站)역과 MRT 산둬상권역(三多商圈站) 사이에 십자 모양으로 형성돼있는 시장 겸 야시장이다. 일대 자체가 재래시장과 건물형 식당, 노점상이 혼재된 곳이기 때문에 낮에도 열려있는 곳이 대부분이다. 놀거리는 거의 없고 관광객도 없는 편이다. 점포들은 대체로 오래된 곳이 많으며 깔끔함을 찾기 어렵다. 루이펑야시장이나 리우허 야시장과 달리 현지인들의 진짜 생활상을 느낄 수 있는 재래시장 같은 야시장이다.

씽종 야시장(興中夜市)

MRT 산둬상권역(三多商圈站) 인근에 있는 야시장이다. 링야 시장, 자강야시장처럼 재래시장과 건물형 식당, 노점상이 혼재한 곳으로 낮에도 열려있다. 관광객은 매우 없고, 근처에 사는 현지인들이 식사를 해결하거나 저녁 거리를 사가는 곳이다. 규모는 작지만 있을 것은 다 있고 맛 또한 기본은 간다. 반드시 찾아갈 야시장은 아니고 산둬상권을 관광하다가 출출할 때, 간단한 야식을 즐기고 싶을 때 방문하면 좋다.

신췌장 쇼핑구 거리(新堀江商圈)

거리라고 써놓았듯 야시장은 아니다. 하지만 야시장의 다양한 향신료나 취두부 냄새 때문에 야시장에 발을 들이지 못한다면 이곳으로 가보자. 가오슝의 젊은이들이 쇼핑과 먹거리를 즐기는 곳으로 독특한 향신료나 취두부 냄새가 전혀 없다. 노점이 줄지어서 있는 것은 아니지만, 야시장에서 먹을 수 있는 유명한 먹거리는 다 팔고 있다. 낮에 가도 열려있는 점포가 많으며, MRT 중앙공원(中央公園站) 역에서 조금 걸어가면 입구가 나온다.

한국 사람도 쉽게 먹을 수 있는
대만 남부 야시장의 현지 먹거리

야시장은 본래 현지인들을 위한 곳. 야시장에서 만나는 음식들은 현지 입맛에 맞춰져 있는 것이 대부분이다. 특히 향신료가 익숙하지 않은 한국인들은 냄새부터 막히는 경우가 많다. 아래에서 소개하는 현지 먹거리는 향신료의 부담이 없어 한국인들도 쉽게 먹을 수 있다. 하지만 가게마다 소량씩 첨가하는 곳도 있으므로 마음의 준비는 조금 해놓는 것이 좋다.

해산물류

대만 남부 도시들은 바다를 끼고 있는 특성답게 야시장 곳곳에서 해산물 요리를 만날 수 있다. 대만의 해산물 요리는 우리나라와 똑같은 방법으로 생(生)으로 먹거나 굽고, 찌고, 삶고, 튀긴 요리가 많기 때문에 쉽게 먹을 수 있다. 그 중에서도 구이류는 예상치 못한 향신료의 공격이 없는 메뉴기 때문에 한국 사람들도 안심하고 먹을 수 있다.

꼬치류

대만의 야시장에서는 먹음직한데다. 육해공을 가리지 않는 다양한 꼬치를 만날 수 있다. 꼬치류는 향신료의 습격은 적지만 예상치 못한 잡내에 공격당할 수 있다. 꼬치류를 구매할 때는 한 눈에 봐도 어떤 종류인지 판별할 수 있을 정도의 익숙한 꼬치를 선택하는 것이 혀에 안전하다.

튀김류

튀겨서 먹으면 신발도 맛있다는 말처
럼 대만의 야시장에서 만나는 튀김도
그렇다. 고기, 해산물, 야채 할 것 없
이 어떤 재료의 튀김을 먹어도 평균
이상의 맛을 자랑한다. 만약 어디서
튀어나올지 모를 향신료의 습격에 먹
을거리를 쉽게 사지 못하겠다면 오징
어튀김을 사먹자. 오징어튀김에도 미

미하게 향신료가 들어가는 곳이 많지만, 살짝 향이 느껴질 정도로만 적게 들어가기 때문에
먹는 데는 큰 어려움이 없을 것이다.

과일류

향신료 걱정할 일이 없는 야시장 최
고의 먹거리이다. 대만에서는 우리나
라에서도 쉽게 접할 수 있는 과일 뿐
만 아니라, 살면서 단 한번도 보지 못
한 형형색색의 열대과일을 먹어볼 수
있다. 야시장에서는 온전한 형태의
판매용 과일, 잘라서 담아놓은 생과
일, 즉석에서 갈아주는 생과일주스가
있다.

음료류

대만의 야시장에서는 다양한 과채음
료를 판매한다. 음료류 또한 과일류
처럼 향신료의 습격은 없지만 예상치
못한 맛없음은 있을 수 있다. 야시장
에서 안전하게 맛있는 음료를 먹고
싶다면 버블티나 파인애플, 오렌지,
라임 등의 생과일주스 등을 선택하는
것이 좋다.

여행에서 절대 빠질 수 없는 가오슝에서 쇼핑하기

여행을 떠났다면 마그넷 한 개라도 사와야 하는 것이 여행에 대한 예의. 쇼핑은 여행자에게도 필수 요소지만 내 선물은 없냐는 지인들의 입을 막기 위해서도 필요하다. 가오슝에서는 무엇을 사야할 지, 어디에서 쇼핑해야할 지 알아보자.

가오슝의 쇼핑리스트는 간식이나 음료 같은 먹거리부터 생필품, 의약품까지 생각보다 많은 편이다. 사오면 후회하지 않을 가오슝의 종류별 쇼핑 리스트를 먼저 살펴보자.

음식 · 간식류

만한대찬(滿漢大餐)

대만의 우육면 컵라면이다. 한국 사람들에게는 Olive 〈원나잇푸드트립〉 대만편에 방영되면서 유명해졌다. 가장 강조해둘 사항은 국내 반입 금지 품목이라는 것이다. 한국에 들고오고 싶을 정도로 맛있지만 도톰한 소고기가 들어간 양념 수프 덕분에 가져올 수 없다.

만한대찬은 컵라면과 봉지라면 둘 다 있으며 종류는 총 4가지다. 첫 번째로 기본 우육면인 보라색, 두 번째로 살짝 매콤한 우육면인 주황색, 세 번째는 살짝 매콤한 돈육면(돼지고기)인 초록색, 네 번째는 마라가 들어간 우육면인 빨간색이 있다. 향신료 맛과 향이 좀 나기 때문에 불호인 사람도 많지만, 한국 사람들은 보통 보라색이나 빨간색을 선호한다.

펑리수

대만을 다녀오지 않은 사람도 '대만 기념품' 하면 생각날 정도로 유명한 펑리수! 부드러운 버터향이 나는 쿠키 식감의 케이크 안에 새콤달콤한 파인애플 과육이 들어가 있다. 관광객에게만 한정된 과자가 아니라 대만 현지인들도 매우 좋아하며, 선물용으로 많이 주고 받는다.

주의할 점은, 방부제나 첨가제를 넣지 않는 경우가 많아 유통기한이 1달 전후로 짧은 편이다. 구매 시 유통기한을 확인하며 사는 것이 좋다. 가오슝에서 살 수 있는 유명한 펑리수 브랜드는 수신방, 써니힐, 치아더, 지파지가 있다.

누가크래커

펑리수와 함께 대만 기념품의 쌍벽을 이룬다. 누가크래커는 쫄깃하고 달달한 누가에 살짝 짠 맛의 야채크래커를 겹친 과자다.

특별하게 맛있는 맛은 아니지만 단짠의 완벽한 조화 덕분에 손이 계속 간다. 가오슝에서 유명한 누가 크래커 가게는 메이메이 누가크래커와 라오지앙이 있다.

젤리류

대만에는 한국인 입맛에 맞는 다양한 젤리가 많다. 하지만 위탁수하물로 짐을 보내지 않는 여행자는 주의할 점이 있다. 원칙적으로, 젤리류는 액체류로 분류돼 지퍼백에 담지 않으면 기내에 반입할 수 없다. 젤리류를 구매할 계획이 있다면 지퍼백을 충분히 챙겨가자. 단, 면세점에서 구매한 젤리는 지퍼백에 담지 않아도 기내에 반입할 수 있다. 항공사마다 소지할 수 있는 용량이 제한되므로 사전에 알아보고 가자.

▶유키앤러브

한국 사람들이 가장 좋아하고 제일 많이 구매하는 젤리다. 저렴한 가격에 크기도 꽤 크다. 망고젤리가 제일 인기있지만 리치맛도 많이 사가는 편이다. 젤리를 감싼 포장이 생각보다 고급스러워보여 선물용으로도 좋다.

▶닥터큐

작은 파우치형의 젤리로 칼로리가 낮은 편이다. 곤약젤리기 때문에 부드럽고 쫄깃한 식감을 가졌으며, 과즙 함량도 22%로 꽤 높은 편이기 때문에 맛이 좋다. 망고, 딸기, 포도, 리치 등 기본적인 맛이 있으며 소금 레몬맛도 상당히 괜찮다. 유키앤러브 망고젤리와 함께 캐리어의 한부분을 가득 채워 사오는 사람들이 많다.

▶이메이 I MEI 구미 초코

초콜렛 안에 딸기, 포도, 망고 등 다양한 맛의 젤리가 들어있다. 상상도 가능한 맛이고, 먹어본 것도 같은 익숙한 맛인데 이상하게 계속 손이 간다. 한국에서도 구매할 수 있지만 잘 보이지 않고 맛도 다양하지 않은 편. 한국 여행객들에게 닥터큐와 함께 많이 사오지 않으면 후회하는 젤리로 꼽힌다.

차·음료류

3시 15분 밀크티

대만을 가보지 않은 사람도 알고 있는
유명한 밀크티 티백! 뜨거운 물에 잠깐
만 담가두면 진하고 달콤한 맛의 대만
식 밀크티를 맛볼 수 있다. 한국에서도
구매할 수 있지만 대만 현지에서 구매
하는 것이 훨씬 더 저렴하다. 대만의
밀크티 맛이 그리울 때마다 한봉지씩
꺼내 대만 여행의 추억을 떠올려보자.

춘추이허(純萃喝 : 화장품통 밀크티)

외관이 화장품통처럼 생겨 화장품통
밀크티로 불린다. 2015년 GS25에서 첫
수입했던 당시 꽤 인기있었던 제품이
며, 최근 GS25에서 재출시했다. 대만
현지에서는 아직도 꾸준한 인기를 끌
고 있으며, 현지에서는 더 저렴하게 구
매할 수 있다. 밀크티류만 들어온 국내
와 달리 더 다양한 커피와 차 종류를
구매할 수 있다.

원지미(園之味)

대만에서는 수십가지의 다양한 주스류
를 만나볼 수 있다. 그 중 가장 맛있다
고 이야기 할 수 있는 원지미 주스는
천연 과즙만 100% 넣어 만든 주스로,
조금씩 씹히는 과육도 일품이다. 유럽
최대 과일 가공기업으로 유명한 프랑
스의 앤드로스Andros사에서 나오는
100% 천연 과즙 주스와 똑같은 맛을
자랑한다.

주류

주류는 젤리와 같은 액체류로 분류되기 때문에 100㎖ 이상은 지퍼백에 담아 반입해야한다. 하지만 100㎖ 이상인 경우가 대부분이다. 주류를 한 캔, 한 병이라도 가져오고 싶다면 위탁수하물로 가져오거나 면세점에서 구매하자.

과일맥주

타이완 비어의 과일맥주다. 한국 여행객들에게는 호불호가 약간씩 갈리긴 하지만 대체로 좋은 평을 얻는다. 망고맛이 가장 호평이고 인기가 많은 제품으로, 대만을 여행하며 맛들린 여행자들은 몇 캔씩 구매해오는 편이다.

금문고량주

술 좋아하시는 어른들에게 선물하기 제일 좋은 술. 고량주의 주원료인 수수가 고품질로 생산되는 대만의 금문도라는 섬에서 만들어진다. 국영기업인 금문주창에서 생산하고 있으며, 화학 첨가물을 전혀 사용하지 않고 수수, 밀, 화강암 암반수만을 재료로 빚는다.

다른 고량주에 비해 독한 향도 거의 없고, 목넘김은 뜨끈하고 깔끔하게 넘어가 호평인 술이다. 종류 알콜 도수는 38도와 58도로 나눠지는데 한국 사람들은 58도를 가장 많이 구매한다.

의약품 · 미용품

백화유

중화권에서 쉽게 구매할 수 있는 제품으로, 대만 쇼핑 리스트에 필수로 들어가있다. 기본적으로는 진통, 소염 기능을 하지만, 만병통치약으로 불릴 정도로 다양한 증상에 사용할 수 있다. 여행중의 대표적인 사용 방법은 모기에 물렸을 때 바르기, 근육통이나 결리는 곳에 마사지해주기, 두통 시에 관자놀이에 발라주기, 샴푸에 한방울 섞어 머리 감기 등이 있다.

호랑이 연고(타이거밤)

어렸을 적부터 집에 한 개씩은 상비하고 있을 정도로 한국에서도 유명한 호랑이연고. 한국 사람들에게는 하얀색이 익숙하지만 본래 빨간색 연고가 오리지날 버전이다. 두 종류 모두 기본적으로 소염, 진통제 효능이 있는데 빨간색에는 계피 기름이 추가돼있어 향도 더 강하고 더 후끈한 느낌이 있다. 하얀색은 모기물린데, 가려움, 타박상, 코막힘, 멀미, 소화 등에 좋고, 빨간색은 결림이나 근육통, 관절통에 좋다. 임산부와 만 3세 미만의 유아에게는 사용을 권장하지 않으며 눈에서 먼 곳에 바르는게 좋다. 알러지 유발 성분은 아래를 참고할 것.

주요성분

캄퍼(Camphor)	녹나무 추출물로 시원한 느낌을 준다. 리스테린, 물파스, 우황청심원에도 들어감
멘톨(Menthol)	박하추출물로 시원한 느낌을 주며 소염, 진통작용
정향(Clove)	정향나무의 꽃봉오리에서 추출한 향신료. 진통 효과와 신경마비, 항균효과
카유풋(Cajuput)	남아에서 자생하는 멜라루카 잎에서 추출. 진통 및 항균에 효능
계피(Cinnamon)	빨간색 연고에만 들어간다. 외용제로 사용하면 진통 및 살균효
살리실산(Salicylic acid)	버드나무 껍질에서 추출하는 아스피린(aspirin)의 원료. 해열 및 진통에 효과
파라핀(paraffin)	콜라겐과 비타인E가 들어있어 피부 보습에 효과

호랑이 연고에 대한 진짜 알·쓸·신·잡(알아두면 쓸데없는 신비한 잡학사전)

싱가포르의 호파(Haw Par : 虎豹医保有限公司)라는 제약회사에서 만들었다. 1870년대에 개발돼 약 150년의 역사를 갖고 있다. 옛날 약장수들이 백두산 호랑이뼈를 갈아넣은 만병통치약으로 소개했으나 사실 호랑이와 관련된 성분은 없다.

개발은 후쯔친(胡子欽)이 성공했으며, 아들인 후원후(胡文虎)와 후원바오(胡文豹) 형제가 본인들의 이름 마지막 글자를 딴 후바오항(虎彪行)이라는 제약 회사를 만들고 호표만금유(虎標萬金油)라는 이름으로 판매했다. 호표(虎標)는 호랑이표, 만금유(萬金油)는 만금의 값어치를 하는 기름이라는 뜻이다.

마이뷰티다이어리 흑진주팩

대만을 넘어 중화권의 마스크팩 1위를 차지한 제품이다. 에센스가 넘치게 들어있으며 피부재생, 수분공급, 미백 등 다양한 효능이 있다.

시트기 얇기 때문에 필름이 덧대어져 있으므로 필름을 떼고 붙여야한다. 마스크팩은 젖은 티슈로, 원칙적으로 액체류로 분류되기 때문에 기내 반입시는 지퍼백에 넣거나 위탁수화물로 보내야한다.

생필품

달리치약

중화권에서 미백 치약으로 유명해 중화
권 쇼핑 리스트에 꼭 들어가있는 달리
치약. 맵지 않은 상쾌함이 좋아 인기있
는 제품이다. 치약 또한 원칙적으로 액
체류로 분류된다. 기내 반입 시 지퍼백
에 넣거나 위탁수화물로 보내야한다.

곰돌이방향제

곰돌이 방향제 또한 중화권 쇼핑 리스트에 들어가있는 유명한
방향제다. 귀여운 외관과 달리 생각보다 강력한 방향을 자랑하
지만, 유지는 다소 짧다. 6가지의 다양한 향이 있는데 포장지에
서도 향을 맡을 수 있으므로 취향에 맞는 향을 골라 구매하자.

가오슝의 쇼핑 포인트 BEST 5

까르푸

명실상부 가오슝의 대표 쇼핑 포인트. 위에서 소개한 쇼핑 리스트를 전부 구매할 수 있기 때문에 가오슝 여행자들이 반드시 들르는 곳이다. 가장 규모가 크고 쇼핑하기 좋은 곳은 MRT 스지아역(獅甲站) 인근에 있는 성공점(成功店)이다.

한신아레나

가오슝에서 가장 많은 쇼핑객이 방문하는 곳이다. 10층 건물로 다양한 글로벌 브랜드와 대만 브랜드가 입점해있으며, 대만 특산품이나 기념품을 구매하기 좋다. 한국 여행객들은 딤섬 전문점인 팀호완이나 딘타이펑에서 식사하기위해, 가오슝의 유명 펑리수 브랜드인 쟈파지를 구매하기 위해 방문하는 편이다. MRT 쥐단역(巨蛋站) 인근에 위치해있다.

포야

드럭스토어로 식품, 화장품, 생필품 할 것 없이 다양한 상품을 판다. 일본 제품이 많은 편이다. 규모가 큰 경우가 대부분이기 때문에, 주류를 제외하고 위에서 소개한 가오슝 쇼핑 리스트 전부를 구매할 수 있다. 여행자들이 가장 접근하기 좋은곳은 삼다상권이나 신궤쟝 쇼핑구 인근에 있는 지점이다.

왓슨스

한국에서의 상호는 랄라블라로 바뀌었지만 우리나라 사람들에게 익숙한 드럭스토어. 유명 관광지 인근에 있는 경우가 많아 포야보다 조금 더 쉽게 찾을 수 있다. 규모가 작은 경우가 많지만, 식품류를 제외한 가오슝의 쇼핑 리스트 대부분을 구매할 수 있다.

편의점 – 세븐일레븐 / 패밀리마트

대만은 우리나라만큼 몇십, 몇백미터마다 편의점을 쉽게 찾을 수 있다. 각 편의점은 규모에 따라 가오슝 쇼핑 리스트를 전부 만나볼 수도 있다.

해외여행의 피로를 풀어주는 가오슝의 마사지

해외여행을 왔다고 신나서 여기저기 돌아다니다보면 발, 다리, 허리 등 피곤하지 않은 곳이 없게 된다. 이 때 여행자들의 피로를 눈 녹듯 사라지게 도와줄 대만 여행의 필수 코스는 바로 마사지! 대만은 맛있는 먹거리로도 유명하지만 몸에 쌓인 피로를 해소해주는 마사지로도 명성이 자자하기 때문이다.

특히 대만은 발 마사지와 샴푸 마사지로 유명하다. 샴푸 마사지와 발 마사지는 전신 마사지에 비해 심리적인 진입 장벽이 낮은 편이며, 해외여행에서 마사지를 한 번도 경험해보지 못한 사람들에게 좋다. 선뜻 해보기는 어렵지만, 그렇다고 받지 않고 오면 아쉬워지는 마사지. 이번 가오슝(高雄) 여행에서는 마사지에 도전해보자!

발 마사지

발 마사지라고 해서 무조건 발만 해주는 것은 아니다. 발 마사지는 발가락 하나하나부터 시작해서 종아리를 타고 올라가 무릎 아래쪽까지 마사지 해주는 것이 일반적이다. 보통 옷을 무릎 위까지 올려야하기 때문에 업체에서 제공하는 옷으로 갈아입는 것이 더 편하다.

발 마사지는 여행 중 오랜 시간 걸어 아팠던 발바닥의 피로부터 시작해서 땡땡하게 뭉친 종아리의 뭉침과 부종까지 풀어준다. 편안한 자리에 앉고 뜨끈한 물에 발을 담가 시원하게 풀어주는 발 마사지는 대만 여행에서 가장 힐링healing되는 순간이 될 것이다.

한국 사람들이 많이 가는 가오슝 발 마사지 전문점

아래에서 소개하는 발 마사지 전문점은 한국 사람들이 많이 가는 곳이다. 대만은 발 마사지로 유명하기 때문에 가오슝 또한 마사지 전문점이 여기저기 많다. 시간이나 거리가 맞지 않는 경우 본인이 있는 위치에서 구글맵Google maps 어플에 영어로 'massage'를 검색해보자. 근처에 있는 여러 마사지 전문점 중 평점과 후기가 좋은 곳을 가보는 것도 나쁘지 않을 것이다.

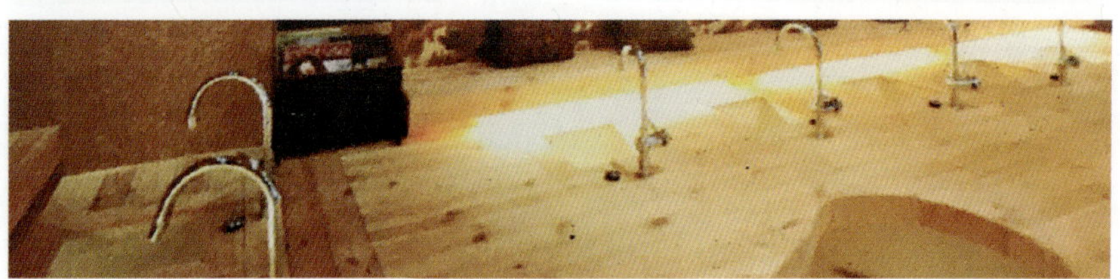

101족체양생회관(101足體養生會館)

MRT 미려도역(美麗島站) 인근에 있는 리우허 관광야시장(六合觀光夜市) 끝 부분에서 걸어갈 수 있는 거리에 있다. 능숙하진 않으나 한국어와 영어로 소통할 수 있는 직원이 있다. 마사지사 및 직원들이 친절하고 마사지 솜씨가 좋아 만족도도 높은 편이다. 발 마사지 외에도 다양한 마사지 코스가 있기 때문에 선택의 폭이 넓다.

⌂ 高雄市前金區新盛一街91號, 리우허 관광야시장에서 도보로 약 5분
🕐 13:00~25:00 💰 발 마사지 40분 NT$500

족예포각양생회관(足藝泡 養生會館)

MRT 쥐단역(巨蛋站) 인근에 있는 루이펑 야시장(瑞豐夜市)에서 가까운 발 마사지 전문점이다. 루이펑 야시장 방면으로 야시장을 지나 조금 더 가다보면 사거리가 나온다. 사거리에 바로 보이는 세븐일레븐 위 2층에 있다. 101족체양생회관처럼 다양한 마사지 코스가 있다. 한국어로 된 가격 안내가 있어 알아보기 쉬우며, 만족도가 대체로 높은 편이다.

⌂ 04高雄市鼓山區明倫路138號2樓, 루이펑 야시장 끝에서 도보 약 2분
🕐 10:00~25:30 💰 발 마사지 30분 NT$300

샴푸 마사지

샴푸 마사지는 인기 여행 예능인 KBS2 〈배틀트립〉에 나오며 한국 사람들에게 알려졌다. 하지만 샴푸마사지라고 해서 한국 미용실처럼 머리를 감겨준 후 잠깐 두피를 꾹꾹 눌러주는 간이 서비스를 생각하면 오산이다. 샴푸와 함께 하는 두피 마사지는 이 세상에서 느껴보지 못했던 상쾌함을 느낄 수 있을 정도로 시원하고 강력하게 감겨준다. 발 마사지처럼 특정한 시간은 없고 머리숱에 따라 조금 달라지는데, 보통 40분에서 1시간 전후로 소요된다.

샴푸 마사지 후에는 스타일링이 들어간다. 가오슝의 더운 날씨에 축 쳐졌던 머리 스타일을 풍성하고 예쁘게 만들어주기 때문에, 특히 부모님 나이대의 여성 여행자들이 매우 선호한다. 하지만 스타일링은 취향에 따라 호불호가 갈릴 수 있다. 원하는 스타일링이 있다면 머리를 다 말리고 스타일링에 들어가기 전에 꼭 사진을 보여주자.

한국 사람들이 많이 가는 가오슝 샴푸 마사지 미용실

아래에서 소개하는 샴푸 마사지 미용실은 한국 사람들이 많이 가는 곳이다. 샴푸 마사지는 가오슝에 있는 대부분의 미용실에서 서비스를 제공하기 때문에 특별한 전문점이 없으며, 어느 미용실에 들어가도 상관없다. 시간이나 거리가 맞지 않는 경우 본인이 있는 곳에서 구글맵Google maps 어플에 들어가 'hair salon'을 검색해보자. 근처에 있는 여러 마사지 전문점 중 평점과 후기가 좋은 곳을 가보는 것도 나쁘지 않을 것이다.

자야미용원 중산 1호점(姿也美容院)

리우허 관광야시장(六合觀光夜市)에서 걸어갈 수 있는 거리에 있다. MRT 미려도역(美麗島站)에서 리우허 관광 야시장 출구인 11번 출구 방향으로 나가 야시장을 지나쳐 더 직진하다보면 큰 사거리가 나온다. 웨딩샵과 미용실이 즐비한 사거리에서 가장 큰 미용실 광고 간판이 있는 건물 1층에 위치해있다. 이동하지 않고 자리에 앉아서 샴푸 마사지를 받으며, 직원들은 친절하고 아주 약간의 영어가 가능하다. 한국어로 된 가격 안내가 있어 서비스를 선택하는 데는 어려움이 없다.

🏠 高雄市新興區中山一路237號
　　MRT 미려도역(美麗島站) 11번출구에서 도보 약 3분
🕘 09:00～21:00
💰 샴푸 마사지 NT$400

탁월미학사용(卓越美學沙龍)

특별한 관광지가 없는 MRT 시의회역
(市議會站)에 있으나 쉽게 찾아갈 수
있다. 3번 출구에서 나온 후 사거리에
서 우회전하여 직진하면 대로변 1층에
바로 보인다.

입구에 가격 안내표가 붙어있으며 가
장 위에 있는 것이 샴푸마사지다. 우리
나라처럼 샴푸실에 누워서 샴푸 마사
지를 받은 후 자리에 돌아와 스타일링
을 받는다. 직원들은 대체로 친절하며,
영어는 간단한 단어 위주로 소통이 가
능한 편이다.

⌂ 801高雄市前金區中華三路109號, 시의회역 3번출구에서 도보 약 2분
🕙 09:30～19:00 / 일요일 휴무　💰 샴푸 마사지 NT$250

사계절 내내 가오슝을 즐기는 방법! 가오슝의 축제

대만의 새로운 관광 도시로 도약하고 있는 가오슝은 사계절 내내 다양한 축제와 이벤트가 열린다. 봄, 여름, 가을, 겨울 할 것 없이 언제나 새로운 경험을 즐길 수 있는 가오슝! 본인의 여행 시기에 가오슝에서는 어떤 축제가 열리는지, 어떤 시기에 가야 가오슝의 축제를 함께 즐길 수 있는 지 살펴보자.

봄

가오슝(高雄)에서는 매년 음력 1월 15일 정월 대보름을 전후한 2월에 등불 축제가 열린다. 등불 축제는 가오슝이 자랑하는 낭만적인 사랑의 강 아이허(愛河)를 주변으로 성행한다. 아이허를 따라 2~3㎞를 줄지어 달린 등불들은 형형색색에 다양한 무늬를 자랑하며, 해가 지고 밤이 찾아왔을 때는 수천 개의 등불이 함께 빛을 뿜어내며 저마다의 아름다움을 더욱 뽐낸다.

등불 축제에서는 등불만 있는 것이 아니다. 야시장에 버금가는 다양한 먹을거리가 줄지어 서기 때문에 볼거리와 먹을거리를 함께 즐길 수 있다. 또 축제라면 절대 빠질 수 없는 필수 코스인 불꽃놀이도 감상할 수 있다.

여름

가오슝의 여름이 절정에 달해가는 6월. 가오슝에서는 대만의 3대 명절인 음력 5월 5일 단오절을 전후해 드래곤 보트 레이싱이 열린다. 드래곤 보트 레이싱은 용모양의 배를 타고 북소리에 맞춰 결승선을 빨리 통과하는 경기다. 일종의 카누와 비슷한 수상 스포츠로 주로 중화권을 중심으로 발전됐다.

가오슝에서 열리는 드래곤 보트 레이싱은 타 지역에 사는 대만 현지인들도 시간을 내어 보러오는 이벤트다. 이 시기에 가오슝을 방문한다면 드래곤 보트 레이싱에서 아이허를 시원하게 가르며 힘차게 나아가는 선수들을 응원하며 가오슝의 더위를 날려보자.

가을

가오슝의 가을에는 봄, 여름에 열리는 가오슝의 다른 축제들 보다 더 대만 특유의 감성을 느낄 수 있는 이벤트가 열린다. 그 주인공은 바로 연지담(蓮池潭)에서 열리는 줘잉만년계(左營萬年季)다. 연지담은 MRT 줘잉역(左營站)에서 가까운 곳으로, 가오슝의 대표 관광지인 용호탑(龍虎塔)이 있는 호수이며 용호탑 외에도 다양한 탑과 사원을 볼 수 있다.

줘잉만년계는 매년 10월 중순을 전후해 열리는 민속 문화 행사로, 이 축제에서 가장 중요한 볼거리는 불사자 모형이다. 입에서 연기를 내뿜는 불사자는 대만 특유의 형형색색 빛깔을 내며 거리를 밝힌다. 물론 축제에서 빠질 수 없는 불꽃놀이와 거리를 가득 채우는 야시장은 기본으로 즐길 수 있다.

겨울

크리스마스와 한 해의 마무리를 준비하는 12월. 대만의 주 종교는 불교와 도교지만, 크리스마스 때만큼은 다르다. 크리스마스는 전 세계가 즐기는 축제인 만큼 가오슝 곳곳에서도 만만치 않게 아름다운 크리스마스 장식을 즐길 수 있다.

특히 한 해의 마지막 날인 12월 31일에는 가오슝 곳곳에서 송년 파티가 열린다. 가장 볼만하고 즐길 거리가 많은 곳은 가오슝의 대표 테마파크인 드림몰Dream Mall과 가오슝 근교에 있는 이다 월드E-DA World다. 하늘을 수놓는 불꽃 축제와 새해 카운트다운을 함께 한다면 당신의 가오슝의 여행은 더 완벽해질 것이다.

가오슝과 대만 남부 여행에 밑그림 그리기

가오슝(高雄)과 대만 남부는 타이베이를 이어 대만의 떠오르는 관광지로 부상하고 있다. 대만 여행에서 가오슝과 대만 남부를 다녀온 사람들의 입소문으로 시작해 각종 여행 예능 프로그램에서 방영되기 시작한 가오슝과 대만 남부는 한국 사람들에게 점점 떠오르는 대만의 여행지로 각인되는 중이다.

가오슝과 대만 남부는 한국 사람들이 자주 찾는 타이베이에 비해서 알려진 정보가 한정적인 편이다. 그러나 가오슝과 대만 남부에 대한 사람들의 관심이 점차 증가함에 따라 가오슝과 대만 남부 패키지여행과 자유 여행에 대한 정보 또한 조금씩 늘어나고 있다. 주저함이나 귀찮음만 조금 덜어낸다면 가오슝과 대만 남부 여행을 계획하는 일은 어렵지 않을 것이다.

먼저 해외여행을 처음 떠나보는 사람이라면 여행 계획을 어떻게 짜야할 지부터 고민될 것이다. 하지만 큰 걱정은 하지 않아도 된다. 해외여행은 국내 여행을 계획하는 방법과 크게 다르지 않으며, 해외여행에 필요한 몇 가지 특성만 추가될 뿐이다. 아래의 가오슝과 대만 남부 여행의 밑그림을 그리는 절차와 설명을 보며 가오슝과 대만 남부 여행을 계획해보자.

1	패키지여행? 자유여행? (여행의 형태 결정)	7	얼마나 쓸까? 리스트 작성! (여행경비 산출하기)
2	나의 가능한 여행기간, 비용은? (여행 기간 & 예산 짜기)	8	중국어를 알면 편리한데? (간단한 중국어 익히기)
3	가오슝 여행? 항공권부터 알아보자. (항공권티켓 /성수기여행은 빨리 구입)	9	NT$? 원화는 사용불가능? (환전하기)
4	성수기 숙소가 부족한 나트랑은 숙박부터 알아보자! (숙소의 예약가능 확인)	10	왜 이리 필요한 게 많지? (여행가방싸기)
5	보고 싶고 먹고 싶은 게 많아요? (여행지 정보 수집)	11	11. 인천공항으로 이동
6	단기여행인 가오슝은 꼼꼼한 일정은 필수! (여행 일정 짜기)	12	12. 드디어 여행지로 출발!

첫 번째는 여행의 형태다. 해외여행은 이것저것 알아볼 것이 많고 준비해야하는 것도 많기 때문에 부담을 갖게 되기 마련이다. 해외여행에 대한 본인의 부담도나 함께 떠날 사람의 의견에 맞추어 패키지여행과 자유 여행 중 어떤 방법으로 여행을 떠날지 고민해보자. 어떻게 여행을 떠날지 결정하고 나면 그 다음은 일사천리로 진행된다.

두 번째는 본인이 어떤 시기에 며칠 정도 여행을 떠날 것이고, 얼마 정도의 예산을 사용할 수 있는지 생각해야한다. 이 단계는 패키지 여행자나 관광지 여행자가 똑같이 세워야하는 계획이다. 패키지 여행자는 본인의 예산과 여행이 가능한 시기에 따라 출발할 수 있는 패키지 상품을 알아보는 것이 좋다. 자유 여행자는 패키지 여행자보다 자유롭기 때문에 본인의 여행 스타일에 맞춘 예산과 여행 날짜를 확실하게 정하면 된다.

세 번째는 항공권을 예약해야한다. 항공권 예약의 다음 단계인 숙소를 예약하려면 정확히 언제 떠나고 돌아올지에 대한 항공권부터 먼저 구매해야한다. 만약 본인이 여행하는 시기가 대만 여행의 성수기거나 우리나라의 연휴라면 더더욱 빨리 알아보아야한다.

네 번째는 숙소 예약 단계다. 이 단계부터는 자유 여행자들의 과제가 된다. 패키지 상품은 항공권부터 모든 여행 일정과 숙소가 포함돼있는 것이 기본이기 때문이다. 만약 본인이 여행하는 시기가 대만 여행의 성수기거나 우리나라의 연휴라면, 또 한국 사람들에게 잘 알려진 숙소에 갈 예정이라면 최대한 빨리 예약하는 것이 좋다.

다섯 번째는 가오슝과 대만 남부에 어떤 관광지가 있는지, 어떤 먹을거리가 있는지, 그리고 어떤 곳이 맛집인지 알아봐야한다. 가이드북과 인터넷 검색을 통해 가보고 싶은 관광지와 맛집을 목록화해보자. 다섯 번째의 목록화를 마쳤다면 바로 **여섯 번째** 단계를 실행할 차례다. 본인의 여행 일정에 맞추어 가오슝과 대만 남부를 충분히 즐길 수 있도록 언제 어떤 관광지와 맛집에 방문할지 정확한 일정을 계획해보자.

일곱 번째 단계에서는 여행 경비를 산출해야한다. 여행을 준비하면서 어디에 먼저 선 결제를 했고, 가오슝과 대만 남부에서 쓸 여행 경비는 얼마나 가져갈지 통계를 내는 것이다. 여행 경비 산출은 여행 전과 여행 중의 예산을 알맞게 운용하는데 큰 도움이 된다.

여덟 번째, 아홉 번째, 열 번째 단계는 여행 준비의 막바지 단계다. 여덟 번째 단계는 간단한 중국어를 익히는 것이다. 대만은 중국어를 사용하기 때문이다. 여행에서 사용할 수 있는 중국어를 익혀간다면 조금 더 편한 가오슝과 대만 남부 여행을 즐길 수 있을 것이다. 아홉 번째 단계에서는 여행에서 사용할 경비를 미리 환전해야하며, 열 번째 단계에서는 여행에 필요한 준비물을 챙겨야한다.

열한 번째, 열두 번째 단계는 가오슝으로 출발하는 단계다. 본인의 비행기 시간과 날짜를 잘 확인한 후, 비행기 출발 2시간 전에 공항에 도착하는 것이 좋다. 특히 성수기에는 많은 사람들이 해외로 나간다. 수하물 위탁, 보안 검색, 출국 심사 등 출국 절차에 오랜 시간이 소요되므로 조금 더 넉넉한 시간에 도착하는 것을 추천한다.

패키지여행 VS 자유여행

많은 사람들이 해외여행을 떠날 때마다 항상 고민하게 되는 문제가 하나 있다. 바로 패키지 상품으로 여행을 다녀올 것인가, 모든 일정을 자유롭게 조정할 수 있는 자유여행을 떠날 것인가가 그 문제다.

특히 가오슝과 대만 남부를 처음 접하는 여행자들은 패키지여행이 좋을지 자유 여행이 좋을지 고민하게 되는 경우가 많다. 가오슝과 대만 남부는 오랜 시간동안 대만 여행의 가장 인기 있는 여행지인 타이베이에 비해 유명세가 덜하다. 가오슝과 대만 남부에 어떤 관광지가 얼마나 있는지 잘 알지 못하는 경우가 대다수기 때문에 패키지로 가는 게 좋을지, 자유 여행으로 가는 게 좋을지 진퇴양난에 빠지는 것이다.

하지만 가오슝과 대만 남부는 세계 여러 나라의 여행지와 크게 다른 것이 없다. 대중교통으로 쉽게 접근할 수 있는 관광지도 있고, 때로는 대중교통으로 가기 어려운 곳도 있다. 가오슝과 대만 남부는 정보를 잘 찾아보고 여행 일정을 꼼꼼하게 계획한다면 자유 여행으로도 어렵지 않은 여행지다. 패키지여행으로 간다면 중국어에 대한 어려움 없이 다양한 곳에 산재해 있는 관광지에 편하게 다녀올 수 있다.

결국 가오슝과 대만 남부를 패키지로 다녀올 지 자유 여행으로 다녀올지 결정해야하는 기준은 하나로 귀결된다. 바로 가오슝과 대만 남부를 얼마나 자유롭게 즐길지 이다. 패키지여행이 자유 여행과 다른 특성들 중 가장 강력하게 다른 점은 바로 자유도다.

패키지여행은 국내에서 떠날 때부터 다시 국내로 들어오기까지 마음대로 움직일 수 없다. 처음부터 끝까지 가이드의 인솔에 따라 움직여야하기 때문에 본인이 즐기고 싶은 만큼 느끼지 못하게 되는 경우가 많다. 하지만 자유 여행은 모든 것을 자유롭게 조정할 수 있는 대신, 모든 것을 스스로 찾고 알아보고 이동해야한다는 단점이 있다.

아래에서 패키지 및 자유여행의 장단점, 패키지 및 자유여행을 추천하는 여행자의 유형, 가오슝과 대만 남부에서 패키지여행과 자유 여행으로 다닐 때 얻을 수 있는 장단점을 잘 읽어보고 본인의 여행에 맞는 방법을 고민해보자.

패키지여행

언제 어디로 떠날지 정하고 돈을 내기만 하면 여행의 모든 것을 책임져준다. 어디에 어떤 관광지가 있고 어떤 음식의 맛집이 있는지 알아볼 필요가 전혀 없다. 볼거리와 먹을거리를 고민할 필요 없이 시시각각 제공해주기 때문에 가장 편하게 다녀올 수 있는 여행 유형이다. 하지만 난생 처음 본 사람들과 항상 함께 다녀야하며, 본인의 마음에 따라 일정을 조절할 수 없기 때문에 자유도가 많이 떨어지는 편이다.

패키지여행은 쉽고 편하게 여러 개의 관광지를 다녀오고 싶은 여행자에게 가장 좋다. 주로 자유 여행에 대한 접근성이 떨어지는 부모님 나이대의 여행자들이 선호한다. 특히 가오슝과 대만 남부를 패키지로 다녀오게 된다면 가오슝과 가오슝의 근교, 그리고 대만 남부의 다양한 관광지에 편하게 다녀올 수 있다.
가오슝과 대만 남부의 어떤 관광지들은 대중교통으로 다니기가 다소 불편하다. 각양각색의 매력을 갖고 있는 가오슝과 대만 남부의 아름다운 관광지들을 쉽고 편하게 보고오고 싶다면 패키지여행을 선택하는 것도 나쁘지 않다.

자유여행

자유 여행은 모든 일정을 내 마음대로 조절할 수 있다는 것이 가장 큰 장점이다. 어떤 관광지든 본인이 원하는 만큼 충분히 시간을 보내면서 즐길 수 있고, 본인이 가보고 싶었던 식당에 찾아가 먹고 싶었던 음식을 먹을 수 있다. 하지만 자유도가 큰 만큼 모든 것을 혼자 알아보고 움직여야하는 최대의 단점이 있다. 해외 자유여행은 국내 자유여행에 비해 신경 써야할 것도 많고 찾아봐야할 것도 많기 때문에 어려움이 다소 있는 편이다.

자유 여행은 말 그대로 자유롭게 여행할 수 있는 것을 선호하는 여행자들에게 좋다. 여행 준비에 다소 어려움은 있지만 마음대로 즐길 수 있다는 최대의 장점 때문에 젊은 세대의 여행자들이 많이 선택하는 방법이다. 특히 가오슝과 대만 남부를 자유 여행으로 다녀올 때 가장 좋은 점은 바로 밤낮 할 것 없이 아름다운 풍경을 자랑하는 곳들을 한없이 즐길 수 있다는 것이다. 대만의 절경을 자랑하는 가오슝과 대만 남부의 다양한 관광지에서 시간을 상관하지 않고 원하는 만큼 풍경을 즐긴다면 잊지 못할 대만 여행이 될 것이다.

가오슝과 대만 남부 현지 여행 물가

가오슝과 대만 남부에서는 우리나라의 원화를 사용할 수 없기 때문에 반드시 현지 화폐로 환전을 해야 한다. 하지만 본인의 일정과 여행 일수에 맞게 환전을 하려면 가오슝과 대만 남부의 물가가 대체로 어떻게 형성돼있는지 알아야한다. 가오슝과 대만 남부의 물가를 잘 알아놓는다면 여행에서 사용할 경비를 산출하는데 큰 도움이 된다.

먼저 해외여행의 경비에서 가장 큰 비중을 차지하는 것은 항공권이다. 가오슝 항공권은 저렴하게 예약하면 100,000원대로 구매할 수 있으며, 보통 200,000원대에서 구매할 수 있는 편이다. 여행 기간이 얼마 남지 않았을 때 구매하면 300,000원대에서 구매하게 될 수 있으므로 여행을 계획했을 때부터 찾아보는 것이 좋다.

해외여행에서 두 번째로 많은 비중을 차지하는 것은 숙박비다. 숙소는 여행자의 취향과 성향에 따라서 가격이 천차만별로 달라진다. 먼저 가오슝과 대만 남부의 호스텔은 10,000원을 전후한 가격대가 형성돼있기 때문에 저렴하게 숙박비를 해결할 수 있다. 호텔의 경우도 저렴한 편에 속하지만, 낙후되고 촌스러운 곳이 아닌 우리나라의 깔끔한 모텔 정도의 컨디

구분	세부 품목	1박 2일	2박 3일	3박 4일	4박 5일
항공권	왕복 항공권	100,000원~300,000원 대			
숙박비	호스텔, 호텔, 아파트먼트	10,000원 ~40,000원 대	20,000원 ~80,000원 대	30,000원 ~12,000원 대	40,000원 ~160,000원 대
식사비	한 끼	2,000원~20,000원 대			
교통비	버스, 지하철, 택시	1회 500원~4,000원 대			
입장료	관광지 및 박물관 등 각종 입장료	5,000원~8,000원 대			
평균예산	모든 품목 기본 이용 평균값	260,000원~	330,000원~	380,000원~	420,000원~

션을 원한다면 하루 숙소 예산이 최소 30,000원~40,000원은 돼야한다.

세 번째로 많은 비중을 차지하는 것은 식사비다. 가오슝과 대만 남부의 현지인들이 이용하는 현지 식당이나 야시장의 음식은 우리나라에 비해 저렴한 편에 속한다. 보통 한 끼를 매우 저렴하게 해결한다면 2,000원대에 해결할 수 있으며, 보통은 4,000원~5,000원 대에서 해결할 수 있다. 물론 현대화된 식당이나 고급 식당은 우리나라와 큰 차이가 없다.

네 번째로 비중을 차지하는 것은 교통비다. 가오슝과 대만 남부는 교통비 또한 저렴하다. 가오슝의 버스와 지하철은 거리비례 구간제로 운영되며 기본 거리 이용 시 버스는 NT$12로 한화 약 500원, 지하철은 17NT$로 한화 약 700원이다. 택시는 기본요금이 85NT$로 한화 약 3,400원이기 때문에 저렴하진 않다.

마지막은 입장료다. 가오슝과 대만 남부의 관광지 및 박물관 등은 입장료가 있는 곳도 없는 곳도 있다. 하지만 입장료는 우리나라에 비해 저렴한 편이다. 대체로 한화로 5,000원을 전후하는 경우가 많으며 한화 10,000원을 넘는 경우가 없기 때문에 즐겁게 관람할 수 있다.

가오슝과 대만 남부 숙소에 대한 이해

패키지 상품을 이용하는 여행자들은 숙소에 대해 고민할 필요가 없지만, 자유 여행자들에게 해외여행에서의 숙소 예약은 큰 숙제가 된다. 특히 가오슝(高雄)과 대만 남부에 가본 적이 없거나, 해외 자유 여행이 처음인 사람들에겐 더욱 어려울 수도 있다.

가오슝高雄과 대만 남부는 세계의 다른 여행지의 숙소를 예약하는 방법과 특별하게 다른 점은 없다. 하지만 가오슝과 대만 남부가 가진 도시 특성 상 조금 더 신경써야할 부분은 반드시 있다. 아래의 내용을 잘 읽고 가오슝과 대만 남부의 숙소를 예약할 때 필요한 정보를 익혀보자.

1. 숙소 유형 결정 후 숙소 위치 살피기

여행자들이 해외여행지에서 가장 많이 숙박하는 숙소 유형은 호스텔과 호텔이다. 호스텔은 도미토리domitory라고 해서 여러 명이 한 방에서 침대를 나누어 자는 공동 침실을 주 서비스로 한다. 숙박비가 저렴한 것이 가장 큰 장점이지만 세계 여러 나라의 사람들과 한 방을 써야하기 때문에 다양한 단점이 생긴다. 호텔은 호스텔의 2~3배 이상의 가격으로 예약해야하는 것이 단점이지만 개인실을 쓸 수 있다는 가장 큰 장점이 있다.

어떤 숙소 유형에서 숙박할지 결정했다면 바로 숙박을 예약해야한다. 가오슝에서 숙소를 예약할 때 가장 중요한 것은 지하철의 위치다. 가오슝의 대중교통은 버스와 지하철(MRT), 트램(LRT)이 있지만 가오슝의 관광지로 쉽게 이동할 수 있는 것은 단연 지하철이다. 지하철만 가깝다면 가오슝의 어떤 곳이든 편하게 갈 수 있으므로 지하철역에서 가까운 숙소를 예약하는 것이 가장 좋다.

가오슝高雄은 치안이 좋은 편에 속하기 때문에 특별히 피해야할 숙소의 위치는 없다. 많은 여행자들이 숙소를 예약하는 곳은 대체로 관광지가 근처에 있는 지하철역이다. 대표적인 예로는 가오슝역(高雄車站), 미려도역(美麗島站), 중앙공원역(中央公園站), 삼다상권(捷運三多商圈站)역, 옌청푸역(鹽埕埔站)등이 있다.

다음으로, 대만 남부에서 숙소를 예약할 때 가장 중요한 것은 바로 버스 터미널 및 정류장이다. 대만 남부에서 이용할 수 있는 대중교통은 버스밖에 없기 때문이다. 대중교통 외에는 택시를 타거나 전동스쿠터를 대여해 다닐 수 있다. 타이난(台南)은 택시가 꽤 있는 편이지만 컨딩(墾丁)이나 헝춘(恆春)은 거의 보이지 않기 때문에 콜택시를 이용하는 경우가 대다수다. 전동스쿠터 또한 가볍게 생각하고 대여하는 사람들이 많지만, 본래 비운전자라면 사고가 날 위험성이 꽤 높다.

일반적으로 타이난은 많은 버스가 정차하는 타이난기차역(台南車站) 인근에 숙박하는 것이 좋다. 기차역 주변으로 숙소가 많이 분포해있기 때문이다. 헝춘(恆春)은 가오슝국제공항(高雄國際航空站), 가오슝, 컨딩으로 가는 버스 터미널이 있기 때문에 터미널 근처에 숙박하는 것이 좋다. 터미널은 헝춘 시내의 가운데에 위치해있기 때문에 대부분의 숙소들이 터미널에서 멀지 않은 위치에 있다.

컨딩(墾丁)은 어디로 이동하느냐에 따라 조금 다르다. 컨딩에서 가오슝국제공항(高雄國際航空站)으로 가는 버스는 샤오완(小灣)정류장이다(구글맵Google maps 어플에서는 Xiaowan로 쳐야 나온다). 하지만 샤오완 인근의 숙소는 가격대가 높은 고급 호텔들이다. 가격이 부담된다면 컨딩 번화가인 컨딩대가(墾丁大街)의 저렴하고 합리적인 숙소에 머물고 1km 정도 떨어진 샤오완 정류장으로 걸어가면 된다. 가오슝국제공항이 아닌 헝춘(恆春)이나 가오슝의 줘잉역으로 이동한다면 컨딩대가에서 숙박 후, 컨딩대가에 있는 컨딩파출소(墾丁派出所)구글맵Google maps 어플에서는 'Kending Police Station'로 쳐야 나온다,)버스 정류장에서 타면 된다.

2. 숙소 평점과 후기 살피기

위치가 좋은 숙소들을 골랐다면 해당 숙소들 중 본인의 예산에 적당한 숙소를 고르자. 위치와 예산 다음으로 가장 중요한 것은 숙소의 질이다. 앞의 두 단계를 거친 후에는 해당 숙소에 머문 여행자들이 평가한 숙소의 평점과 후기를 꼼꼼히 살펴봐야한다.

특히 한국 여행자의 후기가 있다면 눈여겨 살펴보는 것이 좋다. 한국 여행자들은 한국 숙소의 청결함과 다양하고 친절한 서비스를 기준으로 평가한다. 장점보다는 단점을 많이 쓰는 여행자들이 더 많다. 만약 본인이 도저히 감당할 수 없는 단점이 있다면 해당 숙소는 제외하자.

3. 숙소의 시설 서비스 살피기

숙소의 시설 및 서비스는 숙소에 따라 천차만별이다. 여행자에게 좋은 시설은 사물함, 엘리베이터, 주방, 수하물 보관소, 세탁기 및 건조기 등이 있으며, 서비스에는 공항 셔틀 서비스와 각종 대여 및 예약 서비스 대행 등이 있다. 특히 24시간 프론트 데스크가 있는 숙소는 이른 체크인이나 늦은 체크인, 여행이나 숙소에서 생기는 다양한 어려움이 있을 때 쉽게 도움을 요청할 수 있다.

대부분의 숙박 예약 어플에서는 숙소 내 외부 사진을 제공한다. 숙소 외부 사진은 숙소를 찾아갈 때 중요하며, 숙소 내부는 여행자가 직접 자고 시설을 이용하는 곳이기 때문에 더

더욱 중요하다. 하지만 사진은 언제까지나 사진일 뿐 사진을 너무 믿지는 말자. 가끔씩 사진 제공이 허술한데 좋은 숙소가 있고, 사진은 완벽한데 막상 가보면 별로인 숙소가 있다. 역시 중요한 것은 후기다.

4. 에어비앤비 이용하기

에어비앤비Airbnb는 현지인이 여행자에게 돈을 받고 본인의 집을 공유하는 서비스다. 에어비앤비는 호스트(집주인)의 서비스에 따라 질이 천차만별로 달라지기 때문에 여행자들이 좋은 평점을 매긴 슈퍼 호스트의 숙소를 예약하는 것이 가장 좋다. 슈퍼 호스트는 여행자들에게 인기가 많기 때문에 예약률이 높은 것을 유의해야한다.

에어비앤비에서 숙소를 예약할 때 가장 주의해야할 점이 있다. 바로 에어비앤비의 호스트들은 집에 상주하지 않는 경우가 많다는 것이다. 숙소에 언제 도착하는 지 호스트와 시간을 맞추지 않고 간다면 숙소에 들어가지 못해 기다리는 경우가 많다. 또 해외의 집들은 들어가는 방법이 독특한 곳이 많다. 호스트에게 출입 방법을 제대로 배운 후, 호스트가 보는 앞에서 숙소 출입 방법을 확인받는 것이 좋다.

5. 한인 민박 이용하기

한인 민박의 가장 큰 장점은 한식을 먹을 수 있다는 것과 한국어로 각종 대여 및 예약 서비스를 쉽고 편하게 이용할 수 있다는 것이다. 특히 숙소에서 외국어가 아닌 한국어로 편하게 소통하고 싶은 여행자와 향신료가 맞지 않을까 걱정되는 여행자, 그리고 한식이 아니면 음식에 거부감이 큰 부모님과 함께 여행가는 여행자들에게 적합하다.

하지만 가오슝은 대만 여행의 떠오르는 도시인만큼 한인 민박이 여러 개 있는 편이 아니다. 인터넷 검색을 통해 나오는 가오슝 및 대만 남부에 있는 한인 민박 후기를 꼼꼼히 읽어보고 비교한 후 예약하자.

숙소 예약 사이트

에어비앤비(Airbnb.co.kr)

호스텔이나 호텔이 아닌 진짜 현지인들이 사는 집을 예약할 수 있는 숙박 예약 사이트다. 본인이 거주하는 집의 방 한 칸을 내주는 경우도 있고, 집 전체를 빌려주는 경우도 있다. 서비스도 바로 예약할 수 있는 즉시 예약, 호스트가 예약 요청을 받아들여야 숙박할 수 있는 예약 방법이 나누어져있다. 어플은 안드로이드와 아이폰 모두 다운로드 가능하다.

부킹닷컴(Booking.com)

전 세계에서 가장 많은 여행자들이 이용하는 숙박 예약 사이트다. 전세계 이용자들의 숙소 평점과 후기를 쉽게 볼 수 있고 이용 방법도 어렵지 않다. 한국인 후기도 많이 올라오기 때문에 참고하기도 좋다. 어플은 안드로이드와 아이폰 모두 다운로드 가능하다.

가오슝과 대만 남부 여행 계획 짜기

1. 주중 or 주말여행 정하기

요즘은 해외여행이 보편화됐기 때문에 해외여행에 비수기가 없다는 말이 있기도 하다. 하지만 해외여행의 성수기와 비수기는 여전히 존재한다. 특히 휴일이 며칠씩 이어지는 황금연휴나 7월 말 8월 초의 여름휴가 시기에는 가까운 해외 여행지의 항공권이 매진되는 일이 대다수다. 그러나 비수기 및 주중에는 성수기 및 주말에 비해 해외여행을 다니는 사람이 없기 때문에 조금 더 저렴한 가격에 항공권과 숙소를 예약할 수 있다. 일정에 특별한 구애를 받지 않는 사람이라면 비수기나 주중에 가오슝을 다녀오는 것이 더 좋을 것이다.

특히 가오슝과 대만 남부는 직장인들에게도 좋은 해외 여행지다. 거리가 가깝기 때문에 비행시간으로 소요하는 시간도 짧으며, 물가도 저렴한 편에 속하기 때문에 비용에 큰 부담이 없다. 휴가를 따로 낼 수 없는 때에도 주말을 이용해서 다녀온다면 가오슝과 대만 남부 여행을 즐기고 올 수 있을 것이다.

2. 여행 기간 정하기

가오슝과 대만 남부에 대한 세세하고 정확한 정보가 없다면 '2박 3일이면 충분히 다 돌아보고 올 수 있지 않을까?'하고 생각할 수 있다. 실제로 대부분의 여행자들이 다녀오는 일정 또한 2박 3일과 3박 4일이 대부분일 정도로 짧게 다녀오는 여행자들이 많다.

하지만 가오슝과 대만 남부를 짧은 시간에 다녀온다면 짧은 감동밖에 남지 않게 된다. 가오슝과 대만 남부는 고즈넉하고 아름다운 자연 풍경과 대만의 고적이 함께한 곳이다. 여유 있게 즐겼을 때 더 깊은 감동이 몰려오는 곳이기 때문에 가오슝과 대만 남부를 충분히 돌아보려면 적어도 5일은 필요하다.

3. 숙박 예약하기

가오슝(高雄)과 대만 남부는 물가가 저렴하기 때문에 합리적인 가격에 좋은 컨디션의 숙소를 예약할 수 있는 경우가 많다. 하지만 성수기나 주말, 여행 시기가 가까이 다가온 때에는 평소보다 가격이 조금 더 올라가는데다, 저렴한 가격에 이용할 수 있는 질 좋은 숙소들은 매진되는 경우가 많다. 조금이라도 더 싸게 좋은 컨디션의 숙소에서 머무르고 싶다면 가오슝을 여행하기로 결정했을 때 바로 찾아보는 것이 좋다.

4. 일정과 동선 계획하기

가오슝(高雄)과 대만 남부를 여행할 때는 어디를 먼저 방문할지 정하는 것이 좋다. 가오슝은 지도를 보았을 때 타이난(臺南)과 헝춘(恆春) 및 컨딩(墾丁) 사이에 있다.

일정과 동선을 계획할 때는 가오슝국제공항(高雄國際航空站)에 입국한 후 가오슝을 먼저 방문하고 타이난과 헝춘, 컨딩을 다녀와 출국할 지, 입국 후 가오슝의 아래쪽에 있는 헝춘과 컨딩을 먼저 다녀온 후 가오슝과 타이난을 순차적으로 방문하고 출국할지 정해야한다.

특히 가오슝에서 타이난은 기차로 1시간 정도 걸리지만, 가오슝 시내나 가오슝국제공항에서 컨딩으로 이동할 경우 2시간이 넘게 걸린다. 이동을 많이 할수록 교통비는 늘어나며, 체력과 관광 시간은 줄어들기 때문에 여러 가지 요소를 따져 계획하는 것이 좋다.

5. 식사 정하기

가오슝(高雄)과 대만 남부는 식당이나 노점, 야시장 등 다양한 곳에서 식사할 수 있기 때문에 식사를 해결하는 것에 대한 어려움이 별로 없다. 또 식사비가 저렴하기 때문에 식비 지출에 큰 부담도 없는 편이다. 그렇지만 해산물 요리나 훠궈(火锅) 같은 경우는 우리나라에서 식사하는 것과 별 다른 가격 차이가 없어 부담이 될 수도 있다.

사실 해산물 요리나 훠궈는 여행자의 취향에 따라 잘 먹기도 하고, 잘 먹지 않는 메뉴이기도 하다. 만약 훠궈에 대해 딱히 호불호가 없고 경험해본 적이 없는 여행자라면 한번쯤 먹어보는 것을 추천한다. 특히 해산물 요리는 바다를 끼고 있는 가오슝과 대만 남부에서 쉽게 먹을 수 있는 요리이며, 대부분 신선하고 맛있는 편이다. 해산물 식당에서 먹는 해산물 요리의 가격이 조금 부담된다면 노점이나 야시장에서 오징어나 새우를 활용해 만드는 합리적이고 저렴한 요리를 즐겨보자.

가오슝과 대만 남부 추천 일정

가오슝(高雄)과 대만 남부는 어디를 어떻게 다녀오느냐에 따라 당일치기, 1박 2일, 2박 3일, 3박 4일, 4박 5일 여행까지 나눠볼 수 있다. 가오슝은 당일치기로는 절대 돌아볼 수 없기 때문에 최소 1박 2일부터 시작하며, 많은 여행자들이 2박 3일로 돌아보는 경우가 많다. 하지만 2박 3일 또한 가오슝만 돌아볼 수 있는 정도다.

3박 4일, 4박 5일의 일정이라면 대만 남부 도시를 함께 돌아볼 수 있게 된다. 대만 남부에서 가볼만한 도시는 타이난(台南), 컨딩(墾丁), 헝춘(恆春)이 있다. 보통 가오슝을 기점으로 타이난 당일치기, 컨딩과 헝춘을 묶어 당일치기로 다녀오는 여행자들이 많다. 하지만 타이난은 다양한 볼거리가 많기 때문에 당일치기나 1박 2일로 보기엔 아쉬운 것이 많다. 컨딩 및 헝춘 또한 볼거리만 딱딱 찍고 오기보다 여유 있게 산책하듯 즐기며 다녀와야 좋은 곳이기 때문에 당일치기는 그다지 추천하지 않는다.

1박 2일 여행
사실 1박 2일은 너무 짧기 때문에 가오슝을 제대로 돌아볼 수 없는 시간이다. 여러 곳에 욕심내지 않고 가오슝의 핵심적인 관광지만 쏙쏙 골라본다면 그곳만큼은 즐길 수 있을 것이다. 하지만 여행을 하다보면 욕심이 생겨서 여러 곳에 가보고 싶은 생각이 들게 된다. 여행을 즐기는 것이 아닌 시간에 쫓기듯 돌아보며 관광지만 찍고 오는 여행이 될 확률이 높기 때문에 최소 2박 3일은 시간을 내기를 추천한다.

2박 3일 여행
1박 2일보다는 조금 더 다양한 가오슝의 관광지를 돌아볼 수 있는 일정이다. 조금 바쁘게 서두른다면 가오슝에서 꼭 가봐야 할 곳은 다 가봤다고 말할 수 있는 일정을 세울 수 있을 것이다. 하지만 2박 3일이라고 해서 가오슝에서 가볼만한 모든 곳에 다 가려고 욕심내면 행군에 가까운 일정이 될 수도 있다. 취향에 따라 굳이 꼭 가봐야 할 관광지가 아닌 곳은 빼고 돌아보는 것을 추천한다.

3박 4일 여행
관광지만 찍고 이동하는 일정 소화 여행이 아닌, 즐길 것은 모두 충분히 즐기면서 여유 있는 가오슝 여행을 즐길 수 있는 시간이다. 여행자의 취향에 따라 가오슝에서 굳이 가지 않아도 될 것 같은 곳을 뺀다면 타이난이나 컨딩 및 헝춘같은 대만 남부의 다른 도시를 짧게나마 즐길 수도 있다.

대만 남부에 있는 도시 타이난, 컨딩 및 헝춘 중 한 곳만 고른다면 가오슝과 대만 남부 한 곳을 충분히 즐기고 올 수 있는 일정이다. 만약 타이난과 컨딩 및 헝춘에서 핵심적인 곳만 쏙쏙 골라 1박씩 바쁘게 다녀온다면 대만 남부에서 가봐야 할 도시들은 모두 다녀올 수 있다. 하지만 여유롭게 즐기는 여행이 아닌 관광지를 찍는 여행이 될 확률이 높다. 하루 더 시간을 낼 수 있다면 1박을 추가한 5박 6일 여행으로 가오슝과 타이난, 컨딩 및 헝춘을 여유롭게 다녀오는 것을 추천한다.

택시 투어

가오슝은 대중교통으로 쉽게 접근할 수 있는 관광지가 많은 편이며, 타이난의 경우도 시내에 있는 관광지는 도보로도 충분히 이동 가능하다. 그러나 시내 인근과 근교에 있는 관광지에 갈 경우 배차가 길고 이동 시간도 짧지 않다. 대중교통으로 이용하기에는 다소 힘들기 때문에 택시를 이용하는 것이 좋다.

컨딩은 대중교통으로 돌아다니기엔 배차 시간이 길어 다소 불편하다. 때문에 전동스쿠터로 돌아보는 여행자들이 많은 편인데 평소 운전을 하지 않는 사람이라면 사고의 위험성이 크므로 택시 투어를 하는 것이 좋다. 택시 투어는 여행 플랫폼 어플을 통해 쉽게 예약할 수 있다.

여행 플랫폼 어플에 대한 소개는 '가오슝과 대만 남부 자유여행자에게 도움 되는 어플'참고

가오슝의 핵심만 골라 즐기는 가오슝 1박 2일

1일차는 가오슝高雄 북부 · 중앙부 · 남부를 관통하는 일정이며, 2일차는 가오슝 서부를 둥글게 돌아보는 일정이다. 가오슝에서 반드시 가봐야 할 관광지만 쏙쏙 골라 만든 핵심 코스로, 짧은 시간에 가오슝의 중요 관광지를 모두 만날 수 있다.

1일차

가오슝국제공항 → 용호탑 → 가오슝 시립도서관 → 가오슝 85대루 → 중앙공원 → 신쮀장 쇼핑구 → 미려도역 → 야시장(루이펑 야시장 or 리우허 야시장)

2일차

치진 섬 → 다고우 영국 영사관 → 시즈완 빙수 거리 → 보얼 예술 특구 → 아이허 풍경구 → 가오슝국제공항

알차게 즐기는 가오슝 2박 3일

1일차는 가오슝 중앙부와 남부를 둘러보고 2일차는 가오슝 서부를 넓게 돌아보는 일정이다. 3일차에는 가오슝 북부를 돌아보고 출국한다. 가오슝에서 꼭 가야할 관광지와 가볼만한 곳을 골라 만든 코스로 짧은 일정에 가오슝을 알차게 돌아볼 수 있다.

1일차

가오슝국제공항 → 웨이우잉 벽화마을 → 가오슝 시립도서관 → 가오슝 85대루 → 중앙공원 → 신줴장 쇼핑구 → 미려도역 → 루이펑 야시장

2일차

치진 섬 → 다고우 영국 영사관 → 시즈완 빙수거리 → 서우산 동물원 → 서우산 커플 관경대 → 충렬사 → 다고우 철도 이야기관 → 바나나부두 → 보얼 예술 특구 → 써니힐(펑리수시식) → 장미성모성당 → 아이허 풍경구 → 리우허 야시장

3일차

용호탑 → 연지담 → 한신아레나 → 천수모 → 애하지심 → 가오슝국제공항

가오슝 완전 정복 가오슝 3박 4일

1일차는 가오슝 중앙부를 둘러보고 2일차는 가오슝 서부를 전부 돌아보는 일정이다. 3일차는 가오슝 근교와 가오슝 남부를 4일차에는 가오슝 북부를 돌아보고 출국한다. 가오슝은 물론 가오슝 시의 근교 관광지까지 돌아보는 가오슝 완전 정복 코스다.

1일차
가오슝국제공항 → 웨이우잉 벽화마을 → 중앙공원 → 도시빛 회랑 → 신줴장 쇼핑구 → 미려도역 → 루이펑 야시장

2일차
치진섬 → 다고우 영국 영사관 → 시즈완 빙수거리 → 서우산 동물원 → 서우산 커플 관경대 → 충렬사 → 다고우 철도 이야기관 → 바나나부두 → 보얼 예술 특구 → 써니힐(펑리수 시식) → 장미성모성당 → 아이허 풍경구 → 리우허 야시장

3일차

불광산 불타기념관 → 가오슝 85대루 → 가오슝 시립도서관 →
가오슝 전시관 → 큐빅 → 이케아 → 까르푸 → 타로코 테마파크
→ 드림몰

4일차

용호탑 → 연지담 → 한신아레나 → 천수모 → 애하지심 → 가오슝국제공항

핵심만 즐기는 가오슝과 타이난 3박 4일

1,2일차는 가오슝, 3일차는 가오슝과 타이난을 나눠보고 4일차에 안평을 둘러본 뒤 출국하는 일정이다. 가오슝과 타이난에서 반드시 가야할 곳과 가볼만한 곳을 골라 만든 코스로 가오슝과 타이난을 핵심만 알차게 즐길 수 있다.

1일차

가오슝국제공항 → 웨이우잉 벽화마을 → 가오슝 시립도서관 → 가오슝 85대루 → 중앙공원 → 신줴장 쇼핑구 → 미려도역 → 루이펑 야시장

2일차

치진섬 → 다고우 영국 영사관 → 시즈완 빙수거리 → 서우산 동물원 → 서우산 커플 관경대 → 충렬사 → 다고우 철도 이야기관 → 바나나부두 → 보얼 예술 특구 → 써니힐(펑리수시식) → 장미성모성당 → 아이허 풍경구 → 리우허 야시장

3일차

한신아레나 → 용호탑 → 연지담 → 천수모 → 쭤잉역 → 타이난역 → 적감루 → 영락시장 → 일품당 망고빙수 → 션농지에 → 하야시 백화점 → 위안부 동상 → 도소월 → 타이난 공자묘 → 푸중지에 → 착문가배 → 블루 프린트 문화 창의 공원 → 야시장(화원 야시장 or 대동 야시장 or 우성 야시장)

4일차

치구 소금산 → 쓰차오 그린터널 → 석유출장소 → 안평 서옥 → 덕기양행 → 안평고보 → 타이난역 → 가오슝역 → 가오슝국제공항

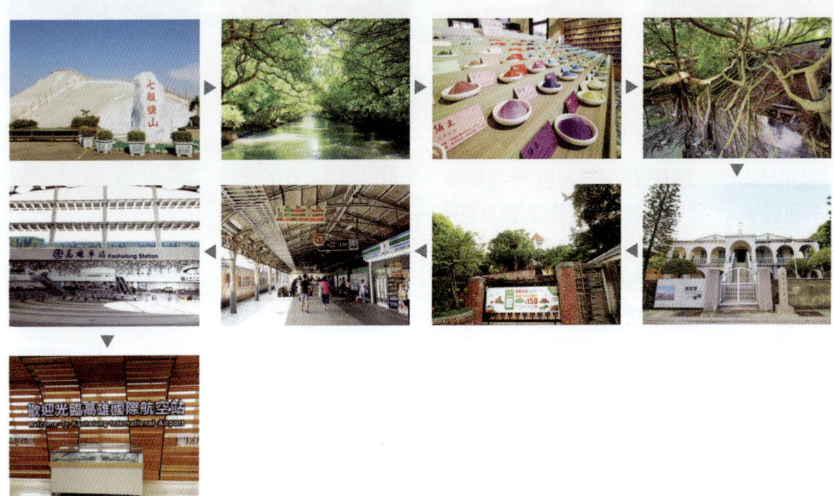

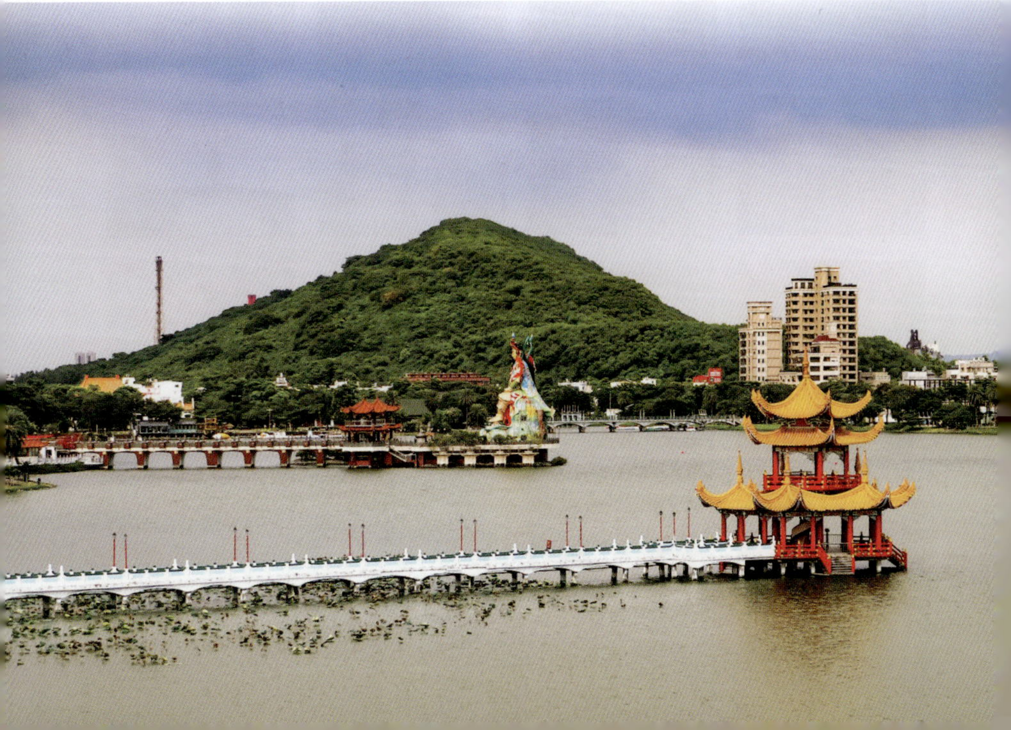

핵심만 즐기는 가오슝과 컨딩, 헝춘 3박 4일

1,2일차는 가오슝, 3일차는 가오슝과 컨딩을 나눠보고 4일차에 헝춘 일대를 둘러본 뒤 출국하는 일정이다. 가오슝과 컨딩 및 헝춘에서 반드시 가야할 곳과 가볼만한 곳을 골라 만든 코스로 가오슝과 컨딩 및 헝춘을 핵심만 알차게 즐길 수 있다.

1일차

가오슝국제공항 → 웨이우잉 벽화마을 → 가오슝 시립도서관 → 가오슝 85대루 → 중앙공원 → 신쭤장 쇼핑구 → 미려도역 → 루이펑 야시장

2일차

치진 섬 → 다고우 영국 영사관 → 시즈완 빙수거리 → 서우산 동물원 → 서우산 커플 관경대 → 충렬사 → 다고우 철도 이야기관 → 바나나부두 → 보얼 예술 특구 → 써니힐(펑리수시식) → 장미성모성당 → 아이허 풍경구 → 리우허 야시장

3일차

한신아레나 → 용호탑 → 연지담 → 천수모 → 쥐잉역 → 컨딩 도착 → 관산 → 백사만 → 선범석 → 어롼비 공원 → 용반공원 → 컨딩 야시장

4일차

헝춘 출화 → 헝춘 라오제 → 아가적가 → 국립 해양 생물 박물관 → 가오슝국제공항

1,2,3일차는 가오슝, 3일차는 가오슝과 타이난을 나눠보고 4일차에는 타이난과 컨딩을 둘러본 뒤 5일차에 헝춘을 둘러보고 출국하는 일정이다. 가오슝과 타이난, 컨딩 및 헝춘의 대만 남부 도시에서 반드시 가야할 곳과 가볼만한 곳을 골라 만든 코스로 가오슝과 타이난, 컨딩 및 헝춘을 알차게 즐길 수 있다.

1일차

가오슝국제공항 → 웨이우잉 벽화마을 → 가오슝 시립도서관 → 가오슝 85대루 → 중앙공원 → 신줴장 쇼핑구 → 미려도역 → 루이펑 야시장

2일차

치진 섬 → 다고우 영국 영사관 → 시즈완 빙수거리 → 서우산 동물원 → 서우산 커플 관경대 → 충렬사 → 다고우 철도 이야기관 → 바나나부두 → 보얼 예술 특구 → 써니힐(펑리수시식) → 장미성모성당 → 아이허 풍경구 → 리우허 야시장

3일차

한신아레나 → 용호탑 → 연지담 → 천수모 → 쥐잉역 → 타이난역 → 적감루 → 영락시장 → 일품당 망고빙수 → 션농지에 → 하야시 백화점 → 위안부 동상 → 도소월 → 타이난 공자묘 → 푸중지에 → 착문가배 → 블루 프린트 문화 창의 공원 → 야시장(화원 야시장 or 대동 야시장 or 우성 야시장)

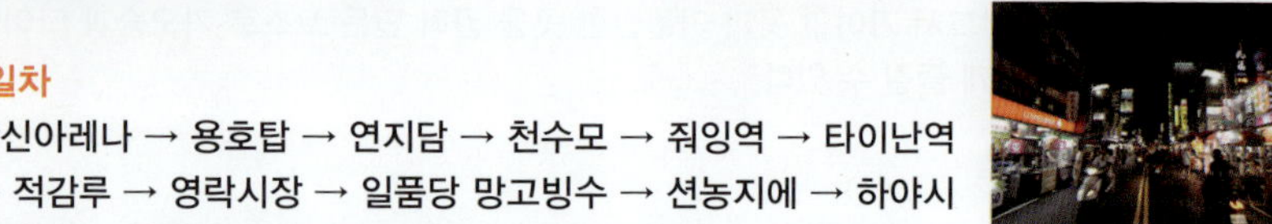

4일차

치구 소금산 → 쓰차오 그린터널 → 석유출장소 → 안평 서옥 → 덕기양행 → 안평고보 → 타이난역 → 줘잉역 → 컨딩 도착 → 관산 → 백사만 → 선범석 → 어롼비 공원 → 용반공원 → 컨딩 야시장

5일차

헝춘 출화 → 헝춘 라오제 → 아가적가 → 국립 해양 생물 박물관 → 가오슝국제공항

1,2,3일차는 가오슝, 3일차는 가오슝과 타이난을 나눠보고 4일차는 타이난 시내를 집중적으로 돌아본다. 5일차에는 안평을 둘러보고 출국하는 일정이다. 가오슝과 타이난에서 반드시 가야할 곳과 가볼만한 곳을 골라 만든 코스로 가오슝과 타이난을 충분하게 즐길 수 있다.

1일차

가오슝국제공항 → 웨이우잉 벽화마을 → 가오슝 시립도서관 → 가오슝 85대루 → 중앙공원 → 신쮀장 쇼핑구 → 미려도역 → 루이펑 야시장

2일차

치진 섬 → 다고우 영국 영사관 → 시즈완 빙수거리 → 서우산 동물원 → 서우산 커플 관경대 → 충렬사 → 다고우 철도 이야기관 → 바나나부두 → 보얼 예술 특구 → 써니힐(펑리수시식) → 장미성모성당 → 아이허 풍경구 → 리우허 야시장

3일차

용호탑 → 연지담 → 한신아레나 → 천수모 → 쥐잉역 → 불광산 불타기념관 → 쥐잉역 → 타이난역 → 블루 프린트 문화 창의 공원 → 야시장(화원 야시장 or 대동 야시장 or 우성 야시장)

4일차

적감루 → 사전무묘 → 대천후궁 → 영락시장 → 일품당 망고빙수 → 션농지에 → 오원 → 원타이난측후소 → 취령식사 → 맥스웰 기념교회 → 달팽이골목 → 하야시 백화점 → 위안부 동상 → 도소월 → 국립 대만 문학 박물관 → 타이난시 미술관 1관 → 타이난 공자묘 → 푸중지에 → 착문가배 → 야시장(화원 야시장 or 대동 야시장 or 우성 야시장)

5일차

치구 소금산 →쓰차오 그린터널 → 석유출장소 → 안평 서옥 → 덕기양행 → 안평고보 →
타이난역 → 가오슝역 → 가오슝국제공항

충분하게 즐기는 가오슝과 컨딩, 헝춘 4박 5일

1,2,3일차는 가오슝, 3일차는 가오슝과 컨딩을 나눠보고 4일차는 헝춘 인근과 컨딩을 집중적으로 돌아본다. 5일차에는 헝춘 시내를 둘러보고 출국하는 일정이다. 가오슝과 컨딩, 헝춘에서 반드시 가야할 곳과 가볼만한 곳을 골라 만든 코스로 가오슝과 컨딩, 헝춘을 충분하게 즐길 수 있다.

1일차

가오슝국제공항 → 웨이우잉 벽화마을 → 가오슝 시립도서관 → 가오슝 85대루 → 중앙공원 → 신쮀장 쇼핑구 → 미려도역 → 루이펑 야시장

2일차

치진섬 → 다고우 영국 영사관 → 시즈완 빙수거리 → 서우산 동물원 → 서우산 커플 관경대 → 충렬사 → 다고우 철도 이야기관 → 바나나부두 → 보얼 예술 특구 → 써니힐(펑리수시식) → 장미성모성당 → 아이허 풍경구 → 리우허 야시장

3일차

용호탑 → 연지담 → 한신아레나 → 천수모 → 줘잉역 → 불광산 불타기념관 → 줘잉역 → 컨딩 도착 → 컨딩 해수욕장 → 컨딩 야시장

4일차

국립 해양 생물 박물관 → 만리동 → 관산 → 백사만 → 샤오빠리다오옌小巴里島岩 → 성사만 → 헝춘구어회(恆春區漁會) → 남만 → 선범석 → 사도 → 어란비 공원 → 대만 최남단 → 용반공원 → 컨딩 야시장

5일차

루징 매화록 생태 목장 → 헝춘 3000 맥주 박물관 → 헝춘 출화 → 헝춘 라오제 → 아가적 가 → 신용조합카페 1918 → 가오슝국제공항

가오슝과 대만 남부 여행 준비물

1. 여권

여권은 해외여행을 위한 첫 번째 필수 준비물이다. 그러나 생각보다 여권을 집에 놓고 오는 여행자들이 굉장히 많은 편이다. 집에서 출발하기 전 가방에 여권이 들어있는지 반드시 확인하고 나오자. 또 여권의 유효 기간이 6개월 이하로 남아있다면 미리 여권을 갱신해놓자. 대만 입국 시 6개월 미만의 유효기간을 가진 여권은 입국 거절의 사유가 될 수 있다.

2. 환전

해외에서는 한국의 원화를 사용할 수 없기 때문에 환전 또한 해외여행을 위한 필수 준비 과정이다. 가오슝高雄 여행에 필요한 대만 화폐는 국내에서도 환전할 수 있으며, 국내에서 미국 달러로 환전한 후 현지에 도착해서 대만 화폐로 재환전하는 방법이 있다.

3. 여행자 보험

여행에서 아무런 일 없이 돌아오는 여행자도 많지만 때로 그렇지 않은 여행자들도 있다. 여행자 보험은 여행 중에 일어나는 상해나 질병, 도난, 배상 등을 보상해주는 보험이다. 보상 한도에 따라 보험비가 높아지지만 대체로 저렴한 가격에 가입할 수 있다. 인터넷으로 간단하게 가입할 수 있으며 국내 공항에서도 즉시 가입 가능하다.

만약 해외여행 중 상해 및 질병으로 병원 치료를 받았다면 서류를 반드시 가져와야한다. 진료 내역이 있는 서류와 영수증은 기본으로 있어야 청구할 수 있기 때문이다. 물론 해외에서 받은 치료만 보상해주는 것은 아니다. 여행 중에 얻은 상해 및 질병을 국내에서 치료한 후 의료비를 청구할 수 있다.

해외여행 중 도난 및 배상 사건이 발생한 경우도 위와 같다. 도난 사건의 경우 현지 경찰서에서 도난 신고를 한 후 '폴리스 리포트Police report'를 꼭 받아와야 보상을 청구할 수 있다. 배상 사건은 사고 업체나 숙소의 명함 및 이용 사실을 확인할 수 있는 서류, 사고 관련 사진과 수리 견적서 등 손해를 가했다는 사실을 입증할 수 있는 서류, 피보험자가 배상한 금액이 적힌 영수증 등을 제출해야한다.

4. 여행 준비물

해외여행은 알아봐야하는 것도 많은 만큼 챙겨가야 하는 것도 많다. 눈대중으로 대충 체크하며 챙기다보면 놓치는 물건이 꼭 있다. 체크리스트를 보며 물건을 챙길 때마다 체크를 해놓는다면 빠지는 물건 없이 가져갈 수 있을 것이다. 해외여행 준비물은 크게 6가지로 나뉜다. 이 중 가장 기본적이고 필수적인 주요 물품 위주를 소개한다.

첫 번째는 여행 필수 준비물로 여권과 기차 및 숙소 바우처 같은 여행 서류, 여권 분실 대비용 여권 사진 4매, 그리고 현금과 카드 같은 결제 수단이다.

두 번째는 위생 용품 및 화장품으로 샴푸 및 린스와 바디워시, 폼클렌징, 스킨로션과 선크림, 치약 및 칫솔, 수건 등이 있다.

세 번째는 의류 및 잡화다. 의류는 일상용과 잠옷, 양말, 속옷이 있으며 잡화는 선글라스나 모자, 실내 슬리퍼, 그리고 대만 여행에서 꼭 필요한 우산과 우비가 있다.

네 번째는 전자기기다. 대만은 기본적으로 110V를 사용하므로 110V용 어댑터를 준비하거나 멀티 어댑터를 꼭 가져가야하며, 여행 사진을 찍기 위한 카메라가 있다면 카메라와 메모리카드, 그리고 핸드폰과 카메라 충전을 위한 충전기를 꼭 챙겨가자.

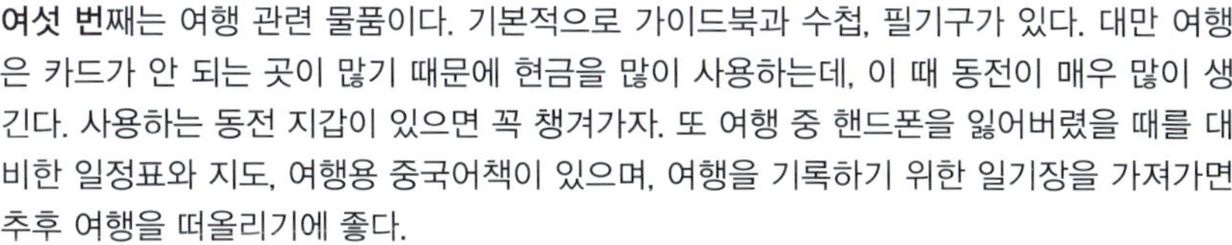

다섯 번째는 약품류다. 가오슝과 대만 남부는 날씨가 연중 따뜻하기 때문에 모기가 많아 모기기피제나 바르는 약을 꼭 가져가야한다. 또 개인적으로 복용하는 약이나 상비약(종합감기약, 소화제, 멀미약, 진통제, 파스)을 가져갈 때는 마약류로 오해받지 않기 위해 포장 상자 그대로 가져가는 것이 좋다.

여섯 번째는 여행 관련 물품이다. 기본적으로 가이드북과 수첩, 필기구가 있다. 대만 여행은 카드가 안 되는 곳이 많기 때문에 현금을 많이 사용하는데, 이 때 동전이 매우 많이 생긴다. 사용하는 동전 지갑이 있으면 꼭 챙겨가자. 또 여행 중 핸드폰을 잃어버렸을 때를 대비한 일정표와 지도, 여행용 중국어책이 있으며, 여행을 기록하기 위한 일기장을 가져가면 추후 여행을 떠올리기에 좋다.

구분	품목	개수	체크
필수 준비물	여권		
	여권용 사진 4매		
	기차 및 숙소 바우처 등 서류		
	현금		
	카드		
위생용품 및 화장품	샴푸 및 린스		
	바디워시		
	폼클렌징		
	스킨 및 로션		
	치약 및 칫솔		
	수건		
의류 및 잡화	상의 및 하의		
	잠옷		
	속옷		
	양말		
	선글라스		
	모자		
	슬리퍼		
	우비 및 우산		

구분	품목	개수	체크
전자기기	110V용 어댑터 or 멀티 어댑터		
	카메라		
	메모리카드		
	카메라 충전기		
	핸드폰 충전기		
	개인 상비약		
약품류	종합감기약		
	소화제		
	멀미약		
	진통제		
	파스		
	모기 기피제, 바르는 약		
여행 관련 물품	가이드북		
	수첩		
	필기구		
	동전지갑		
	일정표		
	여행용 중국어책		
	일기장		
	지도		

대만의 화폐와 환전에 대한 모든 것

대만의 화폐

대만의 화폐를 부르거나 표기하는 방법은 총 3가지다. 첫 번째는 위안^{Yuan}이라 부르는 元
이다. 대만 현지인들이 대만 화폐를 부르고 표기하는 방법이다. 두 번째는 뉴 타이완 달러
^{new taiwan dollar}라고 부르는 NT\$ 또는 NTD로, 관광객을 대하는 현지 상인 및 직원과 한국 여
행자들은 쉽게 달러로 부른다. 대만 현지든 한국이든 표기 방법으로 잘 쓰이진 않는다. 세
번째는 TWD로 'Taiwan Dollar'의 약칭이다. 대만에서는 잘 사용하지 않으나 한국에서 종종
표기하는 방법이다. 트래블로그 가오슝에서는 약칭 표기는 NT\$로, 부르는 방식은 대만 달
러로 통일해 안내한다.

대만 달러의 종류

대만 달러NT\$는 우리나라와 똑같이 지폐와 동전으로 나누어
진다. 지폐는 큰 권종 부터 내림차순으로 나열하면 NT\$2,000,
NT\$1,000, NT\$500, NT\$200, NT\$100이 있다.
동전 또한 큰 단위부터 내림차순으로 나열하면 NT\$50, NT\$20,
NT\$10, NT\$5, NT\$1이 있다. 이들 중 NT\$2,000, NT\$200, NT\$20
처럼 2가 들어가는 화폐 단위는 거의 사용하지 않는다. 현지에
서 거래할 때는 자주 볼 수 있는 지폐는 NT\$500, NT\$100이며,
동전은 NT\$20를 제외하고 NT\$1부터 NT\$50까지 많이 쓰인다.

환전

여행자들이 대만 달러NT\$로 환전하는 방법은 주로 3가지다. 여행자들이 가장 많이 사용하
는 순위로 안내하자면, 첫 번째 방법은 이중 환전이다. 국내에서 미국 달러로 먼저 환전한
후 현지에 도착해 대만 달러NT\$으로 환전한다고 해서 이중 환전 방법이라고 부른다. 국내
은행은 대만 달러NT\$ 환전 우대율이 낮은 편이기 때문에 조금이라도 더 많은 대만 달러를
환전 받기 위해 선택하는 여행자들이 많다.

이중 환전 방법을 선택한다면 가오슝국제공항(高雄國際航空站)에 있는 환전소에서 환전
하는 것이 가장 좋다. 대만은 다른 나라들과 달리 공항과 시내의 사설 환전소의 환율이 크
게 다르지 않은 것이 그 이유다. 물론 가오슝국제공항에서 환전할 시 수수료 NT\$30이 붙
긴 하지만 이는 한화로 1,200원 정도다. 시내의 우체국은 수수료 없이 환전할 수 있으나 현
지 화폐 없이 시내까지 가는 것은 위험 부담이 있으므로, 추가 환전이 필요할 때 이용하는
것을 추천한다.

두 번째 방법은 국내의 사설 환전소를 이용하는 것이다. 그러나 사설 환전소는 특정 장소에 몰려있기 때문에 왕복 이동 시간과 교통비가 추가된다. 이 두 가지 요소를 고려해도 사설 환전소에서 환전하는 것이 이득이라면 사설 환전소를 이용하자.

세 번째 방법은 환전 어플에서 환전한 후 은행 지점 또는 지점 ATM, 공항 은행이나 공항 ATM에서 수령하는 것이다. 먼저 구매하기 원하는 대만달러NT$를 입력한 후 원화를 입금하고 수령 날짜와 지점, 시간을 지정한다. 지정한 날짜 및 시간에 지정 은행이나 ATM, 공항 은행이나 공항 ATM으로 찾아가 직접 수령해온다.

최근 몇몇 환전 어플에서는 공항까지 배달해주는 서비스를 제공한다. 출국날짜와 수령 시간, 출국 공항을 지정해놓으면 출국 당일, 지정한 수령 시간과 공항에서 배달 담당자가 직접 연락한다. 어플마다 배달비 유무 또는 배달 가능한 공항이 다르므로, 배달비 유무와 자신이 이용하는 공항에서 수령할 수 있는지 알아본 후 이용하자.

대부분의 여행자들이 사용하는 세 가지 방법 이외에는 2가지 환전 방법이 있다. 첫 번째는 국내 은행에서 대만 달러를 환전하는 방법이다. 수수료는 높고 환전 우대율은 낮다는 이유로 사용하지 않는 여행자가 많다. 두 번째는 현지 ATM에서 바로 인출하는 방법이다. 수수료가 부담돼 사용하지 않는 여행자들이 많다.

대만 ATM 사용 방법

여행을 하다보면 환전해온 금액을 모두 소진하게 되는 때가 종종 있다. 하지만 돈을 빌릴 수 있는 사람이 없다면 ATM에서 카드로 현금을 인출할 수밖에 없다.

대만의 ATM은 세계의 다른 나라들처럼 신용카드, 체크카드로 현금 인출이 가능하며, 영어가 지원되기 때문에 사용 방법에 큰 어려움은 없는 편이다. 순서와 표기는 ATM 기기마다 약간씩 다를 수 있으니 당황하지 말고 천천히 진행하자.

이용방법

1. 본인이 사용할 카드사의 스티커가 부착돼있는 ATM 기계에 카드를 넣는다.
2. 언어를 영어로 선택한다.
3. 카드 비밀번호 4자리를 누른다. 간혹 6자리를 요구하면 비밀번호 4자리 뒤에 00을 누른다.
   틀렸다고 한다면 00을 누르고 4자리를 누른다.
4. Withdrawal 또는 Cash withdrawal을 선택한다.
5. 체크카드는 Savings(account) 또는 checking(account), 신용카드는 credit(card), debit(card), cash advance를 선택한다.
6. 인출 금액을 선택한다. 원하는 금액 단위가 없다면 other amount를 누른다.
7. 영수증 인쇄 유무를 선택한 후 카드와 현금을 받는다.

가오슝과 대만 남부 여행에 꼭 필요한 데이터 이용법

대만은 중국어를 사용하는 나라다. 영어나 한국어도 가끔씩 보이긴 하지만 중국어를 잘 모른다면 여행을 하기가 다소 어려울 정도다. 하지만 데이터가 있다면 번역기나 인터넷 검색을 통해 다양한 정보를 활용할 수 있다. 데이터는 가오슝과 대만 남부 여행의 패키지 상품을 이용하는 여행자에게도 필요하지만, 자유여행자에겐 거의 목숨과도 비슷하다고 할 정도로 중요성과 필요성이 높다.

가오슝(高雄)과 대만 남부를 여행할 때 사용할 데이터를 이용하는 방법에는 통신사 로밍, 현지 유심 구매, 현지 유심 대여, 포켓 와이 파이 대여의 3가지가 있다. 각각의 장단점이 있으므로 본인이 필요와 편의에 따라 이용 방법을 선택하자.

통신사 로밍(Roaming)

로밍은 해외에서 유심 변경 없이 국내 번호로 전화 및 문자, 데이터를 이용할 수 있는 서비스다. 국내에서 걸려오는 전화 통화를 꼭 해야 하는 사람에게 필요한 방법이다. 굳이 로밍을 신청하지 않아도 해외에 나가면 자동으로 로밍이 되지만, 자동 로밍은 로밍 요금제에 비해 상대적으로 요금이 비싸기 때문에 로밍 요금제를 신청하는 것이 좋다.

로밍 요금제는 출국 당일 공항에서도 신청 가능하며, 통신사 어플을 통해서도 쉽게 신청할 수 있다. 신청만 하면 큰 번거로움 없이 사용할 수 있다는 편리함이 있지만, 국내 통신사를 해외에서 이용하는 것이기 때문에 현지 유심에 비해 데이터가 느린 편이다. 알뜰폰 사용자의 경우 로밍 요금제가 다양하지 않은 편이다. 알뜰폰 사용자들은 현지 유심 구매 및 대여 또는 국내 포켓와이파이 사용을 권장한다.

현지 유심 구매

현지 유심은 현지에서 데이터와 전화를 사용할 수 있는 현지 통신사 유심이다. 대체로 기간이 정해져있으며 데이터전용 유심과 데이터와 전화통화를 사용할 수 있는 유심으로 나누어진다. 국내에서 미리 구매한 후 집으로 배송 받아 가져가거나 공항에서 수령할 수 있다. 케이케이데이^{KKday}나 클룩^{Klook}같은 국제적인 여행 플랫폼 어플에서 현지 유심을 구매할 경우 현지 공항에서도 수령 가능하다.

유심은 국내 유심을 빼고 현지 유심을 넣으면 바로 작동하기 때문에 간단한 편이다. 그러나 국내에서 구매해온 유심이 불량으로 작동되지 않을 시 현지에서 다시 구매해야할 수도 있다. 유심은 불량을 입증하면 환불받을 수 있지만, 현지에서 유심이 작동되지 않으면 당황하는 여행자들이 많다. 유심 불량은 종종 있는 경우기 때문에 현지에서 구매 후 직원이 작동 상태를 점검해주는 것을 선호하는 여행자들도 많다.

보통 현지 유심은 국내에서 구매하기보다 현지에서 구매하는 것이 저렴한 편이인데, 가오슝 공항은 몇 천 원 정도로 더 비싸다. 국내에서 현지 유심을 구매해가거나, 여행 플랫폼 어플 케이케이데이KKday 또는 클룩Klook에서 유심을 구매하고 현지 공항에서 수령하는 것이 조금 더 저렴하다. 현지 유심 사용 시 가장 주의해야할 점은 국내 유심을 잃어버렸을 경우다. 아무도 발견하지 않고 사용하지 않는다면 문제가 없으나, 누군가 유심을 사용한다면 요금 폭탄을 맞을 수도 있기 때문에 분실 신고를 해야 한다. 현지에서도 통신사 홈페이지 및 전화로 분실 신고를 할 수 있다.

포켓 와이 파이 대여

국내에서 포켓 와이 파이 기기를 대여하는 방법이다. 국내에는 포켓 와이 파이를 대여해주는 다양한 업체가 있으며, 인터넷 홈페이지에서 쉽게 예약할 수 있다. 집으로 배송 받거나 업체 지정 장소 및 공항에서 수령할 수 있다. 여러 명이 함께 쓸 수 있기 때문에 두 명 이상의 여행자들이 저렴하게 사용하기 좋다.

포켓 와이 파이는 내장 배터리로 작동하는 작은 기계로 충전을 해야 사용할 수 있다. 간혹 무거운 것들은 핸드폰 정도의 무게가 나가기 때문에 다소 불편함이 있다. 또 여행을 끝나고 국내 공항에 돌아왔을 때 무거운 몸을 이끌고 반납을 해야 하기 때문에 번거로움이 있다. 공항에서 반납하지 못할 경우 선불 택배로 배송해야하며 연체료를 내야한다. 포켓 와이 파이 대여 시 가장 주의해야할 점은 분실이다. 업체에서 제공하는 구성품을 분실하면 배상을 해야 하므로 조심해야한다.

현지 유심 대여

현지 유심 대여는 배터리 충전이 필요하고 기계를 챙겨 다녀야하는 포켓 와이 파이의 단점을 승화시킨 방법이다. 유심을 대여하는 방법이기 때문에 유심을 구매하는 것보다 가격이 저렴하다. 국내에서 점점 확장되고 있는 서비스기 때문에 다른 데이터 이용 방법에 비해 서비스를 제공하는 업체가 다양하지 않은 편이다. 포켓 와이 파이 대여와 똑같이 공항에서 반납하지 못하게 된 경우 선불 택배로 배송해야하며 연체료를 내야한다.

가오슝과 대만 남부 여행에서
알아두면 좋을 유의 사항

모르고 가면 어리둥절하거나 약간의 어려움을 겪을 수도 있고, 알고 가면 이해하고 써먹을 수 있는 가오슝(高雄) 여행 시 유의 사항! 가오슝 여행을 준비할 때, 가오슝을 여행할 때 월별로 알아두면 좋은 여러 가지 사항을 한 번에 모아봤다. 본인이 여행하는 시기에 생각지도 못한 유용한 정보를 발견할 수 있으므로 유의해서 읽어보자.

2~3월

2, 3월은 가오슝(高雄)의 봄에 해당하는 달이다. 봄에만 볼 수 있는 아름다운 벚꽃이 피는 시기지만, 사실 가오슝 시내에는 특별한 벚꽃 명소가 없다. 대신 타이난(臺南) 위쪽에는 대만의 명산으로 꼽히는 아리산(阿里山)이 있는데 이곳에서는 3월 내내 벚꽃을 볼 수 있다. 가오슝에서 아리산으로 가려면 타이난의 자이역(嘉義車站)으로 이동한 후 버스를 타고 가야하는데 편도로만 3~4시간 정도 걸린다.

특별히 2월에는 우리나라와 똑같이 대만의 설 연휴가 있다. 이 시기에는 곳곳의 관광명소에서 축제가 벌어지기 때문에 색다른 가오슝 여행을 즐길 수 있는 때다. 하지만 특별한 볼거리와 즐길 거리가 많은 것도 잠시, 세 가지 주의할 점이 있다.

첫 번째는 어떤 관광지든 사람이 차고 넘친다는 것이다. 관광객뿐만 아니라 현지인들도 휴일을 즐기고 여기저기 놀러 다니기 때문이다. 이 시기에 여행을 계획한다면 볼 것도 많겠지만, 사람 구경도 많이 할 것을 유의하고 가는 것이 좋다.

두 번째는 대부분의 상점과 음식점, 몇몇 관광지들이 문을 닫는다는 것이다. 물론 대형 쇼핑몰은 여는 경우가 많지만 거리 자체가 휑하고 스산한 편이다. 특히 설 당일에는 거의 모든 곳이 닫기 때문에, 설 연휴를 전후한 시기에는 관광지든 맛집이든 본인이 계획한대로 방문할 수 없는 확률이 매우 높다.

마지막으로 주의해야할 점은 바로 도시 이동이다. 이 시기에는 우리나라의 추석처럼 대만의 전 국민이 전국 각지로 이동한다. 도시 이동편을 당일에 예매한다면 예매를 하지 못할 수도, 운 좋게 예매를 한다 해도 입석으로 가는 경우가 대부분이다. 도시를 이동할 계획이 있다면 일찌감치 예약해두는 것이 좋다.

4~8월

4월에서 8월은 가오슝(臺南)의 여름이 시작되고 절정에 달하는 때다. 날이 매우 덥지만 여행을 못할 정도는 아니다. 그러나 여행을 왔다 해서 여기 저기 쉬지 않고 몇 시간 구경하다간 무조건, 반드시 더위를 먹는다.

더위를 먹으면 머리를 찌르는 듯한 두통이 끊임없이 지속되며 현기증과 어지럼증이 동반된다. 여행을 왔다고 해서 쉬지 않고 여기저기 돌아다니다간 여행의 즐거움을 느끼는 게 아닌 두통을 느끼는 여행이 될 수도 있다. 이 시기에는 실내, 실외 일정을 적절히 섞어가며 중간 중간 시원한 음료나 빙수로 더위를 식혀야 즐겁게 여행할 수 있다.

특히 6~8월의 일기예보에는 흐림과 뇌우 그림이 범벅인 날이 많다. 월평균 강우량 자체가 300~400㎜로 뛰어오르는 시기인데다 태풍이 오는 달이기 때문이다. 그러나 너무 걱정하지 않아도 된다. 가오슝의 또 다른 이름은 태양의 도시일 정도로, 비가 오는 날 만큼이나 해가 뜨는 날도 많기 때문이다. 하루 종일 비가 오는 날도 있겠지만 산발적으로 흐리거나, 소나기가 몇 시간 정도 비가 내린 후 날이 갤 때도 많다.

평소 추위를 잘 타는 편이라면 얇은 가디건도 필수다. 때로는 다소 추울 정도로 에어컨을 가동하는 우리나라 지하철처럼 대만 또한 박물관이나 지하철, 기차, 버스, 그리고 현대화된 식당 등은 매우 시원하게 에어컨을 틀기 때문이다. 실외와 실내의 극명한 온도차에 냉방병에 걸릴 확률이 높기 때문에 본인의 체질 및 컨디션에 맞게 주의하는 것이 좋다.

9~10월

9, 10월은 가오슝(臺南)의 날씨가 가을로 접어드는 시기다. 9월의 평균 강우량은 전월인 7,8월의 400㎜에서 200㎜로 확 줄어든다. 여전히 흐림과 뇌우 표시만 반복된 일기예보에 여행 전부터, 여행 중에도 계속 불안할 수 있지만 마음을 내려놓자.
7, 8월과 같이 하늘이 전부 흐린 것이 아니라 군데군데 흐린 때가 더 많다. 조금 시간이 지나면 구름이 물러가고 파란 하늘이 들어서기도 한다. 여유롭게 즐기다보면 어느새 맑아진 하늘을 발견할 수 있을 것이다.

가오슝(臺南)의 찌는 듯한 더위를 피하기 위해서 9월로 여행을 계획할 수도 있다. 하지만 9월 초라면 더 미뤄야한다. 9월 초는 8월이나 다름없이 덥기 때문이다. 조금이라도 선선한 날씨에서 여행하고 싶다면 최소 9월 말에서 10월 초는 넘어야한다. 그러나 10월의 기온도 한국의 가을만큼 시원한 것

은 아니다. 어디까지나 여름에 비해 몇 퍼센트의 습도와 몇 도의 기온이 내려갈 뿐이므로 더위에 대해 마음의 준비를 하고 가는 것이 여행자에게 편하다.

특히 9, 10월까지는 태풍이 종종 온다. 6~8월에 비해 태풍이 오는 횟수가 적기는 하지만, 위력은 그다지 적지 않기 때문에 여행자들의 계획에 영향을 꽤 미친다. 이 시기에 여행을 갔다면 날씨를 예의 주시하며 실내외 일정을 조절해야한다.

11~1월

11월에서 1월은 가오슝(臺南)의 겨울이 시작되는 시기다. 아침저녁으로는 선선하지만 한낮에는 30℃까지 올라가는 때가 종종 있어 두꺼운 긴팔은 다소 더울 수 있다. 얇은 반팔에 얇은 긴팔을 덧입거나 가디건을 가지고 다니는 것이 좋다.

특히 바람이 많이 부는 뻥 뚫린 곳이나 강가, 특히 밤에 아이허에서 유람선을 탈 계획이 있다면 긴팔 옷은 필수다. 가오슝의 야외에서 단 한 번도 느끼지 못했던 추위라는 것을 경험해 볼 수 있을 정도다. 평소 추위를 많이 타는 편이라면 부피가 작고 얇은 경량 패딩을 챙겨가기를 추천한다.

여행 중 물건을 도난당했을 때 대처 요령

해외여행에서 지갑, 카메라, 핸드폰, 여권 등 여행 필수품을 분실하거나 도난당해 잃어버리게 되면 무척 당황스러워진다. 여행을 왔다는 즐거운 기분은 사라지고 물품을 잃어버렸다는 생각에만 휩싸여 당장 집에 돌아가고 싶어지거나, 우울해지거나, 속상함에 빠져 여행의 즐거움을 잃어버리는 경우가 대부분이다.

어려운 일이지만 이런 때일수록 이성을 찾고 본인이 해결할 수 있는 방법을 찾아야한다. 일단 분실 신고가 가능한 물건은 잃어버린 즉시 분실 신고를 해야 한다. 먼저 핸드폰을 잃어버린 경우 통신사를 통해 핸드폰 분실 신고를 해야 하며, 지갑을 잃어버렸다면 지갑에 들어있는 카드를 기억해내고 카드 회사를 통해 분실 신고를 해야 한다.

다음은 현지 경찰서를 이용한 분실 신고다. 경찰서에서 잃어버린 물품에 대한 분실 및 도난 신고를 할 때는 폴리스 리포트^{police report}서류를 쓰게 된다. 이 서류를 쓴다고 해서 무조건 찾을 수 있다는 확률은 없지만, 분실 신고를 하지 않는 것보다는 물품을 찾을 수 있는 확률이 1퍼센트라도 올라간다. 카메라와 여권은 잃어버린 즉시 경찰서에 가서 분실 및 도난 신고를 해야 하며, 핸드폰과 지갑의 내용물은 타인의 사용 위험이 있기 때문에 즉시 정지를 해놓은 후 경찰서에 가서 분실 및 도난 신고를 해야 한다.

만약 여행자보험을 들어놓았다면 잃어버린 물품을 보상을 받을 수 있다. 그러나 가장 중요한 점이 있다. 본인 부주의로 인한 분실은 보상을 받지 못한다는 것이다. 반드시 도난을 당해서 잃어버린 물품만 보상을 받을 수 있기 때문에 경찰서에서 폴리스 리포트police report를 작성할 때 도난이라는 뜻의 스톨른stolen을 경찰관에게 알려주어야 한다. 폴리스 리포트는 몇 개의 항목 빼고는 경찰관이 작성하기 때문이다. 폴리스 리포트police report에 스톨른tolen이 명시되지 않으면 보상을 받지 못한다.

여행이 끝나고 귀국한 후에는 여행자 보험 보상 절차를 진행해야 한다. 여행자 보험을 가입했던 회사에 전화하거나 홈페이지에 들어가 보험금 청구에 필요한 서류를 안내받으면 된다. 보험금 청구에 필요한 서류는 보험금 청구서 및 개인정보 동의서, 폴리스 리포트, 여권 사본이나 해당 국가를 방문을 입증하는 출입국 도장 사본, 사고 경위서 등이 있다.
보통 잃어버린 물품의 원가를 보상받는 경우는 많이 없고, 본인이 가입한 보험 상품의 보상 상한액에 맞추어 받게 된다. 만약 고액의 물품을 가져간다면, 잃어버릴 경우를 대비해 원가와 최대한 비례하는 금액을 보상받을 수 있는 보험 상품을 계약하는 것이 좋다. 또 여행자 보험은 여러 곳에서 가입했어도 중복으로 보상받을 수 없기 때문에 한 곳에서만 가입해야한다.
최근 여행자 보험을 악용하는 사례로 허위 청구를 하는 사람들이 늘어나고 있다. 하지만 보험사는 청구 서류에 대해 꼼꼼하고 철저하게 조사하기 때문에 허위 신고가 발각되면 법적인 처벌을 받을 수 있다. 또 현지에서도 허위 신고를 하다가 발각되면 현지에서 처벌되기도 하므로 허위 신고는 절대 하지 말자.

가오슝과 대만 남부 여행 중의 여권 분실 대처 요령

여권 간수에 대한 경각심을 고취시키기 위해 결론부터 짧게 말하겠다. 가오슝(臺南)과 대만 남부를 여행하다가 여권을 잃어버리면 재발급을 위해 무조건 타이베이(臺北)로 가야한다. 여행 시간과 여권 재발급을 위한 각종 처리비용을 날리고 싶지 않다면 절대 잃어버리지 않도록 간수하는 것이 최선임을 밝혀둔다.

여행 전 여권 분실로 인한 재발급 대비하기

여권은 해외에서 사용하는 신분증이자 입출국을 위해 절대적으로 필요하다. 다른 물품들은 가슴이 쓰리고 여행에 약간의 지장이 있는 정도지만, 여권은 다시 한국으로 돌아가기 위해 무조건 필요한 물품이므로 여행 전 여권 분실에 대비해두는 것이 좋다.

먼저 여행 준비물을 챙길 때 여권 사본과 여권용 사진 4매를 꼭 챙겨놓자. 여권을 재발급 받을 때 여권 정보를 적고 사진을 부착해야하기 때문이다. 물론 여권 사진은 현지에서도 찍을 수 있지만, 여권 정보는 본인이 갖고 있지 않다면 재발급 과정에 상당한 어려움이 생긴다. 혹시 가방을 잃어버려 여권 사본과 여권 사진을 모두 잃어버릴 때를 대비해 핸드폰이나 카메라로 여권 번호와 유효 기간이 나온 페이지를 찍어두는 것도 좋다.

가오슝과 대만남부에서 여권 분실 시 재발급 방법

가오슝과 대만 남부에서 여권을 분실하면 두 가지 절차를 거쳐야한다. 첫 번째로는 가오슝에 있는 관할 이민서에서 여권 분실 신고를 한 후, 두 번째로 여권 발급을 위해 타이베이에 있는 주 타이베이 한국대표부 영사처로 가야한다.

① 가오슝 관할 이민서에서 여권 분실신고하기

여권을 분실하면 먼저 관할 이민서에서 여권 분실 신고를 해야 한다. 대만 남부의 헝춘(恆春)과 컨딩(墾丁), 타이난(台南)에는 관할 이민서가 없기 때문에 가오슝에 있는 관할 이민서로 이동하여 여권 분실 신고를 해야 한다.

가오슝에 있는 관할 이민서는 총 두 곳이다. 한 곳은 평일 근무시간에 이용할 수 있는 가오슝 이민서로, MRT 웨이우잉역(衛武營站) 바로 전역인 MRT 기격관역(技擊館站) 1번 출구 인근에 있다. 다른 한곳은 주말 및 공휴일 24시간 이용할 수 있는 가오슝 이민서 전근대로, MRT 미려도역(美麗島站) 8번 출구에서 나와 좌회전 후 네블럭 직진하면 왼쪽에 위치해있다. 증명사진이 없다면 미려도역 2번 출구로 나가기 전에 있는 즉석사진기에서 사진을 찍자. 사진은 모자와 안경, 렌즈를 빼고 양쪽 눈썹과 귀가 나오도록 찍어야하며, 흰색 상의를

가오슝 이민서
- ▶위치 | MRT 기격관역(技擊館站) 2번 출구에서 도보 약 5분
- ▶운영시간 | 08:00~17:00
- ▶주소 | 高雄市苓雅區政南街6號 5층~6층
- ▶전화 | 07-715-0300

가오슝 이민서 전근대(專勤隊)
- ▶위치 | MRT 미려도역(美麗島站) 8번 출구에서 도보 약 5분
- ▶운영시간 | 17:00~익일 08:00 / 주말 및 공휴일 24시간
- ▶주소 | 高雄市新興區六合一路113號1樓 1층
- ▶전화 | 07-235-3268

입은 사진은 불가능하다.

관할 이민서에서는 여권 분실 신고에 필요한 서류를 작성하고 사진 2장을 붙여 제출한다. 여권 분실 신고 처리가 완료되면 분실 신고증을 준다. 다음으로 여권을 재발급하려면 타이베이(臺北)에 있는 주 타이베이 한국 대표부로 가야한다. MRT 줘잉역(左營站)으로 이동하여 고속철을 타면 약 2시간 정도 후에 타이베이에 도착할 수 있다.

② 주 타이베이 대한민국 대표부에서 여권 재발급하기

대만과 대한민국은 수교 상태가 아니기 때문에 영사관의 역할을 하는 주 타이베이 대한민국 대표부에서 여권을 재발급해야한다. 주 타이베이 대표부는 타이베이 101 인근에 위치해 있다.

먼저 타이베이 지하철을 타고 MRT 타이베이 101台北101/World Trade Center(世貿站)에서 1번출구로 나와 길을 따라 조금 걸어가면 TWTC 국제 무역 빌딩TWTC International Trade Building(臺北世界貿易中心國際貿易大樓)이 있다. 주 타이베이 대표부는 건물 15층에 위치해있다.

주 타이베이 대표부에는 한국인 직원이 일하기 때문에 여권 재발급을 쉽게 할 수 있다. 여권은 단수 여권과 복수 여권 모두 발급받을 수 있으며 여권 발급 수수료가 있다. 영사과에 비치된 구비 서류를 작성하고 가오슝에서 받은 분실 신고증과 사진 2매 등을 제출하면 1시간 전후로 여권을 재발급 받을 수 있다.

주 타이베이 대한민국 대표부
▶**위치** | MRT 타이베이 101(台北101/World Trade Center/世貿站) 1번 출구에서 도보 약 2분
▶**운영시간** | 09:00~12:00 / 14:00~16:00
▶**주소** | 臺北市信義區基隆路1段333號 15F 1506室
▶**여권 발급 수수료** | 단수여권 NT$450
▶**전화** | 평일 근무시간 886-2-2758-8320 / 주말 및 공휴일 당직 0912-069-230

←2
駁2藝術特區 駁2
2→
SHOPPING
RAPID TRANSIT

가오슝 여행이 처음이라면 주의할 10가지

대만 여행에서는 모르고 가면 난감하거나, 어리둥절하거나, 자칫하면 벌금까지 물 수도 있는 등 주의해야할 점이 의외로 많다. 아래에서 안내하는 10가지 주의할 점과 대처법을 잘 기억해둔다면 대만 여행을 한층 더 즐겁게 다녀올 수 있을 것이다.

① 대중교통 음식물 섭취 금지

우리나라는 지하철에서 음식물을 먹는 것을 자제하는 정도로 권고하지만, 대만의 버스와 지하철은 음식물 섭취를 아예 금지한다(시외버스 및 고속버스는 가능). 물도 마시면 안 되며, 껌도 안 된다. 음식물을 먹거나 마시면 벌금이 최대 NT$7500까지 부과되는데 이는 한화로 약 300,000원에 해당하는 돈이다. 아무 생각 없이 있다가 언제 실수할지 모르므로 정신을 바짝 차리고 있는 것이 좋다.

그런데 음식물 섭취에 대한 벌금이 워낙 높아서 그런지, 여행자들 중 음료나 음식을 투고to go 또는 테이크아웃take out했다가 대중교통을 타기 전 모두 먹거나 마셔버리고 타는 경우가 있다. 기본적으로 대중교통에 음식물을 반입하는 것은 가능하다. 특히 음료의 경우 빨대를 꼽은 상태는 의심을 살 수도 있으므로 빨대를 절대 꼽지 말고 타는 것이 좋다.

번외로 기차도 음식물을 섭취하지 못하는지 궁금할 수 있다. 기차는 우리나라처럼 음식물 섭취가 가능하다. 특히 고속철(HSR)의 경우 우리나라 기차처럼 각종 음식물과 간식을 판매하는 카트를 운영한다.

② 낮은 카드 사용률

대만은 카드 사용률이 적고 현금을 많이 사용한다. 대형 쇼핑몰이나 백화점, 현대적인 식당이나 고급식당이 아니면 카드로 결제할 수 있는 곳이 거의 없기 때문에 대부분의 여행 경비를 현금으로 환전해 가야한다.

③ 독특한 버스 이용법

본인이 탑승할 버스가 멀리서 보이기 시작하면 손을 높이 들어 탑승을 표시해야한다. 표시하지 않으면 버스가 정차하지 않고 가버리기 때문이다. 버스가 오른쪽 깜빡이를 켜고 인도 가까이로 차선을 바꾸면 확인했다는 표시다.
조금 더 주의해야할 점이 있다면, 어두운 밤에는 사람이 잘 보이지 않아 그냥 지나갈 수도 있으므로 열정적으로 흔들어야한다.

④ 우버(Uber)를 이용한 근거리 이동의 어려움

우버는 공유차량 택시로, 해외여행에서 여행자들이 애용하는 택시 어플이다. 일종의 콜택시처럼 운영되며 전용 어플인 우버Uber로 이용할 수 있다. 우버는 승차 전 도착지를 입력하기 때문에 택시 기사와 말하지 않아도 원하는 곳에 쉽게 갈 수 있다. 또 카드를 등록해놓으면 자동 결제가 되기 때문에 바가지 요금을 물게 될 위험도 없다.
우버는 대만에서도 활성화된 서비스로 대만 여행자들도 편하게 사용하고 있었다. 그러나 2019년 6월부터 대만 교통부에서 택시 업계를 보호하기 위한 '우버 조항'을 시행했다. 우버 조항은 우버 차량이 일별 또는 시간 단위로 운송 서비스를 제공하도록 한 규정이다. 최소한 시간 이상 이용해야하기 때문에 근거리를 이동하는 택시 서비스는 이용할 수 없게 됐다. 2019년 10월부터는 위반 차량에 대한 벌금 부과를 시작하면서 우버를 이용한 근거리 이동은 점점 더 어려워질 전망이다.

가오슝(高雄)은 택시를 여기저기서 볼 수 있기 때문에 우버가 꼭 필요하진 않다. 그러나 타이난(台南)은 우버 서비스 자체가 없으며 기차역 앞에만 택시가 몰려있는 편이다. 컨딩(墾丁), 헝춘(恆春)같은 경우는 우버가 있긴 있으나 거의 없는 편이며, 그냥 지나다니는 택시는 보기가 어려울 정도기 때문에 콜택시를 이용해야한다. 전화가 가능한 유심이라도 중국어가 가능하지 않으면 콜택시를 부르기 어렵다. 번역기를 사용하여 인근에 있는 상점 및 식당의 직원이나 지나가는 현지인에게 콜택시를 부탁하자.

5 더위 증상

처음부터 계속 강조하고 있지만 대만은 더운 나라다. 겨울철인 11월~2월에도 30도까지 올라가는 날이 종종 있으며, 습도 자체가 높기 때문에 더 푹푹 찌는 느낌이다. 특히 가오슝과 대만 남부는 북부에 비해 더 아래쪽에 위치해있기 때문에 더 덥다. 여행을 왔다고 해서 실외 관광지를 오랫동안 돌아다니다가는 더위를 먹을 수도 있다.

실외 일정을 소화할 때는 수분을 소량으로 계속 섭취해야하며, 관광은 실외 일정과 실내 일정을 적당히 섞어야한다. 만약 살짝 두통이 있고 어지러운 것 같다 싶으면 무조건, 즉시 실내로 이동해 휴식을 취해야한다. 실내에서 1~2시간 넘게 휴식을 취해도 작은 두통이나 어지러움이 있으면 그날은 일정을 취소하는 게 낫다. 조금만 더 보자며 욕심을 내다가 더위를 제대로 먹게 되면 이후의 일정을 아예 소화할 수 없게 될지도 모른다.

특히 대만에서 최대한 더위를 피해 관광하려면 대만의 특성을 이용해야한다. 대만은 뜨거운 태양과 잦은 비 때문에 도로가에 위치한 상점과 식당이 있는 건물들은 필로티 구조로 지어져있다. 필로티 구조는 최근 우리나라의 주택 건축에서 자주 사용하는 형태로, 1층에 높은 기둥을 세운 후 1층은 주차장으로 사용하고 2층부터 사람이 사용하는 구조다.

대만의 도로가에 위치한 건물들은 필로티 구조로 건축함으로써 상점과 식당 앞에 사람들이 지나다닐 수 있는 인도를 만든다. 뜨거운 햇볕을 가릴 수 있기 때문에 조금이나마 더위를 피할 수 있다. 특히 가오슝과 타이난의 건물들은 대부분 필로티 구조로 만들었기 때문에 이동 시 안쪽으로 걷는다면 쉽게 햇볕을 피할 수 있다. 그러나 헝춘, 컨딩은 필로티 구조의 건물이 없기 때문에 실내 관광과 실외 관광을 더욱더 적절히 섞어야한다.

6 당황스러운 교통체계

대만은 모든 곳에 보행 신호등이 있는 것이 아니다. 유동인구가 많은 곳이나 관광지는 보행 신호등이 있지만, 보행자가 많이 없고 관광지가 없는 일반 시내는 보행 신호등이 없는 횡단보도가 대부분이다. 대만이 처음인 여행자라면 길을 어떻게 건너야할지 당황스러워하다 때마침 길을 건너는 현지인을 따라 어리둥절하며 건너게 된다.

보행 신호등이 없는 횡단보도에서 길을 건너는 방법은 어렵지 않다. 본인이 건너려고 하는 방향의 차량 신호등이 초록불일 때, 즉 차량들이 옆에서 직진을 하고 있을 때 건너면 된다.

대만의 당황스러운 교통체계 두 번째는 보행 신호등이 초록불로 바뀌어도 차량들이 횡단보도로 진입하는 것이다. 이 현상은 대만의 운전자들이 개념이 없는 것이 아니다. 대만의 신호 체계는 양방향 동시체계기 때문에 차량 신호등과 보행 신호등이 같이 켜진다. 직진 신호 시 우회전이 신호가 함께 켜지며 비보호 좌회전이 가능해진다. 초록불이 켜진 횡단보도에 좌회전 차량과 우회전 차량이 진입할 수 있다는 것이다.

그러므로 대만에서는 보행 신호등이 켜졌다 해서 무조건 안심하고 건너선 안 된다. 좌회전 차량과 우회전 차량이 들어오는 왼편을 항상 주시하며 횡단보도를 건너야한다. 특히 모자를 푹 눌러쓰거나 양산 및 우산을 쓸 때는 시야가 가려지는 경우가 많기 때문에 더더욱 주의하며 건너야 한다.

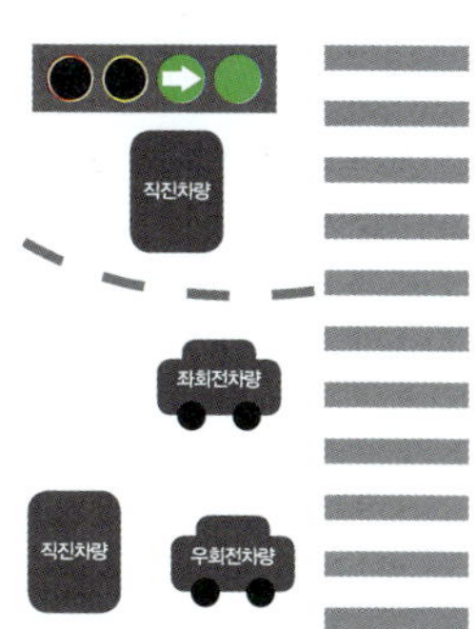

7 사시사철 있는 모기

대만은 아열대 기후이기 때문에 1년 내내 온화하다. 이러한 기후 때문에 모기가 1년 사계절 내내 있는 편이다. 모기는 보통 10월까지 기승을 부리고 11월~2월의 겨울에는 그나마 덜하지만, 그렇다 해서 아예 없는 것은 아니다. 다른 때에 비해서 덜한 것이다.

특히 가오슝(高雄)과 대만 남부는 북부에 비해 날씨가 더 따뜻하기 때문에 사계절 내내 모기 기피제를 챙겨가야 한다. 특히 어린아이를 동반한 여행자라면 반드시 모기 기피제를 챙기자. 물론 드럭 스토어Drug store에서 저렴하고 다양한 모기 기피제를 살 수 있으며, 특성상 현지 모기 기피제가 좀 더 효과가 있는 편이다. 그러나 향이 독해 사용하기 힘들거나 알러지 반응이 일어나는 경우가 종종 있다. 한국에서 먼저 구매해간 후 효과가 없으면 드럭스토어에서 모기 기피제를 구매하자.

8 떠돌이 중형견들

대만 전역에서는 떠돌이 견들을 매우 쉽게 볼 수 있다. 문제는 이 떠돌이 견들이 대부분 크기가 큰 중형견이라는 것이다. 평소 개를 무서워하는 사람이라면 떠돌이 견들의 크기 때문에 겁을 먹게 되는 경우가 많다. 그러나 대만의 떠돌이 견들은 대부분 온순한 편으로 사람에게 먼저 달려들지 않는다. 또 더위와 굶주림에 지쳐있기 때문에 기력 없이 누워있는 경우가 대부분이다. 큰 소리를 지르거나 위협하는 등 특별하게 자극하지 않는다면 물리는 일은 절대 없을 것이다. 떠돌이 견들을 발견했을 때는 가까이 다가가지 않고 조금 멀리 돌아가면 아무런 해프닝 없이 지나갈 수 있다.

⑨ 훠궈의 예상치 못한 침투력

훠궈(火锅) 중에서도 마라(麻辣) 훠궈는
다양한 향신료를 듬뿍 넣어 만드는 육수
다. 특히 향신료의 맛과 향이 진한 편으로,
마라 훠궈를 먹게 되면 고기를 구워먹을
때 몸에 배는 냄새만큼 머리카락과 옷에
냄새가 깊게 밴다.
오전이나 낮에 훠궈를 먹게 되면 이후에
관광하는 내내 마라 훠궈 향이 나는 본인
을 느끼게 될 수 있으므로 최대한 저녁으
로 먹는 것이 좋다.

⑩ 샤오롱 바오의 예상치 못한 공격

대만에서는 샤오롱 바오를 꼭 먹어야한다는 얘기를 듣고 모양이나 크기만 알아두는 여행
자들이 있다. 그러나 샤오롱 바오는 육즙이 가득 담긴 만두다. 우리나라에서 만두를 먹는
것처럼 한입에 바로 넣는다면 뜨거운 육즙에 혀가 다 데일 수도 있다. 또 젓가락으로 집어
들고 한입 콱 베어 물어서도 안 된다. 샤오롱 바오 안에 있던 육즙이 치아의 압력을 받으면
서 옷에 찍-하고 튈 수도 있기 때문이다.

샤오롱 바오를 먹는 방법은 이것이다. 먼저 샤오롱 바오를 숟가락에 올린 후 만두피를 살
짝 찢으면 육즙이 흘러나온다. 샤오롱 바오의 육즙은 뜨겁기 때문에 육즙부터 천천히 마시
는 것이 좋다. 이후 촉촉한 만두소를 취향에 따라 생강채와 함께 먹는다.

여행자에게 도움 되는 앱

여행자들은 모든 일정을 스스로 소화해야하기 때문에 순간순간에 필요한 정보를 찾고 움직여야한다. 대만 자유 여행에서 필요한 정보를 쉽게 찾아 사용할 수 있고 장점이 많은 어플 위주로 소개했다. 각각 앱을 대만 현지에서 사용할 때의 장단점과 사용법 또한 안내해 놓았으므로, 실제 조작과 비교 분석을 통해 대만 자유여행에서 사용할 앱을 선별해보자.

Google maps

전 세계 자유여행자들의 충실한 길잡이 구글맵. 하지만 대만에서는 어디서 어떤 것을 타야하는지, 어떻게 걸어가야 하는지만 참고해야한다. 구글에서 제공하는 시간표와 현지 대중교통의 시간표가 일치하지 않기 때문이다.

가오슝(高雄)의 경우 지하철(MRT)과 트램(LRT)만 정확할 뿐 시내버스의 도착 시간은 전혀 맞지 않다. 대중교통은 버스밖에 없는 대만 남부의 경우에도 도착 시간이 전혀 맞지 않는다. 배차가 많이 없는 도시간 이동 버스의 시간표만 겨우 맞는 편이다.
따라서 가오슝(高雄)과 대만 남부를 여행하며 구글맵을 사용할 경우 가오슝의 지하철, 트램 시간표는 믿어도 되며 도보 이동 경로 또한 신뢰해도 된다. 그러나 버스를 이용할 경우 정류장의 위치와 정류장의 이름만 참고해야한다.

Taiwan Bus / BusTracker Taiwan

대만 전역의 버스와 지하철, 공공 자전거까지 알아볼 수 있는 만능 대중교통 어플이다. 영어를 지원하는 어플이기 때문에 조작도 쉽고 알아보기도 편하다. 주황색의 타이완 버스^{Taiwan Bus}와 청록색의 버스트래커 타이완 ^{BusTracker Taiwan}는 똑같은 어플인데 이름이 두 개다. 아이폰은 전자와 후자를 모두 다운받을 수 있는데 전자가 영어 안내를 더 많이 제공한다. 안드로이드는 후자의 어플만 다운받을 수 있다.

기본적으로 버스 어플이므로 버스 정보를 좀 더 많이 제공한다. 상단에는 Bicycle(공공자전거), MRT(지하철), Railway(기차), Airport Bus(공항버스), HSR(High Speed Rail(고속철))이 있다. 자전거^{Bicycle}는 공공자전거 대여소 위치와 대여가능한 자전거 개수를 안내한다. MRT는 각 정류장을 눌러 요금과 소요 시간을 확인할 수 있으며, 첫차 막차 시간을 조회할 수 있다. 현재 시간에 출발하면 언제 도착하는 지, 몇 시 몇 분에 지하철이 있는 지 등의 시간 조회는 불가능하다.

하단에는 4종류의 버스 정보 서비스를 제공한다. 'Routes'를 누르고 버스 번호를 검색하면 정류장 명과 위치, 도착 시간을 제공한다. 니어바이Nearby는 가까운 정류장 명과 위치를 안내해준다. 디렉션directions은 구글맵을 기반으로 한 경로를 제공하며 패이버릿츠Favorites은 사용자가 저장한 버스나 정류장이 표시된다.

환승 노선도

대만 전역의 고속철과 기차, 지하철을 무려 한글로 지원한다. 몇 번만 눌러보면 쉽게 이용할 수 있을 정도로 조작법이 간편한데다 경로와 시간표, 소요시간 및 요금까지 안내한다. 아이폰과 안드로이드에서 모두 다운받을 수 있다. 그러나 이 모든 장점에 정이 떨어지게 만드는 단점이 하나 있다. 바로 일본의 제작사라는 것이다.

해당 어플이 장점은 많지만 이용하기에는 마음이 다소 불편할 수 있다. 그러나 아이폰과 안드로이드에서 다운받을 수 있는 다양한 대만 지하철 어플이 있어 대체할 수 있는 것은 많다. 또 위에서 소개한 타이완 버스Taiwan Bus와 버스트래커 타이완BusTracker Taiwan 또한 지하철 어플로 손색이 없다. 시간표 조회만 되지 않을 뿐, 사실 가오슝(高雄)의 지하철(MRT)은 배차 간격이 6~10분으로 짧기 때문에 굳이 시간표를 조회하지 않아도 된다. 모쪼록 본인의 마음에 편한 어플을 사용하자.

Ibus

도시를 이동하는 시외버스와 고속버스를 안내하는 어플이다. 시외버스 및 고속버스를 검색하는 면에서는 타이완 버스Taiwan Bus와 버스트래커 타이완BusTracker Taiwan어플보다 좀 더 상세하다. 안드로이드와 아이폰 둘 다 다운받을 수 있으며 영어가 지원되기 때문에 사용하기 편하다. 조작법이 매우 편리한 것은 아니지만 몇 번 누르다보면 쉽게 사용할 수 있을 것이다.

메뉴는 총 5개다. 여행자가 가장 쉽고 많이 사용하는 메뉴는 버스 라인Bus Line이다. 버스 라인Bus Line에서 버스 번호를 검색하면 해당 버스가 정차하는 정류장과 정류장에 도착하는 가장 가까운 시간대를 표시한다. 하단에는 구간별 요금과 버스의 전체 시간표, 버스의 이동 경로 지도를 볼 수 있다.

니어바이Nearby에서는 현재 있는 위치에서 가까운 고속버스와 시외버스 정류장을 표시해주며, 버스 캐리어Bus carrier에서는 고속버스와 시외버스를 알파벳 순서별로, 지역 및 도시별로 나눠볼 수 있다. 익스프레스Express는 지역 및 도시별로 출발지와 도착지를 선택하여 버스 정보를 알아보는 것인데, 여행자에게는 다소 어렵고 쓸 일도 별로 없다. 마이 페이버릿츠My Favorite은 사용자가 저장한 버스나 정류장이 표시된다.

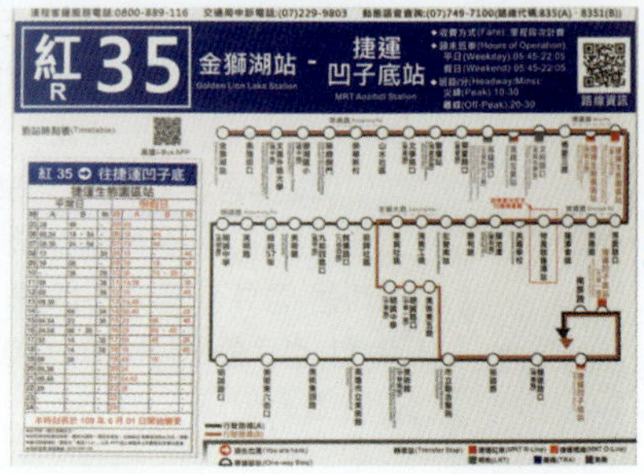

QR코드 리더

가오슝(高雄)의 타이난(台南)의 시내버스를 이용할 때 필요한 어플이다. 가오슝과 타이난의 버스정류장에는 버스 도착 시간을 알려주는 기계가 설치돼있는 곳도, 설치되지 않은 곳도 있다. 하지만 기본적으로 해당 정류장에 정차하는 버스 번호와 해당 버스가 정차하는 정류장은 안내돼있다.

버스가 본 정류장에 언제 도착하는지 알기 위해서는, 버스 번호 및 정류장 안내표의 오른쪽 상단에 있는 QR코드를 찍어 읽으면 확인할 수 있다. 안드로이드와 아이폰에서 다양한 QR코드 리더 어플을 다운받을 수 있기 때문에 특정한 어플을 소개하지는 않는다.

아쿠아웨더

날씨 어플은 날씨를 가볍게 체크하는 정도로 사용하는 것이 좋다. 가오슝(高雄)과 대만 남부의 날씨는 시시각각 바뀌는 일이 많아 하늘을 직접 보는 게 가장 정확하기 때문이다. 안드로이드와 아이폰에서 다운받을 수 있는 다양한 날씨 어플 중 아쿠아웨더에서 제공하는 날씨가 조금이나마 맞는 편이기 때문에 해당 어플을 추천한다.

여행 플랫폼 어플

다양한 여행 플랫폼 어플에서는 현지 입장권이나 액티비티, 현지투어나 유심 등을 손쉽게 예약할 수 있다. 가오슝(高雄)과 대만 남부에서 이용할 수 있는 상품이 많이 있는 여행 플랫폼 어플은 케이케이데이KKday, 클룩Klook, 마이리얼트립, 와그 등이 있다.

번역기 어플

중국어를 알지 못한다면 필수적으로 다운로드받고 가야하는 번역기 어플. 번역기 어플은 대만을 여행하는 자유여행자들에게 무조건 필요한 어플이다. 한국 사람들이 자주 사용하고 쉽게 사용할 수 있는 번역기 어플은 구글번역google translate과 파파고papago가 있다.

중국어로 말하지 않아도 할 수 있는
가오슝 여행 방법

가오슝(高雄)과 대만 남부는 중국어를 사용하기 때문에 중국어를 잘 모른다면 여행을 가기 전부터 걱정이 될 수도 있다. 하지만 세계 어느 나라든 바디랭귀지body language는 통하는 법 이며, 스마트폰 어플을 자유롭게 사용할 수 있다면 소통은 훨씬 빨라진다. 지금부터 중국 어로 말하지 않아도 가오슝과 대만 남부 자유 여행을 할 수 있는 방법을 안내한다.

중국어로 말하지 않아도 되는 이유

결론부터 말하자면 성조 때문이다. 성조는 중국어의 음절이 가진 소리의 높낮이를 이르는 말이다. 한국말은 특별한 억양이 없이도 의미를 전달할 수 있지만, 중국어는 성조를 제대 로 표현하지 않으면 발음이 아무리 똑같아도 의미를 파악할 수 없다. 또 성조가 달라지면 본래 전하려던 말과 다른 의미가 될 수도 있기 때문에 의사소통이 제대로 이루어지지 않 게 된다.
결국 여행자가 중국어 발음을 아무리 완벽하게 한다고 해도, 성조의 높낮이를 제대로 표현 하지 못한다면 현지인은 알아듣지 못한다. 또는 여행자가 말한 중국어에 여행자 본인이 알 지도 못하고, 의도하지도 않은 성조가 들어가게 될 수도 있다. 하지만 현지인은 본인이 들 은 성조대로 의미를 파악하기 때문에 여행자의 도움 요청을 전혀 엉뚱한 방향으로 이해하 고 도와주게 되는 일이 생길 수도 있다.

중국어로 말했다가 안하느니만 못하게 되는 경우가 발생한다면 오히려 다른 어려움이 여 행자에게 생길 수 있다. 차라리 중국어로 말하지 않는 편이 여행자에게 더 나을 수도 있는 것이다. 그렇다면 어떻게 중국어로 말하지 않고도 현지인에게 도움을 요청할 수 있는지 알 아보도록 하자.

어플을 활용해 도움 요청하기

구글맵google maps과 번역기 어플, 계산기 어플만 있다면 중국어로 말하지 않아도 대만 여행 이 가능해진다. 가장 먼저 현지인에게 도움을 요청할 때는 인사를 먼저 해야한다. 대만은 고개를 숙여 인사하는 문화가 아니다. '안녕하세요' 라는 뜻의 니하오(你好)만 말하면 된다. 먼저 대중교통을 타거나 길을 물어볼 때 구글맵에 표시된 관광지의 한자 이름을 보여주면 도움을 쉽게 청할 수 있다. 이때 구글맵이나 번역기의 글씨가 작기 때문에 화면을 캡쳐하고 한자 이름만 확대해서 보여주는게 좋다.

식당이나 카페를 이용할 때도 구글맵을 이용해 쉽게 주문할 수 있다. 어떤 식당에 특정한 음식을 먹으러 가는 경우 본인이 먹고 싶은 음식이 어떤 것인지 모양새를 미리 알아놓자. 구글맵에서 해당 식당 및 카페를 검색하면 사람들이 거기서 먹은 음식 사진을 올려놓은 것을 볼 수 있다. 사진들 중 본인이 원하는 메뉴 사진을 직원에게 보여주면 중국어만 가득한 메뉴판을 헤매지 않아도 쉽게 메뉴를 주문할 수 있다.

음식을 계산할 때는 계산기 어플을 이용해 쉽게 지불할 수 있다. 영어가 가능한 직원이 아니라면 계산 금액을 중국어로 말한다. 이 때 계산기 어플을 켜서 보여주면 금액을 눌러주므로 계산기에 표시된 금액을 지불하면 된다.
특정한 도움을 요청해야할 때는 번역기를 사용하면 된다. 한국 사람들이 많이 쓰고 쉽게 쓸 수 있는 번역기 어플은 구글 번역google translate과 파파고papago가 있다. 번역기 또한 글자가 작기 때문에 확대 버튼을 눌러서 보여주는 것이 좋다.

대중교통을 탈 때

대중교통을 이용해 특정한 관광지나 역으로 가는 경우, 버스 기사나 직원에게 지명만 보여주면 쉽게 도움을 요청할 수 있다. 구글맵google maps으로 지명을 보여주거나, 번역기 어플을 사용해 본인이 가려는 곳으로 가는 방향이 맞는지 문장을 작성해 번역하고 보여주면 된다. 이 때 반드시 확대 버튼을 눌러 크게 보여주는 것이 빠른 도움을 청할 수 있는 지름길이다.

버스 기사나 직원들은 본인이 가려는 방향이 맞는다면 고개를 끄덕이고, 아니라면 고개를 젓고 다른 방향을 알려주기 때문에 꼭 중국어로 소통하지 않아도 된다. 보통 현지인이 말로 대답할 때는 두 종류가 있다. 맞으면 "뚜이(對)" 틀리면 '부뚜이(不對)'라고 대답하거나 '네, 아니오'의 뜻인 '스(是)', '부스(不是)'로 대답한다.

길 물어볼 때

관광지나 식당을 찾아가려고 도보로 이동할 때, 구글맵google maps을 활용해도 정확한 위치를 찾을 수 없는 경우가 종종 있다. 이런 상황에서는 지나가는 현지인이나 근처에 있는 상점 및 식당의 직원에게 관광지 및 식당의 이름을 보여주면 된다. 물론 이때도 반드시 확대 버튼을 눌러 크게 보여주어야 빠른 도움을 받을 수 있다.

대부분의 현지인들은 여행자가 가려는 곳이 쉽게 갈 수 있는 곳이라면 손가락으로 가는 방향을 알려준다. 이때 손가락으로 설명하기에 조금 어렵거나 설명이 통하지 않는 것 같다면 직접 데려다주는 현지인들이 많다. 사실 여행자가 길을 찾고 있거나 헤매고 있는 느낌이라면 지켜보고 있다가 먼저 다가와 도와주는 현지인들도 많다.

식당, 카페에서 주문할 때

어떤 식당이나 카페에 특정한 음식을 먹으러 갈 때는 본인이 주문할 음식의 한자 이름과 모양을 알아놓고 가야 주문을 쉽게 할 수 있다. 대만의 식당에서는 우리나라의 김밥천국처럼 메뉴 이름과 가격이 나열된 메뉴판 및 주문서에 체크하는 방식으로 주문하는 곳이 많다. 식당에서 메뉴판 및 주문서를 받으면 미리 알아놓은 메뉴의 한자 이름을 찾아 체크한 후 직원에게 주면 된다. 만약 찾을 수 없다면 직원에게 본인이 주문하고 싶은 음식의 한자 이름을 크게 보여주자. 직원이 알아서 찾아 표시하고 주문해준다.

메뉴판이나 주문서를 굳이 보지 않고 사진만 보여줘도 쉽게 주문할 수 있다. 구글맵google maps에서 해당 식당 및 카페를 검색하면 해당 점포를 방문했던 사람들이 그곳에서 먹은 음식 사진을 올려놓은 것을 찾을 수 있다. 여러 가지 사진 중 본인이 주문하려는 메뉴 사진을 손가락으로 가리켜 직원에게 보여주면 주문을 쉽게 할 수 있다.

음식을 계산할 때는 대부분의 직원이 중국어로 계산 금액을 말한다. 알아들을 수 없는 경우가 대부분이므로 계산기를 켜서 보여주자. 직원들은 금액을 써달라는 것임을 빠르게 이해한 후 금액을 눌러준다. 여행자는 계산기에 표시된 금액을 보고 그대로 지불하면 된다.

특별한 도움을 요청할 때

번역기가 무조건 필요한 상황이다. 그러나 문장이 길면 번역기가 엉터리로 번역하기 때문에 현지인이 이해하지 못할 때가 많다. 문장을 짧게 끊어 보여주거나, 부연 설명 없이 원하는 문장만 적어서 보여주는 것이 좋다. 부연 설명이 없으면 예의가 아니지 않을까 싶겠지만, 현지인들은 여행자가 도움을 요청할 때 대충 어떤 상황인지 알기 때문에 크게 신경 쓰지 않는다. 오히려 미안할 정도로 친절하게 도와줄 것이다.

대만의 고속철도

대만의 고속철도는 THSR(Taiwan-High Speed Rail)이라고 하며 까오띠에(高雄)라고 부른다. 간단하게 표기할 때는 T를 빼고 HSR이라 쓰기도 하므로 혼란스러워하지 말자. 대만의 고속철도는 일본의 신칸센을 그대로 수입해서 운행하고 있으며, 최대 시속은 300㎞/h까지 올라간다. 가격은 우리나라의 KTX와 큰 차이가 없다.

대만 고속철도의 좌석

우리나라 KTX와 달리 역방향이 없기 때문에 모든 좌석이 순방향이다. 좌석은 지정석 및 자유석이 있으며 지정석은 스탠다드standard와 비즈니스business가 있다. 스탠다드는 2×3배치이며 비즈니스는 2×2배치다. 비지니스는 스탠다드에 비해 약 1.5~2배의 가격이지만 의자가 더 푹신하고 공간이 조금 더 넓으며, 물과 간단한 먹을거리를 제공한다.

가오슝과 대만 남부 여행에서 고속철도 이용 시 주의할 점

우리나라는 고속철도와 일반철도를 탈 수 있는 곳이 한 개의 역에 같이 있지만, 대만의 고속철도는 일반철도역과 분리된 곳이 많다. 대만 고속철도의 특성에 대해 잘 모를 경우 역에 도착했을 때 잘못 알고 있었음을 알게 돼 예약한 열차를 놓치거나, 급하게 고속철도 역으로 다시 이동하는 일이 발생하게 된다.

만약 가오슝(高雄)과 대만 남부 여행자가 타이난(台南)으로 이동할 때 고속 철도를 이용할 수도 있다. 그런데 가오슝에서 대만 고속철도를 타려면 가오슝역(高雄車站)이 아닌 쭤잉역(左營站)으로 가야한다. 또 고속철도를 이용해 타이난에 가면 타이난 시내에 있는 타이난역(台南車站)이 아닌 고속철타이난역(高鐵台南站)에 도착하게 된다. 고속철타이난역은 타이난의 관광지가 가득 모여 있는 타이난 시내에서 약 15㎞ 정도 떨어져있기 때문에 다시 타이난 시내로 이동해야한다.

다행히도, 고속철 타이난역에는 시내로 갈 수 있는 THSR 무료 셔틀 버스가 있다. 2번 출구로 나와 1번 승강장(To Tainan City Government)에서 31번 버스에 탑승하면 된다. 무료 셔틀 버스는 새벽 6시경부터 밤 22시경까지 운행하며, 배차 간격은 20~30분 정도다. 도로 사정에 따라 다르지만 보통 30~40분 이내에 타이난(台南) 시내에 도착할 수 있다.

대만 고속철도 예약 방법

고속철도 예약은 총 다섯 가지 방법이 있다. 첫 번째는 대만 고속철도 홈페이지를 통한 예약 방법이며, 두 번째는 대만 고속철도 어플을 통한 예약 방법, 세 번째는 여행 플랫폼 어플에서 예약하는 방법, 네 번째는 현지 편의점에서 예약하는 방법, 다섯 번째는 고속철도 역에서 예약하는 방법이다. 각각의 장단점과 예약 방법을 안내하므로 본인에게 적합한 방법을 선택하자.

① 대만 고속철도 홈페이지 (www.thsrc.com.tw/en/Home)

출발 날짜의 28일 전부터 예약이 가능하며, 얼리버드 시스템으로 운영하기 때문에 최대 35%까지 할인받을 수 있다. 한국어가 지원되지 않지만 영어는 지원되기 때문에 조금 더 쉽게 예약할 수 있다. 결제 및 수령은 카드 즉시 결제와 현지 편의점 및 현지 고속철도역, 그리고 고속철도 앱App에서 할 수 있다. 세 경우 모두 결제 기한 내에 결제해야 예약이 취소되지 않기 때문에, 홈페이지에서 결제하고 현지에서 수령하는 것이 가장 좋다.

첫 번째로 현지 편의점에서 티켓을 수령할 경우다. 가능한 편의점은 세븐일레븐, 패밀리마트, 오케이, Hi-life, 즉 대만의 모든 편의점이다. 편의점에 비치된 기계에서 예약한 표를 결제하면 바코드가 나온다. 바코드를 카운터에 제출 및 수수료를 지불하면 티켓을 출력해준다.

두 번째는 카드 즉시결제 후 현지 고속철도역에서 수령하는 방법이다. 티켓 수령은 유인 창구나 자동매표기 둘 다 가능하다. 유인 창구에서는 간단한 영어 단어로 소통이 가능하며, 자동매표기는 영어를 지원하므로 보다 쉽게 이용할 수 있다.
세 번째는 카드 즉시결제 후 고속철도 어플에 탑승권을 다운 받는 방법이다. 앱은 아래에서 상세히 안내한다. 앱에서 탑승권을 다운 받으면 현지에 가서 실물 티켓으로 발권하지 않아도 된다. 앱에서 다운로드로 메뉴를 눌러 예약 번호와 여권 번호를 입력하면 탑승권을 받을 수 있다. 탑승권에 있는 QR코드를 고속철도 플랫폼으로 들어가는 개찰구의 QR코드 인식기에 갖다 대면 된다.

② 대만 고속철도 어플

아이폰의 앱 스토어App store와 안드로이드의 구글 플레이 스토어Google play store 모두 다운로드 가능하다. 스토어에 들어가 'THSR'을 검색한 후 'TEX'라고 쓰여 있는 앱을 다운받으면 된다. 고속철도 홈페이지와 똑같이 얼리버드 시스템과 영어가 지원된다. 다만 결제가 종종 안 되는 경우가 있으므로, 예매까지 됐는데 결제가 안 된다면 홈페이지에서 결제하자. 홈페이지에서 결제했다면 앱에 탑승권을 받아놓으면 된다.

③ 여행 플랫폼 어플

케이케이데이KKday, 클룩Klook, 마이리얼트립, 와그 등의 여행플랫폼 앱을 통해 고속철도 이용권을 구매할 수 있다. 당일 예매는 불가능하고 출발 전날부터 구매할 수 있는데, 외국인 할인을 받기 때문에 언제 예약하든 20% 할인 받은 금액으로 구매할 수 있다.

여행 플랫폼 앱App에서 고속철도 이용권을 구매할 때는 출발 전날에도 할인된 금액으로 구매할 수 있다는 큰 장점이 있지만, 수령 및 좌석 지정 시 주의해야할 점도 있다. 먼저 여행플랫폼 앱에서 구매할 수 있는 고속철도 티켓은 자유석이며, 티켓 수령 및 좌석 지정 역시 현지 고속철도역의 유인창구에서만 할 수 있다.

티켓을 수령하려면, 메일로 받은 바우처Voucher나 앱App의 바우처를 유인 창구 직원에게 보여주면 된다. 이 때 여권을 제시해야하므로 반드시 여권을 가지고 가야한다. 여행 플랫폼 앱App에서 예약하고 유인 창구에서 수령하는 티켓은 우리나라의 여권과 비슷한 사이즈이며 살짝 두꺼운 종이다. 플랫폼으로 들어가고 나갈 때는 직원의 도장을 받고 전용 출입구로 나가야한다. 본인 확인을 위해 여권을 요구할 때가 있으니 당황하지 말고 미리 준비해놓자.

여행 플랫폼 앱으로 이용권을 구매했을 때의 단점은 자유석 이용권이라는 것이다. 물론 좌석 지정이 가능한 자유석 이용권이기 때문에 좌석이 남아있다면 좌석을 선택할 수 있다. 하지만 좌석이 없을 경우 자유석 칸에 가야한다. 자유석 칸은 우리나라의 입석과 같은 개념이지만, 열차의 10~12호로 정해져있다. 자유석 칸에 자리가 없으면 서서 가야하지만 자주 있는 일은 아니다. 연휴일 때는 이동인구가 많기 때문에 서서 가야할 수도 있다. 최대한 빨리 고속철도역으로 가서 좌석을 지정해야 원하는 시간과 좌석을 선택할 수 있으며, 돈을 내도 서서 가는 불상사를 방지할 수 있다.

④ 현지 편의점

대만 전국의 편의점에는 고속철도 및 시외버스 예매나 각종 공과금을 납부할 수 있는 기계가 있다. 언제 어떤 편의점에서든 고속열차를 예매할 수 있다. 영어도 지원되므로 조작은 걱정하지 않아도 된다. 편의점에서 예매한 티켓 또한 QR코드가 함께 나오기 때문에 개찰구에서 QR코드 인식기에 찍으면 플랫폼으로 들어갈 수 있다.

5 고속철도역

현지 고속철도역에 있는 유인 창구와 자동 매
표기는 표를 쉽게 구매할 수 있지만 두 가지
단점이 있다. 가까운 시간대에 원하는 좌석이
없다면 다음 시간대까지 기다려야하며, 단 1원
도 할인해주지 않고 정가를 받는다는 것이다.

유인 창구의 직원들은 영어 단어 위주로 소통
가능하며, 자동매표기는 왼쪽 하단에서 영어
지원모드로 바꿀 수 있다. 자동 매표기에서 티
켓을 예매할 때는 현금과 카드 둘 다 가능하
나, 기계 상단을 보면 현금 전용과 카드 전용
이 나누어져 있기도 하므로 예매 시 확인하는
것이 좋다. 카드 전용은 결제 시 기계에 달려
있는 번호키를 이용해 비밀번호를 입력하면
된다.

창구와 매표기에서 발권한 티켓은 플랫폼으로
들어가는 개찰구에서 기계 하단에 투입하면
윗부분으로 다시 나온다. 도착역에서 밖으로
나갈 때도 똑같은 방법으로 개찰구 기계 하단
에 티켓을 투입하고 나가면 된다.

가오슝 입국 시 반드시 주의해야할 사항

아프리카돼지열병으로 인한 모든 음식물 및 생물 반입 금지

2018년 중국에서 처음 발생한 아프리카돼지열병은 세계 각지로 퍼져 여러 나라에 큰 피해를 입혔다. 한국도 2019년 9월 발생한 아프리카돼지열병으로 인해 수십만 마리의 돼지가 폐사돼 육류가공품에 대한 반입 및 반출을 철저히 통제하고 있다.

특히 대만은 과거 구제역으로 큰 피해를 입은 나라로 아프리카돼지열병 전염 및 확산을 방지하기 위해 특별한 주의를 기울이고 있다. 대만은 최근 한국에서 아프리카돼지열병이 발생하자마자 육류 가공품 반입에 대한 벌금을 부과하기 시작했는데, 벌금의 액수는 한화로 약 700만원에서 3,000만 원 대로 상상을 초월하는 금액이다.

현재 대만은 육류가공품 뿐만이 아니라 각종 야채와 과일 같은 음식물부터 시작해 살아있는 식물이나 씨앗을 반입해도 벌금을 부과하고 있는 실정이

다. 가오슝국제공항(高雄國際航空站)에서는 세관에서 모든 짐을 엑스레이로 촬영하여 물품을 검사한다. 세관 검사 이전에 자진 신고하면 벌금이 부과되지 않으며, 세관원에 의해 반입 금지 품목이 발견됐다면 벌금이 부과된다. 본인은 반입할 의도가 없었고, 본인의 가방에 반입 금지 음식물이 있었는지도 몰랐다 하더라도 반입 시도로 처리된다.

반입 금지 품목을 반입했을 때의 벌금은 반입 품목 및 무게, 그리고 반입 횟수에 따라 차등 부과되나 최대 NT$1,000,000(한화 약 3,800만 원)까지 부과된다. 벌금은 현장에서 즉시 납부하거나, 고지서를 발급받은 후 시내에서 타이완 은행을 찾아가 납부해야한다. 납부하지 않고 출국하면 자택으로 고지서를 보내주는데 이를 납부하지 않으면 추후 대만 입국 금지 처분이 될 수 있다.

가오슝국제공항에 입국하자마자 당황스러운 일이 생기지 않도록 어떠한 음식물도 가져가지 않는 것이 중요하다. 짐을 쌀 때 음식물을 챙기지 않았더라도, 국내 출발 공항에서 어떤 음식물을 사고 남은 것을 가방에 넣어놓았다가 그 사실을 깜빡 잊을 수도 있다. 출발 공항에서 음식물을 구매했다면 무조건 다 섭취하고 탑승하는 것이 좋다. 기내식도 안심해서는 안 된다. 기내식으로 제공돼도 가지고 나온 것은 본인이기 때문에 벌금을 낼 수도 있다. 기내식으로 나온 어떤 음식물도 챙겨 나오지 말자.

반입 금지 품목 : 모든 음식물 및 생물
– 육류 및 육류 가공품(햄, 소시지, 라면, 육포, 통조림, 베이컨, 소고기 볶음 고추장 등)
– 난류(계란, 오리알, 거위알 등)
– 과일(사과, 오렌지, 바나나 등)
– 야채(채소 및 씨앗 등)

高雄市

KAOHAIUNG

가오슝

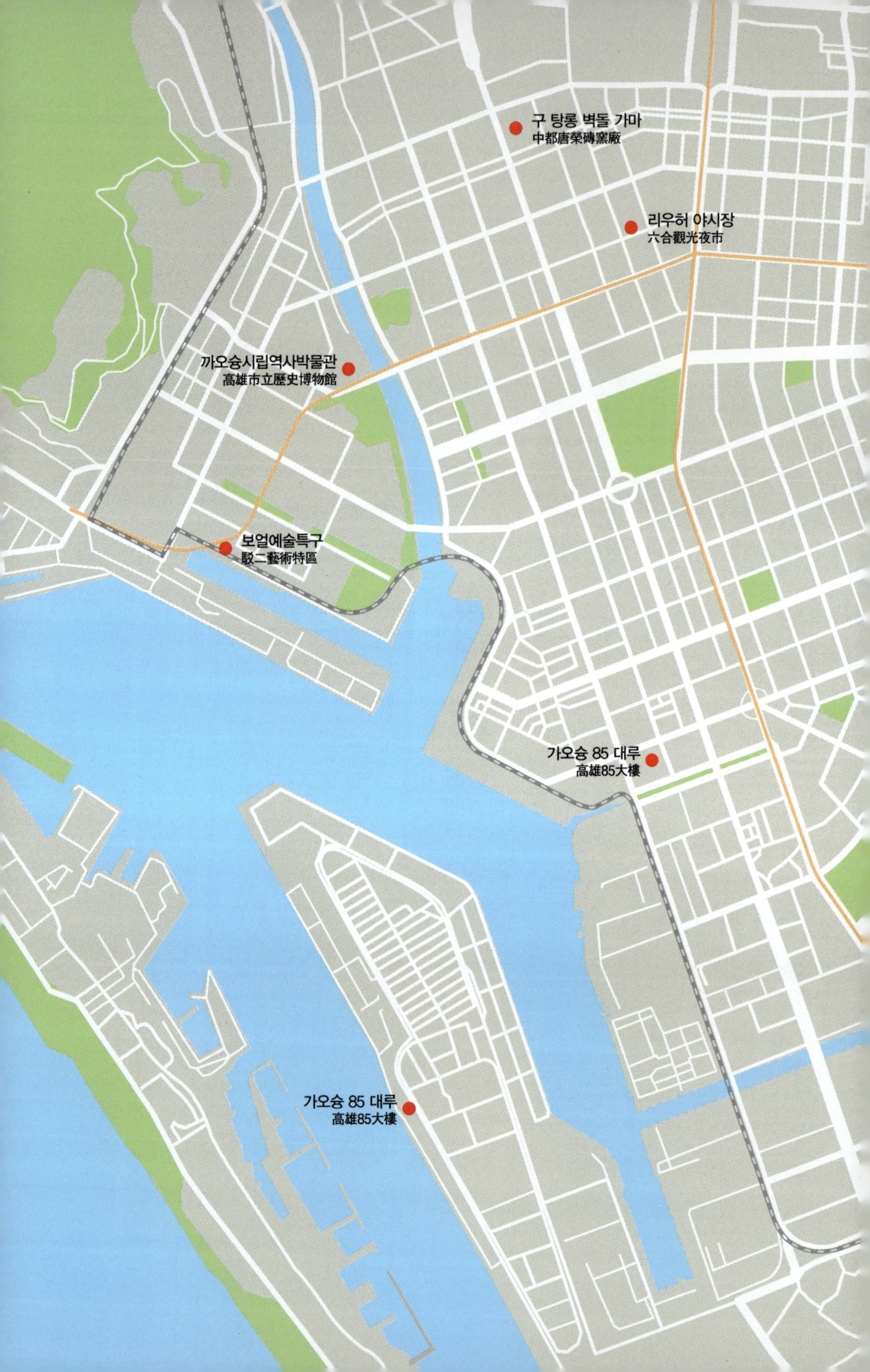

구 탕롱 벽돌 가마
中都唐榮磚窯廠
리우허 야시장
六合觀光夜市
까오슝시립역사박물관
高雄市立歷史博物館
보얼예술특구
駁二藝術特區
가오슝 85 대루
高雄85大樓
가오슝 85 대루
高雄85大樓

가오슝 가우디 사원
高雄關帝廟
까오슝 시립문화센타
高雄市文化中心
웨이잉 국립 가오슝 예술 센터
衛武營 國家藝術文化中心
위무영도회공원
衛武營都會公園

가오슝 IN

해외여행이 대중화됨에 따라 가깝고 저렴하게 다녀올 수 있는 여행지에 대한 선호도가 높아지면서 대만 여행에 대한 관심이 점차 늘어나고 있다. 특히 대만 여행지의 최강자는 본래 타이베이(臺北)였지만, 대만 남부에 위치한 가오슝(高雄)은 최근 다양한 여행 예능 프로그램에 지속적으로 노출되면서 가오슝 여행에 대한 사람들의 관심이 점차 높아지고 있다.

대만의 부산이라고 불리는 가오슝(高雄)은 대만 특유의 감성이 묻어나는 오래된 관광지와 현대적이고 감각적인 관광지에 이어 산과 강, 바다까지 아우르고 있다. 가오슝을 방문한 여행자들은 가오슝이 주는 다양하고 색다른 매력에 큰 애정을 느끼게 될 것이다.

국내 출발 → 가오슝 도착

가오슝(高雄)에 대한 관심이 높아짐에 따라 인천국제공항과 김해국제공항, 그리고 제주국제공항에서 가오슝으로 갈 수 있게 됐다. 또 다양한 대형 항공사와 국내 저비용 항공사(LCC)들이 가오슝에 취항하면서 다양한 항공편을 이용해 가오슝으로 갈 수 있다.

인천국제공항에서는 대한항공, 아시아나항공, 제주항공, 티웨이항공, 에바항공, 중화항공을 이용해 직항으로 가오슝에 갈 수 있다. 김해국제공항에서는 에어부산과 티웨이 항공을, 제주 국제공항에서는 제주항공을 통해 2~3시간 안에 가오슝으로 갈 수 있다.

특히 가오슝 노선은 공동운항인 경우가 종종 있다. 공동운항은 항공사 간 협약을 맺고 한 개 항공기의 좌석 일부를 다른 항공사와 나누어 운항하는 것이다. 예약한 항공사와 실제 탑승하는 항공기가 달라 당황하게 될 수 있으므로 예약 시 주의하자.

대만 내 출발 → 가오슝 도착

대만의 고속철(HSR)을 이용하면 가오슝(高雄)의 쭤잉역(左營站)으로 빠르게 도착할 수 있다. 신쭤잉역(新左營站)에서 이동할 경우, 먼저 타이베이시(臺北市)는 타이베이역(臺北車站)에서 열차에 따라 가오슝까지 2시간 내외로 도착할 수 있다. 보통 1시간마다 2편~5편 정도의 열차를 이용할 수 있으며 요금은 스탠다드standard석은 NT$1,490, 비즈니스business석은 NT$2,440이다.

두 번째로 타이중시(臺中市)에서 출발할 경우, 시내의 타이중역(臺中車站)에서 약 8km 떨어진 고속철타이중역(高鐵台中站)에서 타야한다. 열차에 따라 가오슝까지 40분~1시간 내외로 도착할 수 있다. 보통 1시간마다 3편~7편 정도의 열차를 이용할 수 있고 요금은 스탠다드석 NT$790, 비즈니스석은 NT$1,390이다.

세 번째로 타이난시(台南市)에서 출발할 경우 타이난시에서 약 10km떨어진 고속철타이난역(高鐵台南站)에서 열차에 따라 가오슝까지 40분~1시간 내외로 도착할 수 있다.

보통 1시간마다 3~7편 정도의 열차를 이용할 수 있으며 요금은 스탠다드석 NT$140, 비즈니스석은 NT$410이다.

가오슝 입국 절차

검역대

가오슝국제공항(高雄國際航空站)에 도착해 비행기에서 내리면 도착arrivals 안내 표지판만 열심히 따라가면 된다. 입국 심사를 하기 전 가장 먼저 마주치는 것은 검역대다. 보통 검역대는 그냥 지나가는 경우가 대부분이다. 혹 체온이 높다면 적외선감지 카메라에 탐지되기 때문에 체온 측정을 요구할 수 있다. 고열일 경우 병원에 방문해 처방을 받아야하는데 이에 따르지 않으면 벌금을 낼 수도 있다. 출국 전 열이 있을 경우 해열제를 미리 먹고 출발하는 것도 방법이다.

입국심사

가오슝국제공항(高雄國際航空站)의 입국 심사 카운터는 공항에 입국하는 사람 수에 따라 카운터를 개방한다. 함께 도착하는 비행기가 많을 경우 입국심사에 시간이 꽤 소요될 수도 있다. 최대한 앞자리에 좌석을 지정한 후 비행기에서 빨리 나와 입국심사 카운터로 향하는 것이 좋다. 한국인은 'Non—Citizen'이라고 표시된 카운터에 줄을 서면된다.

가오슝 입국심사 절차

1. 입국 심사관에게 여권과 비행기 티켓, 입국신고서를 제출한다. 여권을 제출할 때는 여권 커버를 미리 제거한 후 제출하자.
2. 입국 심사관의 안내에 따라 (안경을 벗고) 카메라 렌즈를 본 후, 양손 검지를 지문 인식기 위에 올려놓는다.
3. 입국 심사관과 인터뷰를 한다. 물론 대부분 인터뷰 없이 지나가지만 며칠 머무르는지 물어보거나, 돌아가는 티켓을 보여 달라고 요청할 수도 있다. 당황하지 않고 본인의 체류 일수와 돌아가는 항공권을 보여주면 된다.
4. 입국 심사관이 여권과 비행기 티켓을 돌려주면 입국 심사가 끝난다.

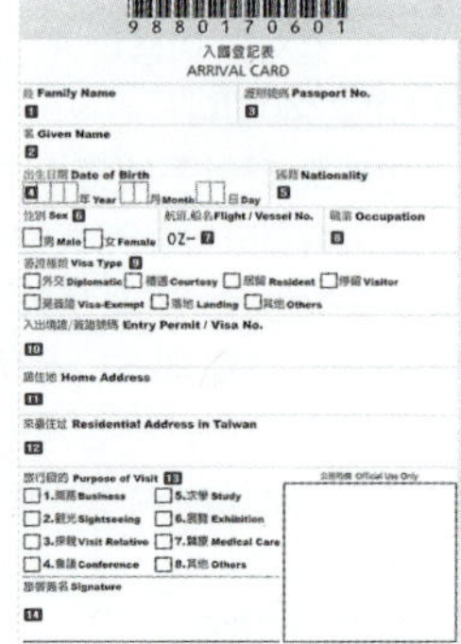

대만 자동출입국심사

대만을 여행하는 한국인의 수가 많아짐에 따라 2018년 6월부터 대한민국 국적의 전자여권을 소지한 방문객은 자동출입국심사를 이용할 수 있게 됐다. 출발 전 온라인 입국신고서를 작성하면 비행기에서 배부하는 종이 입국신고서를 작성하지 않아도 되며, 대만 공항 도착 후 자동출입국심사를 신청하면 입국심사 줄을 서지 않고 전용 게이트로 빠르게 나갈 수 있다.

■ 대만 자동출입국 이용 조건

1. 만 17세 이상의 전자여권 소지자
2. 신장 140CM 이상인 자
3. 여권의 기간만료일이 6개월 이상 남아 있는 자

■ 가오슝국제공항 자동출입국심사 이용 방법

1. 국내에서 온라인 입국신고서를 미리 작성한다.
2. 가오슝국제공항(高雄國際航空站) 도착 후 검역대를 지나 자동출입국심사 등록 센터(E-gate Enrollment Counter)로 향한다. 가오슝국제공항의 자동출입국심사 등록 센터는 입국 신고장의 가장 끝, 입국 신고장을 정면으로 봤을 때 가장 왼쪽에 있다.
3. 자동출입국심사 등록 센터에서 직원의 안내에 따라 안면 사진과 지문을 등록한다. 여권에 E-GATE 스티커를 부착해주고 도장을 찍어주면 자동출입국심사 등록이 완료된 것이다. 한번만 등록하면 다음 대만 입국 시 온라인 입국신고서만 작성하면 된다.
4. E-GATE로 이동한다. 입국 신고장을 정면으로 봤을 때 가장 오른쪽 편에 있는 게이트다. 우리나라와 똑같이 여권을 스캔하면 첫 번째 자동문이 열린다. 다음으로 E-gate Enrollment Counter에서 등록한 손가락의 지문과 얼굴을 인식하면 두 번째 자동문이 열리며 자동출입국 심사가 끝난다.

■ 온라인 입국 신고서 작성 페이지

한글 지원은 안 되지만 영어가 지원되므로 쉽게 작성할 수 있다. 종이 입국 신고서와 똑같기 때문에 위의 입국신고서 예시를 참고하여 작성하면 된다.
온라인 입국 신고서와 종이 입국 신고서가 다른 점은 마지막 단계에서 이메일 주소와 보안코드를 입력하는 것뿐이다.

▶ https://niaspeedy.immigration.gov.tw/webacard/

■ 가오슝국제공항 자동출입국심사 이용 시 주의할 점

가오슝국제공항(高雄國際航空站)의 자동출입국심사 등록센터(E-gate Enrollment Counter)의 운영 시간은 08:00~22:00이다. 밤 10시 이후에 도착하는 항공편을 이용한다면 자동출입구심사 등록을 하지 못한다. 밤 10시에 가깝게 도착하는 항공편 또한 항공기가 공항에 도착해 게이트로 이동하는 시간을 고려해야하며, 혹시 연착이 된다면 등록을 하지 못하게 된다. 혹시 모를 일을 대비해 종이 입국 신고서를 비행기에서 쓰자.

위탁수화물 찾기

입국심사대를 나오면 위탁 수화물 컨베이어 벨트가 바로 보인다. 벨트 상단에는 비행기 편명과 각 비행기의 수화물이 나오는 벨트 번호가 표시된 모니터가 있으므로, 본인의 편명을 찾아 해당 컨베이어 벨트로 가면 된다.

세관 검사

세관에서는 모든 짐을 엑스레이 검사대에 넣어 촬영한다. 벌금을 물지 않을 수 있는 마지노선이기 때문에, 짐을 넣기 전 한번만 더 가방에 들어있는 물건들을 생각해보자. 마음에 걸리는 것이 있다면 먼저 꺼내서 세관원에게 보여주는 것이 좋다.

엑스레이 검사 후 세관원이 보다 정확한 확인을 위해 가방을 열겠다고 할 수도 있다. 본인이 열려고 하면 제지하거나 의심을 살 수도 있으므로 고개만 끄덕이면 된다. 가방 확인이 다 끝나면 가방을 닫고 돌려준다. 세관 검사가 끝나면 모든 입국 절차가 끝이므로, 앞에 보이는 출구 EXIT를 따라 나가면 된다.

공항에서 시내 IN

가오슝국제공항(高雄國際航空站)에서 가오슝(高雄) 시내로 갈 때는 지하철인 MRT을 이용해 쉽게 갈 수 있으며, 30분 만에 도착할 수 있다. MRT는 현금으로는 이용 불가능하며, 1회용 토큰과 교통카드, 일일 무제한 이용권, 시간제 무제한 이용권으로 이용할 수 있다. 각각에 대한 설명과 구매 방법 및 사용 방법은 아래의 시내 교통에서 상세하게 안내한다.

가오슝국제공항에서 시내로 가려면 먼저 MRT로 이동해야한다. 가오슝국제공항의 입국장 1층의 메가 뱅크Mega Bank 환전소 왼편에 MRT로 나가는 출구가 있다. 출구로 나가 그대로 직진하면 오른편에 MRT 입구가 있다.

엘레베이터 또는 에스컬레이터를 타고 내려가 통로 상단에 있는 MRT Ticketing, 플랫폼Platform표시판을 계속 따라가면 된다. 쭉 따라가다 보면 오른편에 자동 매표기, 중간에는 개찰구, 왼편에는 인포메이션information이 있다.

사진으로 먼저 만나는 가오슝 국제공항에서 MRT 이동 방법

1. 메가 뱅크 환전소 옆 출구로 나가기

2. 출구로 나가 계속 직진해서 오른편에 있는 MRT 입구로 들어가기

3. MRT Ticketing, Platform 표시판 따라가기

4. 인포메이션, 개찰구, 자동매표기

가오슝 국제공항 MRT 막차 시간

MRT가오슝국제공항역(高雄國際機場站)은 레드라인(紅線)으로, 레드라인은 샤오강(小港) 방향과 강산(岡山) 방향으로 나누어진다. 샤오강(小港)은 MRT가오슝국제공항역의 바로 다음 역이자 마지막 역으로, 이곳에서 숙박하는 여행자들은 거의 없다. 여행자들은 거의 다 가오슝(高雄) 시내 방향인 강산으로 가는데, 가오슝국제공항(高雄國際航空站)에서 강산 방향으로 가는 MRT의 막차 시간은 평일 및 공휴일, 공휴일 전일 모두 00:02로 동일하다.

그러나 이 시간대는 오렌지라인(橘線) 노선의 운행이 끝나기 때문에 오렌지라인으로 환승하지는 못한다. 만약 오렌지라인에 있는 숙소에서 숙박한다면 메이리다오역(美麗島站)에서 내려 택시를 타고 가는 것이 좋다.

샤오강(小港 : 가오슝 시내 방향)막차 시간표

평일	토, 일, 공휴일 전일	비고
23:21	23:31	
23:41	23:46	
00:02	00:02	오렌지라인 환승 불가

시내 버스

가오슝(高雄)은 시내버스 노선이 잘 구축된 편이다. 시내버스의 기본요금은 NT12$이며 거리에 따라 요금이 가산되는 거리병산제로 운영되고 있다. 지불 방법은 우리나라처럼 현금을 내거나 내리고 탈 때 두 번, 단말기에 교통 카드를 찍으면 된다. 현금을 낼 때는 거스름돈을 돌려주지 않는 경우가 대부분이기 때문에 딱 맞춰 준비하는 것이 좋다. 아이패스나 이지카드를 이용해 가오슝 시내버스를 3번 타게 될 경우 3번째부터 그 이후는 무료로 탑승할 수 있다.

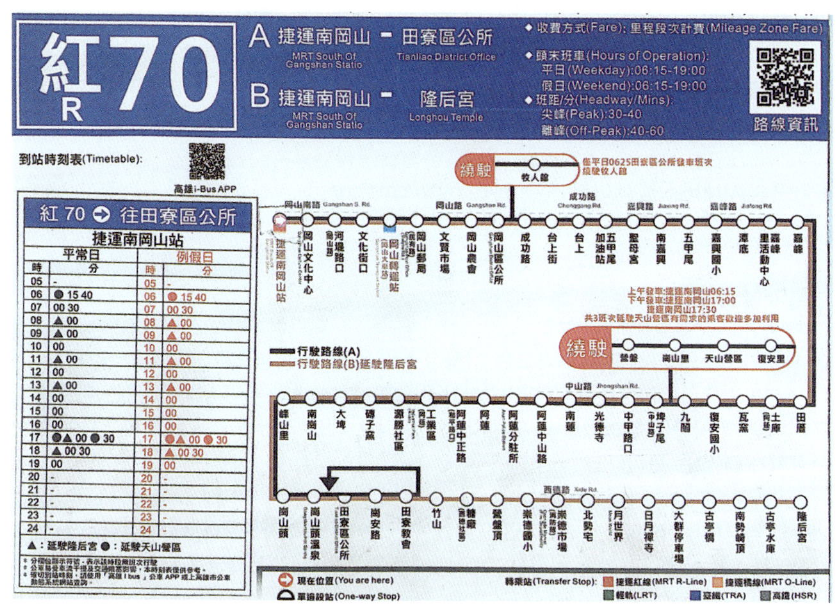

버스는 타기만 하면 가오슝(高雄) 시내 곳곳과 관광지에 쉽게 닿을 수 있다는 장점이 있지만, 가장 큰 단점은 배차 간격이 20~30분으로 길다는 것에 있다. 시내버스를 이용하려면 구글맵google maps으로 본인이 가려는 곳에 가는 가장 가까운 정류장과 버스 번호를 검색하고 해당 정류장으로 이동하여 해당 버스를 탑승하면 된다.

주의해야할 것은, 구글맵에 나오는 가오슝 시내버스 시간표는 실제 시간과 전혀 맞지 않다. 해당 정류장으로 이동하여 본인의 타려는 버스 노선도에 있는 시간표를 보면 된다. 시간표가 없다면 노선도에 있는 QR코드를 인식하면 된다.
화면이 가오슝 시내버스 홈페이지로 이동하며 해당 정류장에 버스가 몇 분 후에 도착하는지 표시된다. 만약 버스 도착 정보가 아닌 홈페이지 자체만 열린다면 본인이 이용하려는 버스 노선의 이름과 버스 번호를 찾아 선택하면 된다. 해당 버스가 각 정류장에 도착하는 시간표가 나오므로, 본인이 있는 정류장의 한자명을 찾으면 언제 도착하는 지 알 수 있다.

버스가 올 때는 멀리서 보일 때부터 손을 들어 탑승 의사를 표시해야한다. 버스가 오른쪽 깜빡이를 키며 인도 가까이로 차선을 바꾸면 해당 정류장에 정차한다는 뜻이므로 그 때 손을 내리면 된다. 손을 들어 표시하지 않으면 탑승 의사가 없는 줄 알고 지나가버리며, 정류장에 다 도착했을 때 손을 들어 표시하면 태워주지 않는 경우가 있다. 밤에는 어둡기 때문에 손을 들어도 버스 기사가 못보고 지나칠 수도 있으므로 손을 흔들면서 표시하는 것이 좋다.

버스에서 내리는 방법은 우리나라와 똑같이 버스 안에 있는 벨을 누르면 하차할 수 있다. 버스 앞쪽에는 정류장 표시 기계가 있는데 영어 정류장 명도 표시된다. 해당 정거장에 도착하기 전에 해당 정거장의 이름이 표시되므로, 구글맵google maps으로 본인이 내려야하는 영어정류장 명을 찾아놓고 일치하는 영어가 나오면 벨을 누르고 하차하면 된다.

▶가오슝 시내버스 홈페이지 : ibus.tbkc.gov.tw/cms/en/

지하철 (MRT)

MRT는 가오슝의 지하철이다. 가오슝 지하철 노선은 동서 방향으로 뻗어있는 오렌지라인과 남북방향으로 이어지는 레드라인 2개가 있으며 총 38개의 역이 있다. MRT는 가오슝의 주요 관광지 곳곳에 닿아있으며, 오렌지 라인보다는 레드 라인을 이용했을 때 갈 수 있는 관광지가 더 많은 편이다.

MRT의 역 사이는 대체로 1~2분이면 도착할 수 있을 정도로 가까우며, 배차 간격은 출퇴근 시간에는 6분 내외, 그 외의 시간은 10분 내외로 운영된다. 기본요금은 MRT 1회용 토큰을 사용했을 때 NT$20다.

MRT의 이용 방법은 우리나라의 지하철과 똑같다. 가고자하는 역이 있는 라인의 플랫폼에서 가고자 하는 역이 있는 방향으로 타면 된다. 서울 지하철의 1호선을 예로 들었을 때 서울역에서 종로3가를 가고자 하면 소요산 방향을 타고, 용산으로 가려면 인천이나 신창 방향을 타면 되는 것과 같다.

■ MRT 이용 방법

토큰

토큰은 지하철 개찰구 인근에 있는 자동 매표기에서 구매하거나 인포메이션information에 있는 직원을 통해 구매할 수 있다. 자동매표기는 한국어로도 지원이 되므로 쉽게 이용할 수 있으며, 가고자 하는 역을 선택하고 표시된 요금을 투입하면 동전 같은 토큰이 나온다. 자동매표기 중에는 동전만 투입 가능한 기계가 따로 있다. 지폐 넣는 곳이 없다면 당황하지 말고 지폐 투입구가 있는 다른 기계를 사용하면 된다.

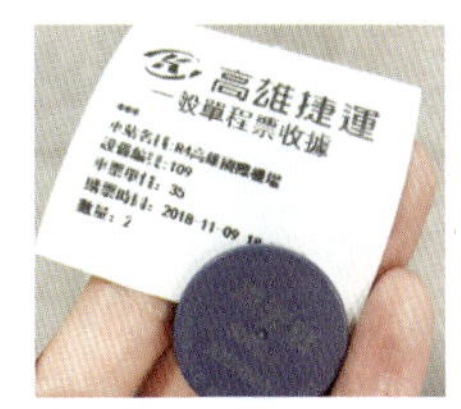

토큰은 지하철로 들어갈 때와 나올 때의 사용 방법이 다르다. 들어갈 때는 개찰구 기계에서 카드를 들고 있는 손 그림이 있는 tap here 부분에 카드 찍듯 찍어서 사용하며, 나올 때는 개찰구 기계의 투입 구멍에 넣으면 된다.

교통카드

가오슝(高雄)에서 사용할 수 있는 대표적인 교통카드 회사는 아이패스와 이지카드가 있다. 이지카드와 아이패스를 사용하면 MRT 기본요금 NT$20에서 15% 할인된 금액인 NT$17에 이용할 수 있다.

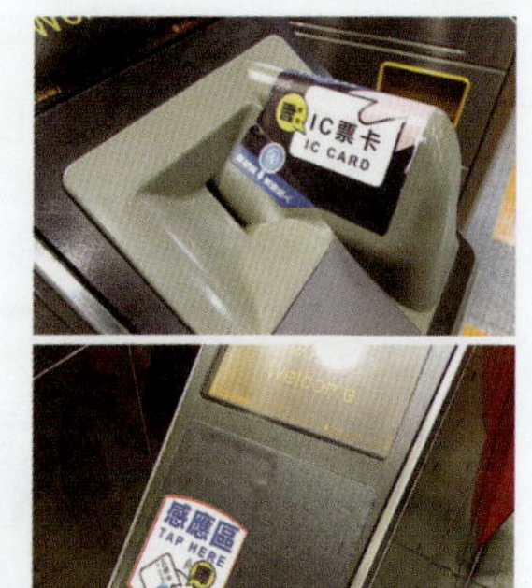

아이패스와 이지카드를 사용해 지하철로 들어가는 방법은 우리나라와 똑같다. 들어갈 때와 나갈 때 모두 개찰구 기계의 카드를 들고 있는 손 그림이 있는 tap here 부분에 카드를 살짝 대면 문이 열리며 들어갈 수 있다. 교통카드 인식기는 가끔 옆으로 세워져 있는 것도 있다. 당황하지 말고 그림과 똑같이 세워서 찍으면 된다.

일일 무제한 승차권

여행자들이 많이 사용하지는 않지만 일일 무제한 승차권으로도 MRT를 이용할 수 있다. 구매는 MRT 인포메이션information에서 가능하며, 일일 무제한 승차권은 1day, 2day로 나눠져 있다. 1day는 NT$150로 개시 날짜에 가오슝 지하철을 무한으로 승차할 수 있으며, 2day는 NT$250에 개시 날짜와 다음날까지 가오슝 지하철을 무한으로 승차할 수 있다.

무제한 승차권은 아이패스에 기능이 추가되는 카드기 때문에 아이패스를 NT$100에 먼저 구매해야한다는 단점이 있다. 그러므로 1일권은 250NT$에 사야하며, 2일권은 NT$100이 할인돼 1일권과 똑같은 가격인 250$에 살 수 있다.
아이패스를 기반으로 사용하는 카드기 때문에 금액을 충전하면 다른 교통수단도 사용할 수 있으며 유효 기간이 지나도 잔액이 남아있다면 사용 가능하다. 사용 방법은 교통카드와 똑같이 개찰구 기계의 'tap here' 부분에 찍으면 된다.

시간제 무제한 승차권

시간제 무제한 승차권 또한 여행자들이 많이 사용하지는 않는다. 일일 무제한 승차권과 똑같이 MRT 인포메이션information에서 구매 가능하며, 시간제 무제한 승차권은 24시간 카드와 48시간 카드로 나눠져 있다. 지하철 개찰구에 처음 찍는 순간부터 카운트가 시작된다.

24시간 카드는 NT$180, 48시간 카드는 NT$280에 구매할 수 있는데 아이패스 카드를 살 필요 없이 카드 구매 비용만 내면 된다. MRT에서만 사용할 수 있으며 충전이 불가하고, 유효 기간이 지난 다음에는 사용하지 못한다. 사용 방법은 교통카드와 똑같이 개찰구 기계의 tap here 부분에 찍으면 된다.

▶가오슝 MRT 홈페이지 : www.krtco.com.tw/en/index.aspx

경전철 (LRT)

LRT는 경전철, 즉 트램으로 기차처럼 전용 선로가 아닌 일반 도로에 레일을 깔아 운행하는 노면전차다. 가오슝(高雄) 트램은 2016년부터 개통하여 운영되고 있는 교통수단으로 내외부 디자인이 세련되고 깨끗하다.

가오슝 트램은 지금도 노선을 계속해서 증축 및 확장하고 있으며, 현재 운영되는 역은 총 14개로 가오슝 남서부 지역에 포진돼있다.

가오슝 트램의 기본 요금 및 1회 이용 티켓은 NT$30이다. 1회 이용 티켓은 LRT 플랫폼에 있는 자동 매표기에서 살 수 있는데, 오른쪽 하단의 영어 버튼을 누르면 영어 지원이 되므로 쉽게 구매할 수 있다. 구매하려는 티켓의 개수를 정하고 동전을 투입하면 영수증 같이 생긴 1회 이용 티켓이 나온다. 기계는 거스름돈은 나오지만 동전만 사용할 수 있다.

가오슝 트램은 아이패스나 이지카드 사용 시 NT$10에 이용할 수 있다. 이용 방법은 플랫폼에 있는 단말기나 트램 내부에 있는 단말기 둘 중 하나에 한번만 접촉하면 된다. 버스처럼 타고 내릴 때 두 번 찍을 필요는 없으니 주의하자. 또 트램의 문은 자동으로 열리지 않는다. 문 앞에서 열림 버튼을 눌러야만 문이 열리므로 알아두자.

자동매표기   외부 단말기   내부 단말기

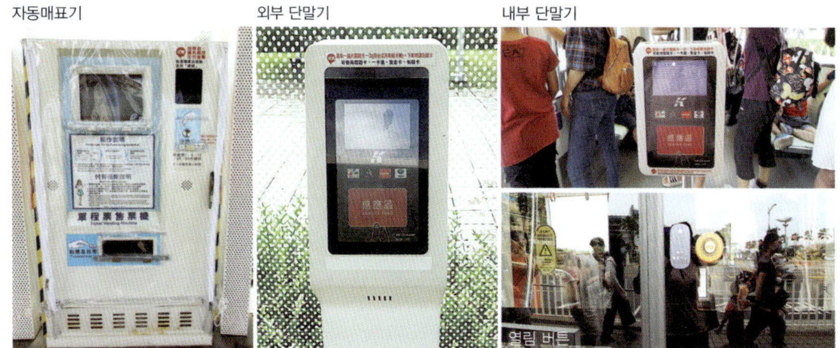

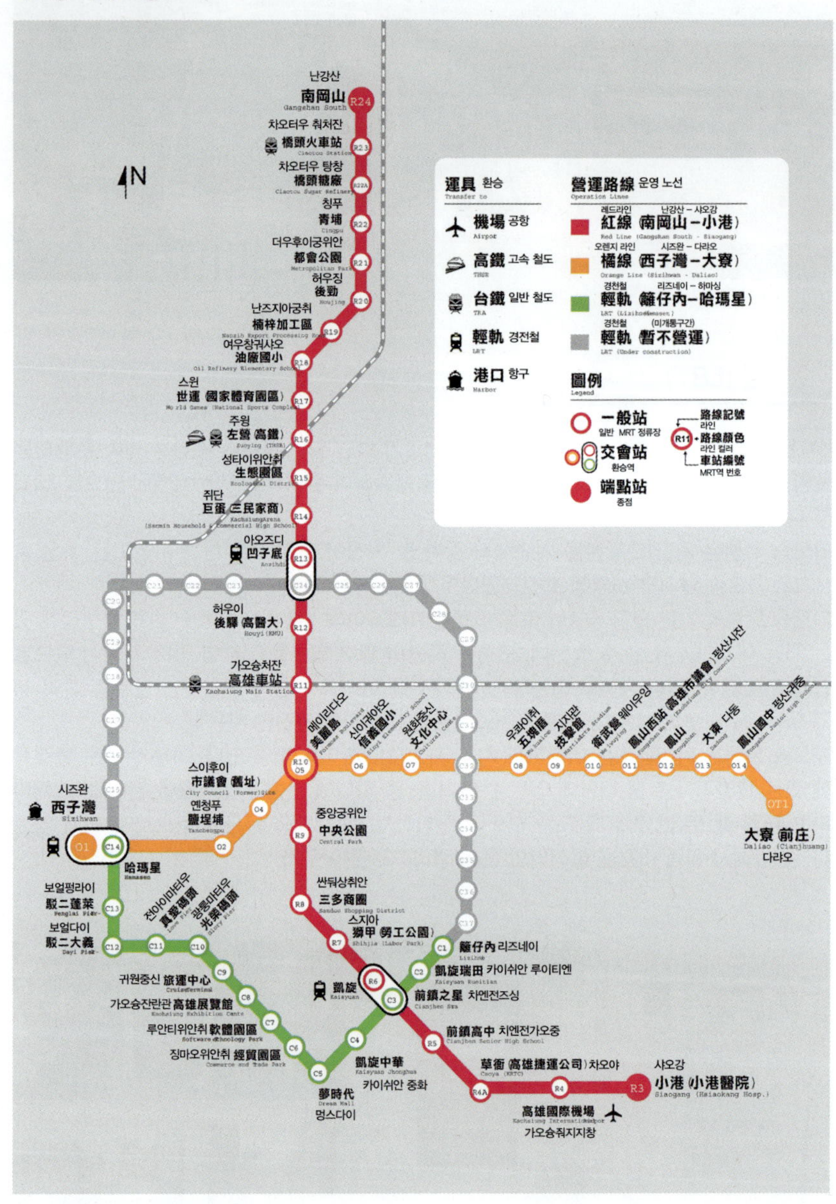
N
난강산
南岡山
Gangshan South
R24
차오터우 취처잔
橋頭火車站
Ciaotou Station
R23
차오터우 탕창
橋頭糖廠
Ciaotou Sugar Refinery
R22A
칭푸
青埔
Cingpu
R22
더우후이궁위안
都會公園
Metropolitan Park
R21
허우징
後勁
Houjing
R20
난즈지아궁취
楠梓加工區
Nanzih Export Processing Zone
R19
여우창궈샤오
油廠國小
Oil Refinery Elementary School
R18
스윈
世運 (國家體育園區)
World Games (National Sports Complex)
R17
주윙
左營 (高鐵)
Zuoying (THSR)
R16
성타이위안취
生態園區
Ecological District
R15
쥐단
巨蛋 (三民家商)
Kaohsiung Arena (Sanmin Household & Commercial High School)
R14
아오즈디
凹子底
Aozihdi
R13
R13A
R12
허우이
後驛 (高醫大)
Houyi (KMU)
R11
가오슝처잔
高雄車站
Kaohsiung Main Station

運具 환승
Transfer to
機場 공항 Airport
高鐵 고속 철도 THSR
台鐵 일반 철도 TRA
輕軌 경전철 LRT
港口 항구 Harbor

營運路線 운영 노선
Operation Lines
紅線 (南岡山－小港) 레드라인 난강산－샤오강 Red Line (Gangshan South - Siaogang)
橘線 (西子灣－大寮) 오렌지 라인 시즈완－다랴오 Orange Line (Sizihwan - Daliao)
輕軌 (籬仔內－哈瑪星) 경천철 리즈네이－하마싱 LRT (Lizihnei - Hamasen)
輕軌 (暫不營運) 경천철 (미개통구간) LRT (Under construction)

圖例
Legend
一般站 일반 MRT 정류장
交會站 환승역
端點站 종점
路線記號 라인
R11 路線顏色 라인 컬러
車站編號 MRT역 번호

메이리다오
美麗島
Formosa Boulevard
R10 O5
신이궈샤오
信義國小
Sinyi Elementary School
O6
원화중신
文化中心
Cultural Center
O7
우코이취
五塊厝
Wukuaicuo
O8
지자란
技擊館
Martial Arts Stadium
O9
웨이우잉
衛武營
Weiwuying
O10
펑샨시잔
鳳山西站
Fongshan Jhan (Kaohsiung City Council)
O11
펑샨
鳳山
Fongshan
O12
다둥
大東
Dadong
O13
펑샨궈중 펑산궈중
鳳山國中 平山高中
Fongshan Jhsiat High School
O14
OT1
大寮 (前庄)
Daliao (Cianjhuang)
다랴오

시즈완
西子灣
Sizihwan
O1 C14
스이후이
市議會 (舊址)
City Council (Former Site)
R10 O5
옌청푸
鹽埕埔
Yanchengpu
O4
O2
중앙궁위안
中央公園
Central Park
R9
哈瑪星
Hamasen
보얼펑라이
駁二蓬萊
Penglai Pier
C13
전아이마터우
真愛碼頭
Love Pier
광롱마터우
光榮碼頭
Glory Pier
�   C11 C10
보얼다이
駁二大義
Dayi Pier
C12
귀원중신 旅運中心
Cruise Terminal
C9
가오슝잔란관 高雄展覽館
Kaohsiung Exhibition Center
C8
루안티위안취 軟體園區
Software Technology Park
C7
징마오위안취 經貿園區
Commerce and Trade Park
C6
카이쉬안 중화
凱旋中華
Kaisyuan Jhonghua
C5
멍스다이
夢時代
Dream Mall
C4
쑨둬상취안
三多商圈
Samduo Shopping District
R8
스지아
獅甲 (勞工公園)
Shihjia (Labor Park)
R7
籬仔內 리즈네이
Lizihnei
C1
凱旋瑞田 카이쉬안 루이티엔
Kaisyuan Rueitian
C2
凱旋
Kaisyuan
R6
前鎮之星 치엔전즈싱
Cianjhen Star
C3
前鎮高中 치엔전가오중
Cianjhen Senior High School
R5
草衙 (高雄捷運公司) 차오야
Caoya (KRTC)
R4A
高雄國際機場
Kaohsiung International Airport
가오슝궈지지창
R4
샤오강
小港 (小港醫院)
Siaogang (Hsiaokang Hosp.)
R3

자전거(C-BIKE)

가오슝(高雄)의 공공자전거로 가오슝 시내 곳곳, MRT나 관광지 인근에서 쉽게 찾을 수 있다. 버스를 이용한 관광이 다소 불편한 가오슝을 구석구석 돌아다니고 싶을 때 좋다. 대여 및 반납 방법은 자전거 정차소에 있는 기계에서 할 수 있으며, 영어가 지원되므로 어렵지 않게 빌리고 반납할 수 있다.

C-BIKE는 이지카드나 아이패스로도 결제할 수 있으나 번호 인증이 필요하다. 번호를 사용할 수 있는 유심이 아니라면 신용카드로 결제하는 것이 좋다. 처음 30분은 무료로 이용할 수 있으며 31분부터 60분은 NT$5로 한화 약 200원, 61분부터 90분까지는 NT$10로 한화 약 400원, 90분 이상은 NT$20로 한화 약 800원이다. 대여 시 NT$1를 결제하지만, 30분 이내에 반납하면 자동으로 승인 취소가 되므로 추후 확인했을 때 놀라지 말자.

눈에 보이는 정차소에서 바로 자전거를 대여하거나 반납할 수도 있지만, 어플에서 정차소를 찾아 대여하거나 반납할 수 있다. 안드로이드의 구글 플레이 스토어^{Google play store}나 애플의 앱 스토어^{App store}에 가오슝 자전거^{kaohsiung(city)bike}를 검색하면 어플이 여러 개 나온다. 대부분 영어가 지원되므로 사용하기 쉬운 어플을 골라 사용하자.

대여 방법
① 'Credit card'를 누르고 'Visa'나 'Master'로고가 있는 신용카드를 투입한다.
② 기계가 카드를 인식하면 신용카드 번호와 유효기간이 자동 입력된다. 카드에 있는 CVS번호만 입력하면 된다.
③ 'Rent', 'Return', 'Record'의 세가지 버튼이 나오면 'Rent'를 누른다.
④ 대여할 자전거의 번호를 누르고 'Enter'를 누르면 해당 번호 자전거의 불이 반짝거린다.
⑤ 45초 안에 해당 자전거가 꽂혀있는 기계의 빨간색 버튼을 누르면 된다. 신형의 경우 'Release' 버튼을 누르면 된다.

반납 방법
① 정차소를 찾고 빈 곳에 자전거를 밀어 넣는다.
② 자전거가 꽂히는 기계에 초록색 불이 들어오면 제대로 반납된 것이다. 기계로 이동한다.
③ 대여할 때와 똑같이 'Credit card'를 누르고 신용카드를 투입한다.
④ 신용카드 번호와 유효기간이 자동 입력되면 CVS번호를 입력한다. 'Return', 'Record'의 세가지 버튼이 나오면 'Return'을 누른다.
⑤ 대여 시간과 반납 시간, 이용 금액을 확인하면 된다. 결제는 자동이므로 카드만 빼면 된다.

택시

가오슝(高雄)에서 가장 편리한 교통수단이지만 가장 비싼 교통수단이다. 기본요금은 NT$85
로 1.5㎞까지 추가 요금 없이 가며, 주행 거리가 1.5㎞가 넘게 되면 250m마다 NT$5가 추가된
다. 23:00~06:00의 야간 및 새벽 시간에는 20% 할증이 붙는다.

택시를 이용할 때는 본인이 가려는 목적지의 한자명을 크게 보여주어야 한다. 유명한 호텔이
나 관광지에 간다 해도 본인의 중국어 발음에 의도하지 않은 성조가 들어간다면 전혀 다른
곳으로 갈 수도 있다.

가오슝(高雄)에는 불법 택시도 있는데 일반 승용차로 운행하며 미터기가 없는 택시, 일반
승용차에 미터기를 달고 운행하는 택시로 나눠져 있다. 불법택시는 주로 버스 배차가 긴
관광지 인근이나 MRT쮀잉역(左營站)에서 호객하는 편이다. 가오슝의 합법 택시는 노란색
임을 알아두자.

아이패스와 이지카드

아이패스와 이지카드의 개념

한국의 여행자들이 가오슝(高雄)에서 사용하는 대표적인 교통카드 회사는 아이패스와 이지카드가 있다. 우리나라의 교통카드 양대산맥이 티머니Tmoney와 캐시비cashbee인 것과 비슷하다. 아이패스는 영어로는 'i-pass', 한자로는 '一卡通'으로, 부를 때는 이카통이라고 부른다. 이지카드는 영어로는 'easy card', 한자로는 '悠遊卡', 부를 때는 요요카라고 부른다. 아이패스와 이지카드는 교통카드를 넘어 사용처가 굉장히 광범위하다. 관광객이 주로 사용할 수 있는 기능으로는 교통 카드 기능부터 시작해 관광 명소에서 티켓을 구매하거나, 편의점에서 물건을 구매할 때, 제휴된 프렌차이즈 음식점 및 카페와 마트 등에서 음식물이나 물품을 구매할 때 사용할 수 있다.

아이패스와 이지카드의 공통점

먼저 공통점을 살펴보자. 아이패스와 이지카드는 가오슝의 지하철뿐만 아니라 버스, 페리, 트램, 기차(완행만 가능)의 교통수단을 이용할 때 사용 가능하며, 둘 다 카드 구입비 NT$100을 내고 구매할 수 있다. 충전식 카드기 때문에 구매와 동시에 충전해서 사용해야 하며, 추후 충전액이 모자라면 지하철 자동 매표기와 편의점에서 금액을 충전하면 된다.

아이패스와 이지카드는 카드 잔액 환불이 가능하며 환불 시 알아둘 점 또한 3가지로 내용은 똑같다. 먼저 아이패스와 이지카드는 잔액 환불만 신청해도 추후 카드 사용이 불가능하다. 그러나 아이패스는 추후 카드를 사용하고 싶을 때 NT$20을 내면 재사용 가능하며, 이지카드는 한 번 잔액을 환불하면 아예 재사용하지 못한다.

가오슝국제공항 아이패스 부스

이지카드 부스

MRT 가오슝국제공항역 인포메이션 – 아이패스, 이지카드 둘 다 가능

두 번째는 3개월 미만 및 5회 미만 사용 시 카드에 남아있는 금액에서 수수료 NT$20을 차감하고 돌려준다. 한 개의 조건이 아닌 2개의 조건, 즉 3개월 이상 사용하고 5회 이상 사용해야 수수료를 차감하지 않는다.

세 번째는 두 카드 모두 처음에 카드를 구입할 때 냈던 NT$100은 환불되지 않는다. 우리나라의 티머니Tmoney와 캐시비cashbee처럼 카드를 구입할 때 사용한 돈은 구입비 일뿐, 환불은 안 된다.

두 카드 모두 가오슝국제공항(高雄國際航空站) 입국장에 있는 부스와 MRT가오슝국제공항역(高雄國際機場站)의 인포메이션information에서 구매해 바로 사용할 수 있으며, 환불 또한 가오슝국제공항의 구매처에서 받을 수 있다.

아이패스와 이지카드의 차이점

아이패스와 이지카드의 대표적인 차이점은 각각의 카드가 제휴하고 있는 회사가 다르다는 것이다. 프렌차이즈 음식점 및 카페, 박물관이나 동물원 및 놀이공원, 슈퍼마켓이나 백화점, 아울렛이나 쇼핑몰, 의류 판매점 등 제휴처의 범위가 넓고 개수가 많다. 오랜 시간 머무르지 않는 관광객이 각각의 제휴처를 다 알아보고 비교하여 선택하는 것은 다소 비효율적이다. 각각의 제휴처에서 무조건 아이패스나 이지카드를 사용해야만 하는 것이 아니라면 제휴처를 비교해 카드를 선택하는 것은 추천하지 않는다.

아이패스와 이지카드의 또 다른 차이점에는 두 가지가 있다. 첫 번째로 아이패스는 어린이용 카드가 없지만 이지카드는 어린이용 카드가 있다. 두 번째는 잔액을 확인할 수 있는 어플이 다르다. 아이패스는 스토어에서 아이패스ipass를 쳤을 때 나오는 'iPASS一卡通'를 다운받아야하며, 이지카드는 스토어에서 이지카드easy card를 검색하고 이지웰렛Easy Wallet NFC을 다운받아야한다. 아이폰과 안드로이드 모두 어플 다운 스토어에서 다운 가능하다.

아이패스, 이지카드 비교표

	아이패스	이지카드
구입비	NT$100	
구매처	가오슝국제공항, MRT 인포메이션(information), 편의점	
대중교통 사용처	지하철(15% 할인) 버스(지하철에서 버스로 2시간 내에 탑승 시 NT$3 환승 할인) 페리(50% 할인) 트램(NT$10에 이용 가능/원래 기본요금 NT$30) 기차(완행만 가능)	
환불	구입비 환불 제외 3개월 이내 및 5회 미만 사용 시 잔액에서 NT$20 제외한 금액 환불	
	카드 잔액만 환불해도 카드 사용 불가. NT$20을 내면 재사용 가능	카드 잔액만 환불해도 카드 재사용 불가
어린이용 유무	X	O
제휴회사	모든 편의점	
	https://www.i-pass.com.tw/ 참조	https://www.easycard.com.tw/ 참조
잔액 확인 어플	iPASS一卡通	Easy Wallet NFC

아이패스, 이지카드 구매 시 팁과 주의할 점

아이패스와 이지카드는 각각 다양한 애니메이션 캐릭터를 사용하여 예쁘고 귀여운 디자인이 많다. 그런데 가오슝국제공항(高雄國際航空站)의 입국장에 있는 부스나 MRT에서는 카드 디자인의 종류가 다양하지 않은 편이다. 시내에 있는 편의점에서는 다양한 캐릭터 디자인의 카드가 많기 때문에 마음에 드는 카드를 갖기 위해 편의점을 순례하는 여행자도 있다.

교통카드를 구매할 때 주의해야할 것은, 아이패스와 이지카드 외에도 아이캐시[icash]와 해피캐시[happycash]가 있다는 사실이다. 아이캐시는 앞의 두 카드에 비해 사용 가능처가 적고 환불이 불가능하며, 해피캐시 또한 사용 가능처도 적은데다 환불에 필요한 서류 및 정보를 우편으로 전송해야하기 때문에 관광객이 진행하기엔 절차가 다소 까다롭다.

편의점에서 아이패스나 이지카드를 달라고 하면 각 카드를 구분해서 주는 것이 아니라 한꺼번에 주기 때문에 아이캐시나 해피캐시를 잘못 구매하게 되는 경우가 종종 있다. 맘에 드는 카드를 골랐다면 아이패스인지, 이지카드인지, 아이캐시인지, 해피캐시인지 꼭 확인하고 구매해야한다.

관광버스

시티 투어 버스

가오슝도 세계의 다른 나라들처럼 시티투어버스 City tour bus가 있다. 시티투어버스는 1일 이용권만 구매하면 타고 싶을 때 언제든 타고 이동할 수 있는 관광버스다. 가오슝의 시티투어버스는 빨간색 2층 버스로, 2층 구역은 에어컨 구역과 오픈형 구역으로 나누어져 있으며, 노선은 가오슝의 남서쪽을 순환하는 시즈완선(西子灣線)과 가오슝의 중부 및 남부를 순환하는 신만선(新灣線)이 있다.

시티 투어 버스 티켓 구매는 출발지인 아이허 궈빈 선착장(愛之船國賓站)에서 현장 구매할 수 있으며, 아이패스 및 이지카드로도 구매할 수 있다. 시즈완선(西子灣線)과 신만선(新灣線) 모두 아이허 궈빈 선착장에서 출발을 시작한다. 시즈완선은 보얼예술특구(駁二藝術特區)와 시즈완(西子灣), 구산 페리 선착장(鼓山輪渡站)을 거쳐 다시 아이허 궈빈 선착장으로 돌아온다. 순환에 소요되는 시간은 약 40분, 비장애인 성인 요금은 NT$300다. 신만선은 LRT 가오슝전시관(高雄展覽館)과 MRT 중앙공원역(中央公園站), 리우허 야시장(六合夜市)을 거쳐 아이허 궈빈 선착장으로 되돌아오며 순환 소요 시간은 약 30분, 성인 요금은 NT$150이다.

6세~12세 아동, 65세 이상 성인, 장애인 및 장애인의 보호자는 50%할인 요금으로 탑승 가능하며 증명서가 필요하다. 만 6세 이하 아동 동반 고객의 경우 어른 1명당 아이 1명에 한해 무료 탑승할 수 있으며, 모든 시티투어 버스는 저상으로 휠체어 탑승이 가능하다.
버스에는 무료 wifi가 제공되며, 한국어 안내 오디오가이드의 대여비는 NT$100이다. 시즈완선(西子灣線)은 사랑의 배(愛之船 : 아이허 유람선)을 티켓을 함께 사면 NT$20 할인된 가격인 NT$430에 구매할 수 있다. 시티 투어 버스 탑승권이 있으면 가오슝 시내 제휴 상점 이용 시 할인을 받을 수 있으며, 제휴 상점은 홈페이지에서 확인 가능하다.

가오슝 시티투어버스 정류장 및 소요시간

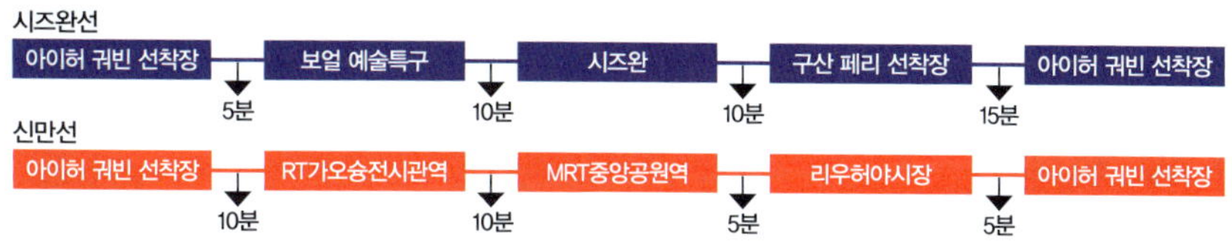

투어 버스 정류장

노선/정거장	출발	첫 번째	두 번째	세 번째	마지막
시즈완선	아이허 궈빈 선착장	보얼 예술 특구	시즈완	구산 페리 선착장	아이허 궈빈 선착장
신만선		LRT 가오슝전시관역	MRT 중앙공원역	리우허 야시장	

아이허 궈빈 선착장 투어 버스 출발 시간표

평일				주말 및 공휴일			
하절기(4/1~9/30)		동절기(10/1~3/31)		하절기(4/1~9/30)		동절기(10/1~3/31)	
시즈완선	신만선	시즈완선	신만선	시즈완선	신만선	시즈완선	신만선
11:00	13:30	11:00	12:30	11:00	13:30	11:00	12:30
14:30	15:30	13:30	14:30	13:30	14:30	12:30	13:30
16:20	17:20	15:30	16:30	14:30	15:30	13:30	14:30
18:00	19:00	17:10	18:00	15:30	16:30	14:30	15:30
				16:20	17:20	15:30	16:30
				17:30	18:10	16:30	17:30
				18:00	19:00	17:10	18:00

▶ 홈페이지 : http://kaohsiungsightseeing.com.tw/kr.html

가오슝 문화버스

가오슝(高雄) 주요 시내 및 인근에 있는 역사 관련 관광지와 독특한 볼거리를 묶어서 볼 수 있는 버스다. 가오슝 문화버스는 하마싱(哈瑪星), 지우청(舊城), 펑산(鳳山)으로 총 3개 노선이 있는데, 한국인 여행객들에게 잘 알려져 있고 가오슝의 주요 관광지로 가는 노선은 하마싱과 지우청이기 때문에 이 두 노선을 안내한다.

가오슝 문화버스는 1일권 NT$50을 구매하면 쉽고 편하게 이용할 수 있다. 1일권만 있으면 탑승 횟수 제한 없이 무제한으로 이용 가능하며, 가오슝 문화버스의 노선 하마싱(哈瑪星), 지우청(舊城), 펑산(鳳山)의 3개 버스를 모두 이용할 수 있다. 운행 시간표는 각 노선의 정류장에서 확인할 수 있다.

노선별 안내

하마싱 문화 버스

하마싱(哈瑪星) 노선은 옌청푸(鹽埕埔)와 시즈완(西子灣) 지역에서 가볼만한 고적과 관광지를 고르게 둘러보는 코스다. 하마싱 노선은 MRT 시즈완역(西子灣站) 2번 출구에서 나오면 바로 옆에 있는 정류장에서 출발해 가오슝 서쪽의 주요 관광지를 둘러보며 가오슝 역사박물관까지 운행한 후, 다시 시즈완역 2번 출구로 돌아온다.

▶**운행_** 평일(화~금) 10:00~17:00 / 휴일(토, 일) 10:00~18:00
▶**배차 간격_** 평일 1시간 / 휴일 30분
▶**휴일_** 월요일

▶**노선_**

다거우 철도 이야기관(MRT 시즈완역 2번출구)(舊打狗驛(打狗鐵道故事館)) → 무덕전(武德殿) → 슝전북문(다거우영국영사관 집무실)(雄鎮北門(打狗英國領事館)) → 시즈완(다거우영국영사관 관저)(西子灣(英國領事館官邸)) → 슝전북문(다거우영국영사관 집무실)(雄鎮北門(打狗英國領事館)) → 다이티엔궁(高雄代天宮) → 구산어시장(鼓山魚市場) → 샹자오펑(바나나부두)(香蕉棚(棧二庫棧二之一庫)) → 보얼예술특구(駁二藝術特區) → 가오슝 역사박물관(歷史博物館(電影館)) → 샹자오펑(바나나부두)(香蕉棚(棧二庫棧二之一庫)) → 다거우철도이야기관(MRT 시즈완역 2번출구)(舊打狗驛(打狗鐵道故事館))

지우청(옛성) 문화 버스

지우청(舊城)노선은 가오슝 북쪽에 있는 역사 문화적인 관광지를 둘러본다. 지우청 노선은 MRT 쭤잉역(左營站) 2번 출구로 나가 오른쪽에 보이는 도로에 전용 정류장이 있다. 지우청 노선은 MRT 쭤잉역에서 출발해 인근에 있는 공원과 옛 성을 둘러보고 가오슝 공자묘(孔子廟)까지 운행한 후, 다시 MRT 쭤잉역으로 돌아온다.

▶**운행_** 휴일(토, 일) 10:00~17:00
▶**배차 간격_** 1시간
▶**휴일_** 평일(월~금)
▶**노선**

MRT 쭤잉역(左營站) 2번 출구 → 조우즈 습지공원(洲仔溼地) → 젠춘문화관(眷村文化館) → 옛성동문(舊城東門) → 옛성남문(舊城南門) → 옛성북문(舊城北門) → 숭성사(崇聖祠) → 공자묘(孔廟) → MRT 쭤잉역(左營站) 2번 출구

핵심 도보 여행

가오슝(高雄)은 동서남북 할 것 없이 모든 곳에 관광지가 널려있지만, 몇 개의 지역은 도보로도 충분히 둘러볼 수 있을 정도로 관광지가 몰려있는 편이다. 특히 관광지가 몰려있는 곳들은 다양한 음식점과 카페 또한 쉽게 찾아볼 수 있다. 걸어서 여행을 하다가 허기가 지거나 잠시 쉬고 싶을 때면 주변에 있는 음식점이나 카페에 들어가 휴식하며 기운을 채워보자.

가오슝의 핵심적인 관광지를 도보로 둘러볼 수 있는 최고의 지역은 옌청푸(鹽埕埔)다. 옌청푸 지역에는 가오슝의 대표 관광지인 보얼 예술 특구(駁二藝術特區)가 있다. 보얼 예술 특구에는 다양한 포토존이 있어 가볍게 거닐며 사진을 찍기 좋다. 만약 날씨가 더워 힘들다면 보얼 예술 특구에 있는 다양한 볼거리를 판매하는 상점 내부로 들어가 보자. 내부는 에어컨을 시원하게 가동하는 곳이 많기 때문에 한 번씩 더위를 식혀가며 여행하면 더위 먹을 일도 적을 것이다.

보얼 예술 특구 부근을 관광하며 허기가 졌다면 MRT 옌청푸역(鹽埕埔站) 방면으로 올라가 보자. MRT 옌청푸역 인근에는 다양한 음식점과 카페가 많기 때문에 허기진 배를 채우기도 좋고, 더운 날씨의 도보 관광으로 지친 체력을 회복하기도 좋다. 또 옌청푸역 인근에는 가오슝의 역사를 간직한 가오슝 시립 역사박물관(高雄市立歷史博物館) 과 228화평공원(高雄市二二八和平公園)이 있으므로 잠시 들려보는 것도 좋을 것이다.

옌청푸 도보 여행으로 지쳐 잠시 쉬고 싶으면서도, 그냥 앉아서 지나가는 시간이 아까워 관광을 하고 싶을 수도 있다. 그때는 옌청푸 인근에 있는 아이허(愛河)에서 배를 탑승해보자. 아이허에서는 곤돌라와 태양열 에너지로 운행하는 유람선을 탈 수 있으며, 낮과 밤 상관 없이 언제든 이용할 수 있다. 편안한 배에 앉아 20~30분 동안 아이허의 평화로운 경치와 함께 느긋한 휴식을 취한다면 도보 여행의 피곤함도 날아갈 것이다.

옌청푸 지역과 함께 도보로 여행하기 좋은 지역은 바로 옆에 있는 시즈완(西子灣) 지역이다. 시즈완 지역 또한 옌청푸 지역과 버금갈 정도로 다양한 음식점과 카페가 있다. 특히 시즈완에서 반드시 들려야하는 곳은 시즈완 빙수거리다. 시즈완 빙수거리는 치진섬으로 가는 페리를 타는 구산 페리 선착장(鼓山輪渡站) 주변에 있다.

시즈완(西子灣) 빙수거리에서 한국인 여행자들에게 가장 유명한 곳은 해지빙(海之冰)이다. 그러나 근방에 있는 다른 빙수 가게들 또한 하이즈빙과 견주어도 손색없을 만큼의 맛을 자랑한다. 유명한 빙수 가게가 아닌 마음이 끌리는 빙수 가게로 들어가 자신만의 가오슝 빙수 맛집을 발굴해보는 것도 좋을 것이다.

옌청푸(鹽埕埔) 지역과 시즈완(西子灣) 지역을 둘러보며 관광도 하고 식사도 해결했다면 진짜 도보 여행을 시작할 차례다. 바로 시즈완 지역에서 가장 유명한 관광지인 다고우 영국 영사관(打狗英國領事館)으로 가는 것이다. 특히 다고우 영국 영사관으로 가는 길은 해안 도로로 드넓은 바다를 감상하며 산책하듯 갈 수 있다는 장점이 있다.

다고우 영국 영사관(打狗英國領事館)의 건물은 두 개로 평지에 있는 집무실과 언덕 위에 위치한 관저(打狗英國領事館文化園區山上官邸)로 나누어져있는데, 입구 또한 각각 있다. 해안도로를 감상하며 가고 싶다면 관저 방면으로 가면 되는데, 관저 방면 입구는 직선으로 올라가기 때문에 경사가 가파른 계단이 많아 꽤 힘들다. 집무실 입구는 관저 방면 입구에 비해 조금 더 완만하지만 힘든건 마찬가지다. 집무실 입구로 올라가 관저를 보고 관저 입구로 내려오면 해안도로를 감상하며 역으로 돌아갈 수 있다.

힘들게 계단을 올라간 후에는 달달한 디저트나 음료를 먹으며 휴식을 취해보자. 영사관 집무실(打狗英國領事館)에는 노천 카페, 관저(打狗英國領事館文化園區山上官邸)에는 노천 카페와 실내 카페가 있는데, 실내에서는 영국 전통 에프터눈 티 세트를 먹어볼 수 있다. 입장권을 살 때는 NT$30 할인 쿠폰을 주는데 영사관에 있는 모든 카페에서 사용 가능하다.

영사관 관저(打狗英國領事館文化園區山上官邸)에서는 관저 입구와 관저 뒤쪽에 있는 곳에서 바다 경치를 감상할 수 있다. 또 관저 입구의 계단으로 내려오면 시즈완 풍경구(西子灣風景區)가 있다. 시즈완 풍경구는 공원으로 조성돼있어 넓은 잔디와 휴식용 의자가 곳곳에 있으며, 탁 트인 바다를 감상할 수 있다. 또 시즈완 풍경구는 석양 명소로 유명하기 때문에 일몰 시간에는 아름다운 노을을 볼 수 있으며, 많은 관광객들과 현지인들이 한데 뒤섞이면서도 조용하게 석양을 감상하는 모습을 발견할 수 있다.

옌청푸 다음으로 걸어서 가오슝의 핵심 관광지를 둘러볼 수 있는 곳은 MRT 중앙공원역(中央公園站)과 MRT 산둬상권역(捷運三多商圈站) 일대다. 공원을 산책하는 현지인들의 담소를 배경음악삼아 중앙공원의 여유를 즐긴 후에는 역 MRT 중앙공원역으로 돌아가 신줴쟝 쇼핑구(新堀江商圈)로 향해보자. 가오슝(高雄)의 명동이라고 불리는 신줴쟝 쇼핑구에서는 대만 젊은이들의 현대적인 생활상을 만나볼 수 있다.

신줴쟝 쇼핑구(新堀江商圈)는 거리를 따라 의류 판매점과 패션 잡화 판매점이 늘어서 있으며, 다양한 길거리 음식과 맛집 및 카페 또한 구석구석 위치해있기 때문에 중간 중간에 허기진 배나 휴식을 취하기 좋다. 이곳에는 현지인들에게만 알려진 맛집이나 카페가 많다. 잘 알려진 곳이 아닌 그저 마음이 끌리는 곳에 들어갔다가 가오슝에 다시 돌아오고 싶을 이유가 생길 만큼의 맛집이나 카페를 찾을 수도 있을 것이다.

신줴쟝 쇼핑구의 구경을 마치면 길을 따라 쭉 내려가 보자. 특별한 관광지는 없지만 곳곳에 있는 시장이나 골목 음식점들은 대만 현지인들의 생활을 관찰할 수 있는 최적의 장소다. 시장과 시장 인근에서 파는 길거리 음식 또한 쉽게 허기지는 도보 여행의 단점을 채우고 현지 음식을 경험해보는 기회가 될 것이다.

MRT 산둬상권역(捷運三多商圈站) 방면으로 내려가면 올려다보느라 목이 아플 정도로 높은 건물이 많다. 산둬상권 주변에는 다양한 쇼핑센터와 호텔, 그리고 가오슝의 현대적인 건물들을 감상할 수 있다. 먼저 산둬상권으로 내려오다 더위에 지쳤다면 사거리 인근에 있는 여러 개의 쇼핑센터에 들어가 몸을 식혀보자. 쇼핑센터들은 에어컨을 강하게 틀어 내부가 매우 시원한 편이다. 쇼핑센터는 신줴장 쇼핑구보다 조금 더 가격이 있는 의류와 패션 잡화를 판매하여 가볍게 둘러보기 좋고, 곳곳에 위치한 음식점이나 카페에 들어가 내부의 시원한 공기를 느끼며 끼니를 떼우거나 휴식을 취하기도 좋다.

산둬상권(三多商圈)에서 휴식을 취했다면 다시 도보 여행을 시작해보자. 가장 먼저 가봐야 할 곳은 역시 가오슝의 랜드마크인 가오슝85대루(高雄85大樓)다. 가오슝85대루의 74층에는 가오슝 시내와 항구를 조망할 수 있는 전망대가 있는데 초고속 엘리베이터로 금방 도착할 수 있다. 전망대에는 카페와 기념품 가게가 있으므로 전망 구경을 마치고 소소하게 둘러보거나 휴식을 취할 수도 있다.

가오슝85대루의 특이한 모양을 가까이서 구경하고 싶다면 LRT 가오슝전람관역(高雄展覽館)으로 가보자. 가오슝85대루는 이쪽 방면에서 봤을 때 전면을 가장 잘 감상할 수 있다. LRT 가오슝전람관역에서 가오슝85대루 관람을 마치면 바로 옆에 있는 가오슝전람관의 외관을 감상해보자. 파도치는 모양처럼 생긴 가오슝전람관에는 외부에 멋진 고래 조형물이 있으며, 내부는 서울에 있는 코엑스와 크게 다르지 않다.

가오슝전람관(高雄展覽館) 인근에 있는 가오슝시립도서관(高雄市立圖書館總館)을 빼놓으면 아쉽다. 가오슝시립도서관은 낮에 봐도 좋지만, 날이 어두워진 후 층층이 켜진 불빛은 도서관 건물이 아니라고 생각할 수도 있을 만큼 보기 좋은 야경을 자랑한다. 특히 외부만큼 세련된 내부 건물과 시원함은 당연하며, 꼭대기 층에 있는 정원 또한 놓칠 수 없는 전망 포인트다. 물론 현지인들이 책을 읽고 공부하는 장소기 때문에 정숙하는 것이 가장 중요하다.

무조건 가야하는 관광지는 아니지만 가오슝전람관(高雄展覽館)과 시립도서관(高雄市立圖書館總館)에서 조금 떨어진 곳에 볼거리와 다양한 쇼핑몰들이 몰려있다. 큐빅KUBIC과 이케아IKEA, 까르푸Karrefour, MLD, 그리고 도보 여행은 아니지만 LRT와 MRT를 타고 가면 드림몰Dream Mall과 타로코 파크Taroko Park도 금방 갈 수 있다.

서로 가까운 거리에 있는 이곳들은 가볍게 쓱 둘러보거나, 여러 가지 물건을 구경하고 쇼핑하거나, 놀이기구를 즐길 수 있다. 음식점과 카페도 많이 입점해있는 곳이므로 끼니를 해결하고 디저트와 휴식을 취하기도 좋다. 특히 날이 너무 덥거나 비가 많이 와 실외 관광이 어려울 때 추천하는 지역이다.

171

가오슝 일정 따라가기

여행 예능 프로그램으로 인기리에 방영중인 tvN 〈더 짠내투어〉에 가오슝(高雄)이 떴다! 더 짠내투어에서는 3박 4일 일정으로 가오슝을 다녀왔는데 그중 2박은 가오슝에서 보냈다. 1일차는 모델 한혜진, 2일차는 개그맨 이용진이 기획하고 투어를 진행했다. 더 짠내투어에서는 가오슝의 어떤 곳을 다녀왔는지 살펴보고 일정을 따라가며 인증샷을 남겨보자.

혜진 투어 | 가오슝 힙트로 투어

혜진 투어의 가오슝(高雄) 투어 컨셉은 힙트로였다. 힙트로는 힙Hip과 레트로Retro의 합성어이며, 현대적 감각으로 재탄생한 복고 스타일을 이른다. 혜진 투어는 힙트로라는 컨셉답게 현대 감성과 옛날 감성이 조화를 이룬 가오슝의 복고 식당과 관광지를 다녀왔다.

1 미려도역 빛의 돔 라이팅 쇼(美麗島站)

MRT 미려도역(美麗島站)에서는 빛의 돔 라이팅 쇼The Dome of Light가 운영되는데 매일 정해진 시간에 짧게 운영된다. 짠내투어 멤버들은 미려도역에서 운영되는 빛의 돔 라이트닝쇼를 보기 위해 미려도 역에 도착하자마자 헐레벌떡 뛰어올라갔다. 하지만 라이트닝 쇼는 생각보다 화려하지 않은 편이라 멤버들의 원성을 샀다.

🏠 MRT 미려도역(美麗島站) 개찰구
🕐 월~목 3회 11:00, 15:00, 20:00 / 금요일 4회 11:00, 15:00, 19:00, 20:00
　　토, 일, 공휴일 5회 11:00, 15:00, 17:00, 19:00, 20:00

② 노리배골소탕(老李排骨酥湯/Lao Li crisp pork ribs soup)

MRT 미려도역(美麗島站) 인근에 있는 오래된 갈비탕 맛집으로, 시장 안쪽에 위치해있다. 짠내투어 멤버들은 음식점으로 이동하는 동안 찌는 듯 한 더위에 지친 상태였으나 에어컨 하나 없는 음식점을 방문했다며 불만을 표했다. 하지만 막상 먹어보니 갈비탕이 너무 맛있어 방송 리액션이 아닌 현실 리액션을 보였다. 짠내투어 멤버들은 갈비국수와 볶은 청경채에 갈비를 올린 음식을 먹었는데 제일 호평한 메뉴는 갈비탕과 갈비밥이다.

🌐 facebook.com/oldlee1971
🏠 高雄市新興區大同一路149號, MRT 미려도역(美麗島站) 3번 출구에서 도보로 약 4분
🕐 월~토 10:00~20:30 / 일요일 휴무
💴 갈비탕(排骨湯) NT$50 / 갈비밥(油飯) 소(小) NT$30, 대(大) NT$50
📞 0932-742-401

③ 흑노대(黑老大)

MRT 중앙공원(中央公園站) 인근에 있는 버블티 맛집이다. 공원 반대편 신쮀쟝 쇼핑구(新堀江商圈) 인근에 위치해있다. 제일 인기 있는 메뉴는 흑당버블티로 당도 조절이 가능하며 용기는 컵과 파우치 형태로 나누어져있다. 멤버들은 컵으로 주문했으며, 취향에 따라 광희 100%, 혜진, 명수, 용진은 80%, 규현 50%로 당도를 조절해 주문했는데 모두 만족했다.

🌐 facebook.com/twblackboss
🏠 高雄市新興區文橫一路17號, MRT 중앙공원역中央公園站 2번 출구에서 도보로 약 4분
🕐 금~일 11:45~21:30 / 월~목 휴무
💴 흑당버블티(黑糖波霸鮮乳) 컵 NT$45 / 흑당버블티 파우치 NT$50
📞 0908-165-382

④ 보얼 예술 특구(駁二藝術特區)

가오슝(高雄) 여행에서 절대 빠질 수 없는 보얼 예술 특구(駁二藝術特區)! 짠내투어 멤버들은 보얼 예술 특구 곳곳에 있는 다양한 포토존을 돌아다니며 즐거운 추억을 쌓았다. 또 단돈 NT$10의 입장료로 보얼 예술 특구의 항구 전망을 즐길 수 있는 보얼탑(駁二塔) 전망대와, 대만 여행 필수 구매 리스트인 펑리수 제조 회사인 '써니힐(微熱山丘)'의 펑리수를 무료로 시식할 수 있는 써니힐 매장을 방문해 맛있는 펑리수와 우롱차를 즐겼다.

보얼예술특구(駁二藝術特區)

- pier-2.khcc.gov.tw
- 高雄市鹽埕區大勇路1號, LRT Dayi Pier-2 Station駁二大義站, Penglai Pier-2駁二蓬萊站역 일대
- 10:00~17:30 / 금~일 10:00~19:00 (영업시간은 가게마다 조금씩 상이함)

써니힐(微熱山丘 高雄駁二特區門市)

- sunnyhills.com.tw
- 高雄市鹽埕區大義街2-6號 LRT Dayi Pier-2 Station(駁二大義站)에서 도보로 약 5분
- 11:00~19:00   07-551-0558

보얼탑(駁二塔)

- No. 63-1新化街鹽埕區高雄市 LRT Dayi Pier-2 Station(駁二大義站)에서 도보로 약 3분
- 입장료 NT$10
- 월~목 10:00~17:30 / 금~일 10:00~19:00

⑤ 역참식당(驛站食堂)

MRT 가오슝역(高雄車站) 인근에 있는 복고풍 느낌 물씬 나는 식당으로 대만 전통 요리를 먹어볼 수 있는 곳이다. 짠내투어 멤버들은 커쟈 전통요리, 고사리 마요네즈 샐러드, 돼지기름 밥, 무말랭이 달걀 부침, 궁바오 새우, 마늘대 삼겹살 볶음, 쌀국수를 먹었다. 짠내투어 멤버들이 가장 호평한 음식은 곱창 식감의 커쟈 전통 요리와 버터와 간장을 넣어 비벼먹는 버터 간장밥과 비슷한 맛의 돼지기름밥이다.

🌐 www.asian-restaurant-352.business.site
🏠 高雄市三民區天津街2號, MRT 가오슝역 高雄車站 2번 출구에서 도보로 약 4분
🕐 화~토 11:30~14:00, 17:30~20:00 / 일, 월 휴무
💴 커쟈 전통 요리(客家小炒) NT$210 / 돼지기름밥(豬油拌飯) NT$15
📞 07-321-9986

⑥ 아이허 곤돌라(貢多拉船)

짠내투어 멤버들은 가오슝(高雄)의 낭만적인 아이허(愛河)를 곤돌라(이탈리아 말로 '흔들리다'라는 뜻을 가진 배)로 즐겼다. 가오슝의 곤돌라 또한 베네치아의 곤돌라처럼 곤돌라를 운행하는 직원이 노래를 불러준다.

🌐 facebook.com/love.gondola/
🏠 No. 168河東路前金區高雄市, LRT Love Pier station(真愛碼頭)에서 도보로 약 10분
🕐 16:30~23:30
💴 성인 NT$200 / 90cm 이하 어린이 NT$100
📞 0908-103-866

덥고 고됐던 가오슝(高雄) 첫날 일정은 리우허 야시장(六合夜市)에서 마무리됐다. 짠내투어 멤버들은 열대과일인 망고와 리치, 수제만두, 새콤한 맛의 중국식 수프인 쏸라탕, 매콤한 맛의 당면 국수인 쏸라펀을 구매하여 대만 맥주와 시원하게 즐겼다.

🏠 高雄市新興區六合二路, MRT 미려도역(美麗島站) 11번 출구에서 도보로 약 2분

🕐 매일 18:00~23:00

💲 망고(芒果) NT$100 / 리치(荔枝) NT$200 / 수제만두(手製饅頭) 10개/NT$50 / 쏸라탕(酸辣汤) NT$30
　 쏸라펀(酸辣粉) NT$70 (가격은 가게마다 상이하나 대체로 비슷함)

📞 08-285-6786

용진 투어 | 가오슝! 이리오슝! 냉큼오슝!

용진 투어의 가오슝 투어명은 가오슝! 이리오슝! 냉큼오슝!으로 가오슝의 랜드마크와 맛집을 골라가는 코스였다. 용진 투어는 가오슝의 유명 관광지를 골라간 만큼 가오슝 시내 곳곳을 구석구석 누볐다.

1 흥룽거(興隆居)

대만식 아침식사 전문점으로 현지인과 관광객에게 인기 많은 곳. 언제나 사람들로 넘쳐나기 때문에 바쁜 일정의 짠내투어 멤버들도 오랜 시간 줄을 서서 기다려야했지만, 다양하고 맛있는 대만식 아침메뉴에 기다림도 모두 잊었다. 짠내투어 멤버들이 고른 메뉴는 고기만두인 탕바오, 대만식 샌드위치 샤오빙, 길쭉하게 튀긴 빵인 요우티아오, 대만식 두유인 또우장을 시켰는데 모두 만족했다.

② 용호탑(龍虎塔)

보얼예술특구(駁二藝術特區)와 함
께 가오슝의 가장 유명한 관광지인
용호탑(龍虎塔), 용탑(龍塔)과 호탑
(虎塔) 두 개의 탑은 입구가 각각 용
과 호랑이의 입 모양으로 돼있으며,
용의 입으로 들어가 호랑이의 입으
로 나와야 행운이 온다고 한다. 외부
는 24시간 관람 가능하지만 내부는
운영 시간이 정해져있다.

🏠 高雄市左營區蓮潭路9號
　　MRT 생태원구역(生態園區站)에서 紅35A, 紅35B 버스로 약 10분
🕐 08:00~18:00
📞 07-581-9286

③ 삼우우육면(三牛牛肉麵)

대만의 대표 현지음식인 우육면을
전문으로 하는 음식점이다. 용호탑^龍
^{虎塔}에서 가까워 걸어갈 수도 있으며,
현지인과 관광객에게 인기가 많기
때문에 식사 시간대에는 언제나 대
기가 있다.
짠내투어 멤버들은 맑은 국물인 청
탕우육면, 빨간 국물인 홍탕우육면,
된장과 짜장이 오묘하게 섞인 대만
식 짜장면, 고추기름으로 만든 양념
장을 얇고 촉촉한 물만두에 홍유만
두를 먹었으며 모두 만족했다.

🌐 facebook.com/3beef/
🏠 高雄市左營區勝利路85號, 용호탑에서 도보로 약 5분
🕐 매일 11:00~20:30
💲 청탕우육면(清燉牛肉麵) NT$165 / 홍탕우육면(紅燒牛肉麵) NT$120 / 대만식 짜장면(炸醬麵) NT$70
　　홍유만두(紅油抄手) NT$50
📞 07-588-7264

④ 하마싱 대만 철도관 미니기차(哈瑪星台灣鐵道館)

용진투어의 기획은 타로코 파크Taroko park에 있는 F1 미니 스즈카 서킷Mini Suzuka Circuit에 방문하는 일정이었으나, 제작진이 준비한 나뭇조각 던지기 미션에 실패해 보얼예술특구(駁二藝術特區) B구역의 창고 일대를 둘러볼 수 있는 하마싱 대만 철도관(哈瑪星台灣鐵道館)의 미니기차를 탑승했다.

🌐 hamasen.khm.gov.tw

🏠 高雄市鼓山區蓬萊路99號 駁二藝術特區蓬萊B7、B8倉庫
　　LRT Penglai Pier-2(駁二蓬萊站)에서 도보로 약 2분

🕐 월, 수, 목 10:00〜18:00 / 금, 토, 일 10:00〜19:00 / 화요일 휴무

¥ NT$149

📞 07-521-8900

5 치진섬(旗津)

가오슝(高雄)에서 방문하지 않으면 섭섭한 치진(旗津)섬에 짠내투어 멤버들도 갔다! 짠내투어 멤버들은 구산 페리 터미널(鼓山輪渡站)에서 페리를 타고 치진섬으로 이동했으며, 넓은 치진섬을 돌아다니기 위해 전동자전거를 대여하여 이동했다.
치진섬에서는 치허우 포대(旗後砲台)와 무지개 교회(彩虹教堂)를 방문해 인증샷을 찍은 후 바다가 보이는 해산물 요리 전문점인 만이소흘부(萬二小吃部)를 방문해 다양한 해산물 요리를 먹고 일정을 마무리했다.

구산 페리 터미널
(鼓山輪渡站/Gushan Ferry Pier Station)

- 🏠 高雄市鼓山區濱海二路1號
  MRT 시즈완역(西子灣站)에서 도보로 약 8분
- 🕐 매일 05:00~26:00
- 🎫 티켓 NT$40 / 아이패스, 이지카드로 승선 시 NT$20
- 📞 (배차는 시간대에 따라 5분에서 15분 간격)

무지개교회(彩虹教堂)

- 🏠 高雄市旗津區旗津三路990號
  치진 페리 터미널(旗津輪渡站)에서 약 2km
- 📞 07-58-8920

치허우 포대(旗後砲台)

- 🏠 高雄市旗津區旗後山
  치진 페리 터미널(旗津輪渡站)에서 약 1km
- 📞 07-222-5316

만이소흘부(萬二小吃部)

- 🏠 高雄市旗津區北汕巷50-60號
  무지개교회(彩虹教堂)에서 약 2km
- 🕐 매일 11:00~21:00
- 🎫 식권 1장 NT$100
- 📞 07-571-4191

짠내투어 멤버들이 실패한 나뭇조각 미션 | 쟈오베이

한자어로는 **筊杯**, 대만에서는 쟈오베이라고 부르며 신에게 기도한 후 소원의 응답을 알기 위해 사용하는 도구다. 빨간색 반달 모양의 나뭇조각 2개의 한쪽은 볼록하고 한쪽은 평평하다. 대만에 있는 모든 사원에 있기 때문에 어디를 가든 찾을 수 있다. 지역마다 방법은 조금씩 다르지만 기본적으로 먼저 신에게 궁금한 것을 물은 뒤 나뭇조각 2개를 한 번에 던진다.

둘 다 다른 방향이 나왔을 때는 'YES', 볼록한 면이든 평평한 면이든 같은 방향이 나오면 'NO'다. 'YES'가 나오면 나무 막대기를 뽑고, 한약방 서랍 같은 곳에서 막대기에 적힌 번호를 찾아 점괘 종이를 꺼내 해석한다. 작은 곳은 중국어 안내밖에 없을 확률이 높으며, 관광지 주변에 있는 사원이나 유명한 사원에는 영어 안내도 있다.

YES   NO

가오슝역 & 미려도역
高雄車站 & 美麗島站

MRT 가오슝역(高雄車站)과 미려도역(美麗島站)은 가오슝의 중심지에 위치해있어 시내든 시외든 이동하기 쉬우며, 가격에 대비해 만족스러운 호텔이나 호스텔, 그리고 오래되고 유명한 현지 음식점이 많다. 또 가오슝역과 미려도 역 사이에는 가오슝의 야시장의 양대 산맥 중 하나인 리우허 야시장이 있기 때문에 가오슝의 여행자들이 꼭 들르게 될 곳이다.

가오슝역 & 미려도역 여행 잘 하는 법

MRT 가오슝역과 미려도역은 가오슝의 중심지라는 중요성과 다르게 리우허 시장 외에는 특별한 관광지가 많이 없다. 그나마 가볼만한 곳도 가오슝역의 다음역인 호우이역에서 더 가까운 편이며, 가볼만한 유명 음식점 또한 MRT 미려도역과 가오슝역 사이, 또는 MRT 미려도역과 시의회역 사이에 애매하게 있는 편이다.

가오슝의 다른 지역들은 관광지와 음식점을 함께 묶어 여행하기 좋지만, MRT 가오슝역과 미려도역 인근에서 가볼만한 곳들은 해당 역에서 숙박하지 않는 이상 그곳을 위해 특별하게 시간을 내 찾아가야한다는 단점이 있다.

MRT 가오슝역과 미려도역 인근에 있는 곳을 방문할 예정이라면 MRT 가오슝역과 미려도역의 저렴하고 만족스러운 숙소에서 숙박하자. 가오슝의 다른 지역을 관광하기 위해 오갈 때 MRT 시의회역(市議會站)과 호우이역(後驛站)을 잠깐 들러서 묶어 여행하는 것이 체력과 시간을 아끼는 방법이다.

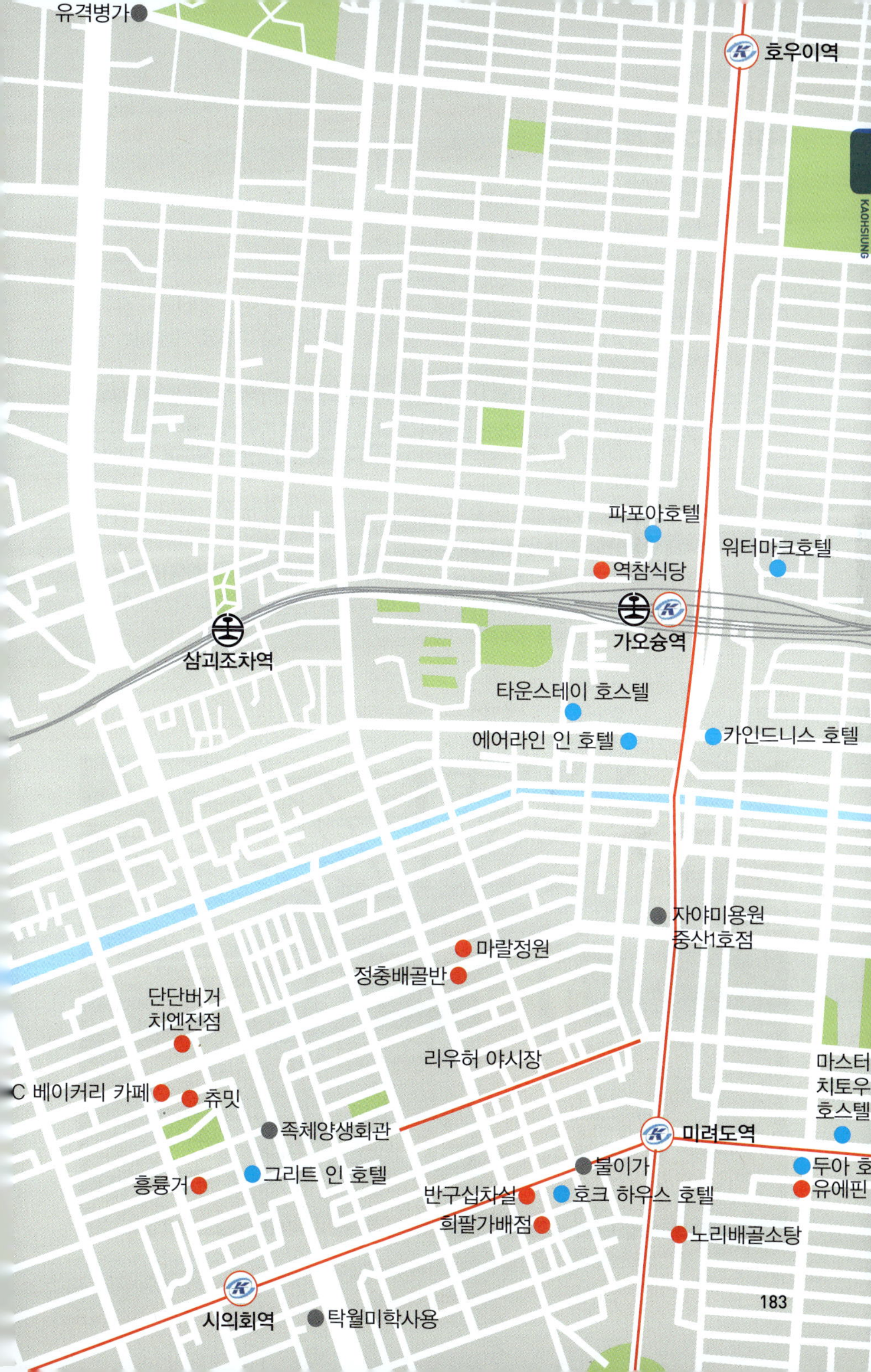

유격병가
호우이역
KAOHSIUNG
파포아호텔
워터마크호텔
역참식당
삼괴조차역
가오슝역
타운스테이 호스텔
에어라인 인 호텔
카인드니스 호텔
자야미용원
중산1호점
마랄정원
정충배골반
단단버거
치엔진점
리우허 야시장
마스터
치토우
호스텔
C 베이커리 카페
츄밋
족체양생회관
미려도역
두아 호
불이가
흥룡거
그리트 인 호텔
유에핀
반구십차실
호크 하우스 호텔
희팔가배점
노리배골소탕
183
시의회역
탁월미학사용

미려도역 빛의 돔

美麗島站 | 메이리다오잔

미려도역(美麗島站)은 과거 미려도역에서 일어났던 민주화 운동인 메이리다오(美麗島) 사건의 이름을 따서 붙여진 곳이다. 미려도역은 과거의 아픔과 달리 '빛의 돔'이라는 형형색색의 유리 예술 작품으로 빛나고 있지만, 빛의 돔 또한 메이리다오 사건을 기념하는 작품이다.

빛의 돔은 이탈리아의 예술가인 나르시스 쿠아글리아타Narcissus Quagliata가 4년 반에 걸쳐 완성했다. 수천여개의 스테인드 글라스로 만들어진 빛의 돔은 물, 지구, 빛, 불의 4구역으로 나누어져 인간의 탄생부터 성장과 번영, 그리고 파괴와 윤회의 과정을 보여주며 인간의 삶을 이야기한다.

미려도역은 화려함과 아름다움을 자랑하는 빛의 돔 덕분에 미국의 여행 정보 사이트인 부츠앤올bootsnall에서 세계에서 가장 아름다운 지하철역 2위에 선정됐다.

빛의 돔은 평일 3회, 주말 4~5회 정해진 시간에 라이트닝 쇼가 운영되고 있는데, 사실 일부러 찾아가서 구경해야할 만큼은 아니다. 미려도역 주변을 관광하다 얼추 시간이 맞는다면 한번쯤 감상해보는 것도 좋을 것이다.

🏠 MRT 미려도역(美麗島站) 지하 1층 개찰구
🕐 월~목 3회 11:00, 15:00, 20:00 / 금요일 4회 11:00, 15:00, 19:00, 20:00
　　토, 일, 공휴일 5회 11:00, 15:00, 17:00, 19:00, 20:00

불이가

高雄不二家 | 까오슝부얼자아

다양한 베이커리류와 디저트, 선물세트를 판매하는 곳으로, 좁은 매장은 현지인들로 언제나 인산인해를 이룬다. 1938년 중국 난징에서 펑라이지구아(蓬萊製果)라는 상호로 개점한 이후 매장을 몇 번 이전하다, 지금의 중정로(中正路)에 불이가(不二家)라는 상호로 변경하며 안착했다.

2017년에 또 부얼지구아(不二緻果)로 상호명을 변경했으나 간판은 아직 불이가(不二家)로 돼있다. 현지인들과 관광객들에게 인기 있는 메뉴는 토란과 크림(일본 홋카이도 산)으로 속을 채운 두툼한 롤케이크인 Oni Roll Cake이다. 현지인들에게는 유명한 곳이지만 한국인들에게는 많이 알려지지 않은 곳으로 직원 몇몇은 아주 간단한 영어로 소통 가능하다.

🌐 omiyage.com.tw
🏠 高雄市新興區中正四路31號, MRT 미려도역(美麗島站) 2번 출구에서도보로 약 2분
🕐 매일 08:30~21:30
¥ Oni Roll Cake NT$380   📞 07-231-9666

애하지심

愛河之心 | 아이허즈신

가오슝 시가 약 1억 7천 대만 달러(한화 약 65억)를 들여 건설한 시민들의 휴식 공간이다. 아름다운 호숫가를 구불구불 가로지르는 다리는 위에서 봤을 때 심장 모양으로 보이는데, 바로 이 점 때문에 아이허의 마음(심장)이라는 이름이 붙었다. 낮에는 푸른 자연과 어우러진 다리, 밤에는 반짝반짝 빛나는 다리의 야경을 볼 수 있어 산책 코스로 좋다.

MRT 아오쯔디(凹子底站)역과 호우이(後驛站)역 사이에 있어 다소 불편하지만 애하지심과 호우이역에 C-Bike 정차장이 있다. 자전거를 대여해 타고 가면 더 편하게 갈 수 있으며, 애하지심의 잘 구비된 자전거 도로에서 자전거 산책까지 할 수 있다.

高雄市鼓山區龍德路2號
MRT 호우이역(後驛站) 4번 출구에서 도보로 약 5분

가오슝시객가문물관

高雄市客家文物館 | 까오슝시커쟈원우관

객가(客家)는 과거 중국을 떠나 이주한 한족을 이르는 말로 하카라고 부른다. 가오슝시객가문물관은 디귿자형의 건물 배치인 중국의 삼합원식 건축으로 지어졌으며, 입장료는 무료이기 때문에 편안한 마음으로 방문할 수 있다.

정문에서 바로 이어지는 상설 전시관에는 객가인들의 전통 의복과 식기 및 농경 기구 등 다양한 모형이 전시돼있으며, 객가인들의 전통 행사나 축제에 대해서도 안내하고 있다. 영어 안내는 군데군데만 있기 때문에 정확히 이해하는 데는 다소 어려움이 있다. 건물 바로 앞에 C자전거C-Bike정차장이 있어 C자전거를 이용해도 좋다.

🌐 chakcg.kcg.gov.tw
🏠 高雄市三民區同盟二路215號, 가오슝시객가문물관 일대
🕐 매장마다 상이 / 대체로 월요일 휴무　　💰 매장마다 상이　　📞 07-316-5666

가오슝시 신객가문화원구

高雄市新客家文化園區 | 까오슝시커쟈원화원취

가오슝시에서 객가문물관을 방문하는 시민들을 위해 조성한 곳이다. 객가문물관 인근에는 객가 음식을 경험할 수 있는 식당, 객가 문화와 관련된 기념품 가게가 있으며 어린이 놀이터와 연못이 있는 공원, 휴식을 취할 수 있는 카페도 있다. 주말에는 객가문물관 주변으로 길거리 음식 노점이 들어서며, 공원에서는 현지인들이 골동품이나 생활에 필요한 물건들을 파는 벼룩시장이 열린다.

유격병가 가오슝골드파인애플 캐슬점

維格餅家高雄黃金菠蘿城堡 | 웨이끄빙쨔까오슝홍진보루오청바오

펑리수와 다식, 카스테라, 쿠키, 캐러멜 등 다양한 식품을 생산하는 대만 제과점 및 베이커리로 타이완 곳곳에 지점이 있다. 1층에서는 유격병가에서 직접 만들어 판매하고 있는 대부분의 제품들을 시식해볼 수 있다. 각각의 시식 제품은 한국어로도 안내돼있어 알아보기 편하다.

유격병가에는 펑리수를 직접 만들어볼 수 있는 DIY교실이 있으며, 1층 데스크에서 티켓을 구매하고 신청할 수 있다. 펑리수 DIY 교실은 3층의 펑리수 관련 갤러리 및 생산 시설 투어(20분)와 함께 진행되기 때문에 3층 입장료 NTS50에 DIY 체험비 NT$200을 더해 총 NT$250을 지불해야한다. 펑리수 DIY 교실은 1인당 NT$200으로 6개의 펑리수를 만든 후 포장 상자에 넣어간다. 펑리수는 약 20분 후 5층에서 찾을 수 있으며, 5층에는 어린이들을 위한 놀이터가 있는데 10시부터 18:00까지 운영한다.

펑리수 DIY	시간	비고
평일	11:00, 13:00, 14:00, 16:00	매장 사정에 따라 운영하지 않거나 정해진 시간대가 취소될 수도 있음.
휴일(토, 일, 공휴일)	10:00, 11:00, 13:00, 14:00, 15:00, 16:00	

🌐 vigorkobo.com

🏠 高雄市三民區同協路199號 , 가오슝시객가문물관에서 도보로 약 5분

🕐 매일 09:00~20:00　　💰 펑리수 DIY 1인 NT$250 (3층 투어비 NT$50 + DIY NT$200)　📞 07-321-6666

리우허 야시장
六合夜市 | 료허예쓰

리우허 야시장(六合夜市)은 MRT 쥐단역(巨蛋站)에 있는 리우펑 야시장(瑞豐夜市)과 함께 가오슝 야시장의 양대산맥을 이루는 야시장이다. 1940년대부터 운영을 시작한 야시장으로 낮까지는 일반 차도로 이용되지만, 17시부터는 차량 운행이 통제되며 약 100여개의 노점이 들어서기 시작한다. 다른 야시장과 똑같이 다양한 중화권 음식과 과일, 튀김, 꼬치 등의 메뉴를 판매하지만 해산물 요리 노점이 많은 편이다.

특히 리우허 야시장은 리우허 관광 야시장(六合觀光夜市)으로도 불리는 만큼 관광객에게 특화된 야시장이다. 상인들도 관광객 응대에 익숙하여 간단한 영어나 한국어까지 가능하기 때문에 대만의 야시장을 처음 방문하는 여행자의 첫 관문으로 좋다. 리우허 야시장의 또 다른 장점은 넓은 도로에 테이블이 펼쳐져 있기 때문에 불편함 없이 노점을 구경할 수 있다는 것과, 각 노점에서 산 음식은 해당 노점에서 펼쳐놓은 테이블에 놓고 느긋하게 먹을 수 있다는 점이다.

만약 많은 사람과 어깨가 치이고 뜨거운 살갗이 닿는 것이 싫고 서서 먹다가 여기저기 흘리는 것을 싫어한다면 리우허 야시장을 추천한다. 리우허 야시장의 단점은 현지인보다 관광객이 많이 방문하는 곳이기 때문에 다른 야시장보다 가격대가 아주 약간 높으며, 놀거리와 구경거리가 함께 있는 다른 야시장에 비해 먹을거리 위주라는 점이다.

위치 高雄市新興區六合二路, MRT 미려도역(美麗島站) 11번 출구에서 도보로 약 2분
시간 매일 18:00~23:00　　**전화** 08-285-6786

리우허 야시장

六合夜市 | 료허예쓰

두아호텔에 3층에 있는 중국식 레스토랑으로 딤섬이 맛있는 곳이다. 한국인 여행자들에게 는 유에핀Yuepin이라는 영어명으로 잘 알려져있으며, 한자명으로는 열품중찬청(悅品中餐 廳 : 유에핀중찬팅)이다.

인기가 많고 예약률이 높은 식당이기 때문에 예약하고 가는 것을 추천하며, 호텔 내부의 엘리베이터로는 갈 수 없어 1층 외부에 있는 엘리베이터로 가야한다는 특징이 있다. 식사 시간대는 점심, 오후, 저녁으로 나누어져있는데 라스트 오더는 30분전으로, 마감시간대는 주문할 수 있는 메뉴가 제한되기 때문에 각 식사시간대가 오픈하는 시간에 가는 것이 좋 다. 딤섬 메뉴는 NT\$88부터 시작하며 개수는 기본으로 3~4개가 나온다. 음식은 부가세가 10% 포함되어 계산되는데 호텔 투숙객은 10%를 할인해준다.

홈페이지 hoteldua.com.tw
위치 高雄市新興區林森一路165號 3F, MRT 미려도역(美麗島站) 6번 출구에서 우회전 후 두아 호텔 3층
시간 11:30~14:00, 14:30~17:00, 17:30~21:00
요금 딤섬류 NT\$88~   **전화** 0932-742-401

리우허 야시장

六合夜市 | 료허예쓰

1953년부터 운영하고 있는 오래된 현지 인기 맛집으로 밀크티와 아침식사 메뉴가 유명하다. 현지인들이 간단한 아침 식사를 해결하고 가는 곳이기 때문에 아침 시간대에는 자리가 없을 정도로 사람이 많다.

다양한 재료의 토스트와 딴삥(蛋餅), 음료를 판매하며 인기메뉴인 햄에그토스트(火腿蛋吐司), 치즈딴삥(起司蛋餅), 밀크티(紅茶牛奶)는 한국인 입맛에도 딱 맞는다. 이곳은 누가크래커(牛軋餅)도 판매하고 있는데 야채 크래커 맛이 강하지 않아 야채향을 좋아하지 않는 사람들에게 추천한다. 기본적으로 24시간 운영이지만 가게 사정 및 재료 소진으로 늦은 밤에 닫기도 한다.

인기있는 아침식사 메뉴는 오전에 소진되는 경우가 많기 때문에 되도록 다양한 메뉴를 선택할 수 있는 오전에 방문하는 것을 추천한다. 영어메뉴판이 따로 있으므로 주문시 요청하자.

홈페이지 laochiang.com
위치 高雄市新興區南台路51號, MRT 미려도역(美麗島站) 1번 출구
시간 24시간(가게 사정에 따라 운영)
요금 치즈딴삥(起司蛋餅) NT$40, 밀크티(紅茶牛奶) NT$45, 햄에그토스트(火腿蛋吐司) NT$ 50
전화 0932-742-401

반구십차실
半九十茶室 | 반지우시차시

기본적으로 차를 판매하는 마실 수 있는 곳이지만, 정갈하고 깔끔하게 차려지는 일본 가정식처럼 차려주는 대만 현지 가정식으로도 이름난 곳이다. 20대 청년부터 어르신 나이대까지 다양한 나이대의 현지인들이 식사와 차를 마시러 자주 방문한다.

요금대는 썩 저렴하지 않지만 조용하고 깔끔한 분위기에서 차와 식사를 해결할 수 있는 곳으로, 깔끔하고 맛있는 식사와 깊은 대만의 차를 즐기고 싶을 때 방문하는 것을 추천한다. 1인 최소주문금액은 NT$150이며 메뉴판에 영어메뉴가 함께 표기돼있다.

위치 高雄市新興區中正四路71號, MRT 미려도역(美麗島站) 2번 출구에서 도보 약 3분
시간 매일 11:00~22:30 식사 가능
요금 차류 NT$ 150~, 식사류(차와 후식 포함) NT$370~
전화 07-281-5195

미려도 골목에 숨어있는 초록색의 복층 카페로 영어 상호명은 시바카페shiba cafe다. 1층 외부 테라스에 테이블이 두세개 있으며, 2층 내부에 더 많은 자리가 있다.

현대적이고 깔끔한 분위기에다 감성 넘치는 인테리어 덕분에 현지 젊은이들에게 인기 넘치는 곳으로, 자리가 많지 않기 때문에 주말에는 웨이팅이 있을 정도다. 음료와 간단한 식사류, 디저트를 판매하고 있으며, 귀여운 시바견이 마스코트로 있지만 매일 있지는 않다.

특히 두껍게 구워져 나오는 수플레와 팬케이크가 맛있는 것으로 소문났다. 수플레의 주문 가능 시간은 13:00, 15:30, 17:30분으로 주문 즉시 만들기 때문에 20분 정도 시간이 소요되며, 주문 시간 이전에 주문은 가능하지만 정해진 시간 이후에 나온다. 1인 주문최소요금은 NT$100이며, 메뉴는 메뉴판 겸 주문서에 체크하는 형식으로 영어 표기가 잘 돼있다.

홈페이지 facebook.com/shibaRND
위치 高雄市新興區南台路43巷21號, MRT 미려도역(美麗島站) 2번 출구에서 도보 약 4분, 반구십차실 뒤쪽 골목
시간 평일 10:30~20:00, 주말 및 공휴일 10:00~20:00, 화요일 휴무
요금 음료류 NT$80~　　**전화** 07-281-2875

마랄장원 칠현점
麻辣狀元 七賢店 | 마라좡위엔 치시엔디엔

현지인들도 많이 찾지만 한국인 여행자들도 많이 찾아 한국인들에게 유명해진 무한리필 훠궈 맛집이다. 음식류와 하겐다즈 아이스크림, 음료수(술 제외)를 무제한으로 주문할 수 있어 인기가 좋다.

매장도 크고 자리도 넓어 식사하기 편하며, 한국어 메뉴판이 구비돼있어 주문하기도 쉽다. 주말 이용 요금은 NT$508, 평일 이용 요금은 NT$448인데 평일도 이용 시간에 따라 요금이 달라진다. 어린이 이용 금액은 키에 따라서 요금이 달라진다. 식사시간은 2시간으로 제한 되며, 계산 시 부가세 10%가 붙어 결제된다.

위치 高雄市新興區七賢二路100號, 리우허 야시장(六合夜市)에서 도보로 약 5분

시간 매일 12:00~26:00

요금 12:00~17:00 NT$448 / 17:00~22:00 NT$508, 22:00~26:00 NT$448, 어린이 요금_ 95cm이하 무료, 110cm 이하 NT$100, 110cm~140cm 성인 절반 요금, 140cm~ 성인 요금

전화 07-285-7777

정충배골반

현지인들이 자주 찾는 도시락 체인점으로 식사시간에는 항상 현지인들의 줄이 서있다. 저렴한 요금에 대비해 맛있는 반찬과 밥으로 배부르게 식사할 수 있어 인기가 많다.

메뉴판이 보이는 곳에서 메인 메뉴를 결제하면 영수증 2장을 받는다. 줄을 따라 옆으로 이동해 본인 차례가 되면 영수증 1장을 먼저 내고 밑반찬 3가지를 고르면 된다.
주문이 끝나고 도시락에 모든 메뉴가 담겨져 완성되면 번호를 부르는데 이때 남은 영수증을 주면 된다. 한국인 입맛에 잘 맞는 메인메뉴는 쩡쫑파이구판(正忠排骨飯 : 돼지갈비덮밥), 싼뻬이지로우판(三杯雞肉飯 : 대만식 찜닭덮밥)이다.

위치 高雄市新興區七賢二路109號, 마랄장원 맞은편 사거리 위치
시간 매일 10:30∼2:00
요금 돼지갈비덮밥(正忠排骨飯) NT$75, 대만식찜닭덮밥(三杯雞肉飯) NT$70　　**전화** 07-281-2875

흥룽거
興隆居 | 씽롱쥐

대만식 아침식사 전문점으로 현지인들과 관광객 모두에게 인기 있는 맛집이다. 새벽 4시부터 11시까지만 영업하기 때문에 식사시간이 아니더라도 항상 사람들이 줄을 서있다.

모든 메뉴를 매장에서 직접 만들며, 가장 인기있는 메뉴는 만두인 탕바오(燒餅 : 고기만두), 샤오빙(燒餅 : 대만식 샌드위치), 요우티아오(油条 : 길쭉하게 튀긴 빵), 또우장(豆漿 : 대만식 두유)이다.

매장은 두 개의 줄이 있는데 왼쪽은 탕바오 구매줄, 오른쪽은 탕바오와 다른 메뉴를 함께 주문하는 줄이다. 다양한 메뉴를 먹을 예정이라면 오른쪽에 서서 줄을 따라 옆으로 옮겨가며 음식을 담거나 선택하면 되며 계산은 마지막에 한꺼번에 한다. 탕바오는 육즙이 많이 나오기 때문에 튀거나 흐르지 않도록 접시 위에서 조심히 뜯어야하며, 요우티아오는 또우장에 찍어먹는다.

홈페이지 xinglongju.com
위치 高雄市前金區六合二路186號, MRT 시의회(市議會站)역 1번 출구에서 도보로 약 4분
시간 평일 03:00~11:00 / 월요일 휴무
요금 탕바오(燒餅) NT$18, 샤오빙(燒餅) NT$30, 요우티아오(油条) 12NT$ / 또우장(豆漿) NT$15
전화 07-281-2875

오전에 직접 케이크와 디저트를 만들기 때문에 오후에 개점하는 독특한 카페다. 음료류와 함께 캐릭터와 동물모양, 하트모양 등 귀엽고 예쁜 여러 모양의 케이크와 디저트를 판매하여 가오슝 시민들에게 인기가 좋다.

가오슝에서 열리는 행사 시기에는 행사에서 판매할 디저트를 대량으로 만드느라 매장이 열지 않을 때도 있으므로 방문 시 홈페이지에서 확인하고 가는 것이 좋다. 매일 달라지는 케이크와 디저트는 한정 수량으로 판매하므로, 다양한 디저트와 케이크를 구경하고 맛보고 싶다면 오픈 시간에 맞추어 방문해보자.

메뉴판은 영어 표기가 돼있으며 주인의 영어 실력이 좋기 때문에 주문에 어려움이 없다. 입구는 건물 왼쪽 키 큰 화분이 많은 곳에 위치해있다.

홈페이지 facebook.com/chumeet1215
위치 高雄市前金區自強一路94號2F, 흥륭거에서 도보로 약 5분
시간 목~일 14:00~20:00 / 월~수 휴무
요금 음료류 NT$60~ / 디저트류 NT$70~　**전화** 07-281-2875

85℃ 베이커리 칠현점
85度C咖啡蛋糕七賢店 | 빠스우두씨카페이당가오 치시엔디엔

85도씨는 대만에서 만들어진 커피 체인점으로 바다소금을 넣어 만든 바다소금커피(海巖咖啡)로 유명하다. 가오슝 내에도 여러 곳에 지점이 있지만 가장 쉽게 찾아갈 수 있는 곳은 MRT 시의회역(市議會站)에서 가까운 칠현점이며, 메뉴판에 한국어도 표기돼있어 쉽게 주문할 수 있다. 매장 안쪽에 테이블이 있으므로 짠맛의 커피와 함께 저렴하고 맛있는 달달한 케이크와 디저트를 먹으며 단짠단짠을 즐겨보자.

홈페이지 85cafe.com
위치 高雄市前金區七賢二路235號, 츄밋 바로 옆 사거리 대로에 위치
시간 매일 10:30~2:00
요금 소금커피(海巖咖啡) NT$60, 케이크류 NT$40~   **전화** 07-281-2875

단단버거 칠현점
丹丹漢堡七賢店 | 딴딴한빠오 치시엔디엔

대만 남부에서만 만나볼 수 있는 치킨 햄버거 전문 체인점으로, 저렴한 요금에 훌륭한 맛을 자랑해 현지인들에게 인기가 많은 곳이다. 이곳은 햄버거 체인점이지만 국수나 죽, 스프를 세트로 함께 판매하는데 향신료가 들어가기 때문에 한국인 여행자들에게는 호불호가 갈린다.

한국인 입맛에 가장 맞는 햄버거는 치킨버거인 씨엔추이지투웨이바오(鮮脆雞腿堡)로, 닭다리살을 사용해 만들었기 때문에 부드럽고 약간 매콤한 편이다. 음료는 콜라, 사이다부터 커피나 밀크티, 쥬스도 있다. 이곳의 또 특이한 점은 고구마튀김인 띠과수티아오(地瓜薯條)을 판매하는 것인데, 감자튀김처럼 생겨 헷갈리기 쉽다. 감자튀김은 물결모양으로 잘라진 뽀랑수(波浪薯)다. 평일에는 계란을 넣은 햄버거나 샌드위치 등의 메뉴가 있는 아침메뉴를 10:30분까지 판매한다.

영어메뉴판은 없지만 메뉴판에 음식 사진이 있기 때문에 음식을 알아보기 쉽다. 주문 시 포장 유무와 음료를 물어보는데 바디랭귀지로 해결하면 된다. 결제 후에는 영수증을 주는데 주문번호가 써있다. 매장의 전광판을 보고 본인의 번호가 표시되면 가지러 가면 된다.

홈페이지 home.so-net.net.tw/ywc580510   **위치** 高雄市三民區天津街2號, 85℃베이커리에서 도보로 약 3분
시간 수~월 06:30~21:00 / 화 휴무   **전화** 07-281-2875
요금 치킨버거 단품(鮮脆雞腿堡) NT$55, 콜라(可樂)커러 사이다(汽水)치수에이 S사이즈 NT$15

역참식당

더짠내투어 가오슝편에 나와 한국인 여행자들에게 유명세를 타기 시작한 식당으로 현지인들도 자주 찾는 곳이다. 다양한 대만 전통 요리를 먹어볼 수 있는 식당은 내부 인테리어가 깔끔하고 깨끗하지만, 창문 하나 없이 뻥 뚫린 식당이라 모기의 위협이 있음을 알아두자.

주인이 친절하고 영어가 통하는데다 메뉴판에 있는 모든 메뉴가 한국어도 표기돼있어 마음 편하게 주문할 수 있다. 베스트 메뉴를 모아놓은 추천 세트 메뉴는 커플이나 가족용까지 잘 안내돼있어 큰 고민 없이 주문하는데 용이하다. 대부분의 메뉴가 향신료 향이 많이 나지 않아 거부감 없이 먹기에 좋으며, 반드시 시켜야 하는 메뉴는 한국인 입맛에 딱 맞는 마늘대삼겹살볶음(蒜仔肉)이다.

홈페이지 www.asian-restaurant-352.business.site
위치 高雄市三民區天津街2號, MRT 가오슝역(高雄車站) 2번 출구에서 도보로 약 4분
시간 화~토 11:30~14:00,17:30~20:00 / 일, 월 휴무
요금 마늘대삼겹살볶음 NT$210, 6개 요리 3~4인세트 NT$1080, 4가지 선택 커플세트 580NT$
전화 07-321-9986

호텔 두아
Hotel dùa | 두아 지우디엔

미려도역 6번 출구에서 조금만 걸어가면 보이는 두아 호텔은 위치, 요금, 시설, 모든 면에서 여행자들의 만족도가 높은 호텔이다. 특히 미려도에서 가깝고 방이 넓은 점이 모든 여행자들이 칭찬하는 점이며, 직원들이 친절하고 조식도 맛있는 편에 속한다.

3층에 있는 딤섬레스토랑에서는 세금 할인을 받을 수 있고, 12층에는 미려도 시내를 내려다 볼 수 있는 루프탑 바가 있어 호텔 내부에서도 가오슝의 미식과 풍경을 즐길 수 있다.

홈페이지 hoteldua.com.tw
위치 高雄市新興區林森一路165號, MRT 미려도역(美麗島站) 6번 출구에서 우회전
요금 NT$3,100~   **전화** 07-536-2999

호크하우스
hók house | 鶴宮寓 | 흐궁위

미려도역 2번 출구에서 가까운 호크하우스는 친절한 주인으로 유명한 BnB로, 공용 도미토리와 개인실로 나누어져있다. 호크하우스의 주인은 가오슝 여행자들이 호텔에서 편안하게 쉬는 것 뿐만 아니라, 가오슝을 더 즐겁게 여행할 수 있도록 다양한 여행정보를 제공하며 물심양면으로 대한다.

따뜻하고 감성적인 분위기의 공용공간과 넓지는 않아도 안락한 분위기의 방, 맛있는 조식, 그리고 친절한 주인의 응대는 가오슝에 있는 친구집에 놀러온 듯한 추억을 쌓을 수 있을 것이다.

홈페이지 hokhouse.com   **위치** 高雄市新興區中正四路41號2樓, MRT 미려도역(美麗島站) 2번 출구에서 도보 약 3분
요금 NT$650~2,500   **전화** 07-201-1988

트립GG 호스텔

旅聚居靑年旅舍 | 뤼쥐쥐칭니엔뤼슈어

미려도역 1번 출구 바로 앞에 위치한 최고의 장점을 갖고 있는 트립 GG호스텔. 룸 유형은 도미토리와 개인실이 있다. 주변에 현지 음식점이 많고 리우허 야시장이 가까워 미식을 즐기는 여행자들에게 좋다.

조식은 토스트가 무료로 제공되며 냉방을 시원하게 틀어 여행자들의 만족도를 더욱 높인다. 침대에는 콘센트와 선반이 있고 커튼이 달려있어 사생활이 보장되며, 침실과 욕실도 청결하다. 직원들은 능숙한 영어실력을 갖고 있어 의사소통이 용이하다. 호스텔은 6층에 위치해있으며 입구에 조그만 간판이 있으므로 잘 찾아 들어가야한다.

홈페이지 facebook.com/tripgghostel
위치 高雄市新興區中山一路117號6樓, MRT 미려도역(美麗島站) 2번 출구에서 도보 약 3분
요금 NT$700　**전화** 07-285-1231

마스터 치토우 호스텔

Master Chitow Hostel | 遊大俠x七桃公寓 | 유다시아엑스치토우공위

미려도역 8번 출구로 나와 횡단보도를 하나만 건너 몇걸음만 걸으면 입구가 보인다. 마스터 치토우 호스텔은 요금이 저렴한데 비해 무료로 제공하는 조식 가짓수가 많아 여행자들을 기쁘게 하는데다 세탁까지 무료로 할 수 있어 여행자들의 행복도를 높인다.

욕실과 화장실은 층마다 여러개 있어 기다리는 일이 별로 없으며, 세면용품도 구비돼있다. 침실도 청결하게 유지되며 침실에는 개인 커튼과 콘센트, 전등이 달려있어 편하게 개인 생활을 유지할 수 있다.

위치 高雄市前金區六合二路161號, MRT 미려도역(美麗島站) 8번 출구에서 도보 약 2분
요금 NT$700~　**전화** 07-236-0677

그리트 인
Greet Inn | 喜迎旅店 | 시잉뤼디엔

깔끔하고 현대적이며 깨끗한 룸 컨디션이 가장 장점인 호텔로, 숙소 요금 또한 저렴하고 합리적인 요금으로 제공해 한국인 여행자들의 숙박률이 높은 숙소다.
조식은 일반적인 호텔 조식이지만 맛이 좋은 편에 속하는데다 고추장이 제공되며, 조식시간 이외에는 카페로 운영돼 커피나 음료와 함께 과자도 먹을 수 있다. 직원들이 친절하기로 유명하며 리우허 야시장도 가까운 편으로 장점이 많은 숙소다.

홈페이지 greetinn.com.tw
위치 高雄市新興區中正三路128號, MRT 시의회역(美麗島站) 4번 출구에서 도보 약 4분
요금 NT$2,500~　　**전화** 07-231-2333

카인드니스 호텔 강교대반점
Kindness Hotel | 康橋大飯店 | 캉차오다판디엔

카인드니스는 저렴한 요금에 깔끔한 룸을 제공하는 호텔 체인점으로, 가오슝 인근에만 2개가 더 있으므로 예약 및 방문 시 주의해야한다. 카인드니스 강교대반점은 1번 출구 사거리에서 바로 보이는 곳에 있어 위치가 편하고, 조식과 야식을 무료로 제공하는데다 맛까지 훌륭해 투숙객들이 매우 칭찬한다. 내부의 모든 시설이 청결하게 유지되며 직원들도 친절해 만족도가 높은 호텔이다.

홈페이지 kindness-hotel.com.tw
위치 高雄市三民區建國二路295號, MRT 가오슝역(高雄車站) 1번 출구에서 도보 약 2분
요금 NT$1,800~　　**전화** 07-238-6677

에어라인 인
Airline Inn - Kaohsiung Station | 頭等艙飯店(站前館) | 터우덩창판디엔(잔치엔관)

가오슝 역에서 가까운 곳에 위치한 에어라인 인은 직원들이 매우 친절한 것으로 칭찬이 자자한 호텔이며, 한국어가 가능한 직원이 있어 이용하기에 편리한 곳이다. 조식은 일반적인 호텔 조식과 크게 차이가 없지만 맛이 꽤 좋아 투숙객들의 만족도가 높은 편이며, 호텔이 전체적으로 매우 깨끗하게 유지되는 점도 여행자들의 호평을 산다.

홈페이지 airlineinn.com
위치 高雄市三民區建國三路33號, MRT 가오슝역(高雄車站) 1번 출구에서 도보 약 3분
요금 NT$1,500~ **전화** 07-285-3888

워터마크호텔
Watermark Hotel Kaohsiung Station | 碧港良居 | 비강량쥐

워터마크 호텔은 침대가 편안한 것으로 투숙객들의 호평을 받는 호텔로 가오슝역 인근에 있다, 문을 연지 오래되지 않은 최신 호텔로 전체적으로 세련되고 깔끔하다.
조식은 다른 호텔들처럼 동서양 음식이 고르게 있어 큰 차이가 있는 것은 아니나 맛은 꽤 괜찮다. 직원들은 간단한 영어로 소통이 가능한 편이다.

홈페이지 watermarkhotel.com.tw
위치 高雄市三民區安寧街437號, MRT 가오슝역(高雄車站) 1번 출구에서 도보 약 5분
요금 NT$1,800~ **전화** 07-322-0366

파포아호텔
PAPO'A HOTEL | 高雄設計旅店帕鉑舍旅 | 까오슝셔지뤼디엔파보셔뤼

파포아호텔의 가장 큰 장점은 저렴한 숙박비인데, 이 저렴한 요금에 비해 직원들도 친절하고 룸 컨디션도 깨끗한데다 청결도까지 높아 여행자들의 칭찬이 자자한 곳이다.
디자인호텔로 이름답게 호텔의 모든 시설이 세련되고 감성적인 분위기를 연출해 호텔에만 있어도 기분이 좋아지는 곳이다. 유일한 단점은 조식이 뷔페식이 아니라 호텔 측에서 제공하는 메뉴를 먹어야한다는 점이지만 맛의 평은 좋은 편이다.

홈페이지 papoa-hotel.com
위치 No. 1-3, 重慶街三民區高雄市, MRT 가오슝역(高雄車站) 1번 출구에서 도보 약 5분
요금 NT$1,300~   **전화** 07-311-0869

鹽埕埔

YANCHENGPU

옌청푸

옌청푸

YANCHENGPU

옌청푸는 낭만적인 아이허를 옆에 두고 가오슝의 역사와 관련된 관광지와 다양한 식당이 몰려 있는 곳이다. 특히 가오슝 여행의 하이라이트인 보얼 예술 특구에는 가오슝의 독특한 감성과 함께 여러 가지 볼거리와 먹을거리, 살거리가 몰려있어 여행자들의 발길을 이끈다. 여행자들은 옌청푸 지역을 관광하며 가오슝만이 가진 아름답고 특별한 관광지와 함께 미식여행과 역사 문화여행을 즐길 수 있을 것이다.

옌청푸역 여행 잘 하는 법

옌청푸 지역은 볼거리와 음식점을 대체로 9시~10시부터 운영하는 곳이 많아 오전부터 일정을 시작해도 좋은 편으로, 오전에는 사람이 적기 때문에 더 편하게 사진을 찍을 수 있다. 만약 사람들이 다 함께 즐기는 분위기를 원한다면 오후에 방문하는 것도 좋다.

보얼 예술 특구는 가장 볼거리가 많고 인기가 많은 곳은 C구역이며, 시간이 부족해 C구역만 핵심적으로 돌아야한다면 LRT를 타고 보얼다이역(Dayi Pier-2 Station:駁二大義站)에서 내리자. LRT선로를 따라 보얼예술특구에서 가장 많이 알려진 곳들이 늘어서있다.

보얼예술특구

駁二藝術特區 | 보얼이수터취

지금은 가오슝에서 반드시 가봐야 할 관광지로 자리 잡은 보얼 예술 특구는 과거에 사용한 창고들이 폐허로 남아있던 곳이었다. 가오슝시는 2000년대부터 보얼 예술 특구를 관광지로 진흥시키기 위해 전폭적인 노력을 쏟았고, 이후 다양한 상점들과 음식점이 점점 입점하기 시작해 지금의 복합예술문화단지에 이르렀다.

보얼 예술 특구는 예술 공간이라는 타이틀을 충실하게 수행하기 위해 대만을 포함한 세계 여러나라 작가들의 예술품을 정기적으로 개최하여 여행자들의 시선을 이끈다. 이뿐만 아니라 창고 곳곳에 그려진 벽화나 보얼 예술 특구의 곳곳에 세워진 독특한 조형물은 여행자들의 카메라를 들게 만들며, 곳곳의 음식점과 다양한 상점들은 여행자들의 입과 지갑을 열리게 만든다. 보얼예술 특구를 방문하기 가장 좋은 때는 주말 및 공휴일이다. 플리마켓이 열리고 행위예술가나 버스킹을 하는 버스커busker들이 공연을 하기 때문에 더욱더 풍성한 볼거리를 함께 즐길 수 있을 것이다.

🌐 pier-2.khcc.gov.tw
🏠 高雄市鹽埕區大勇路1號, MRT 옌청푸역(鹽埕埔站) 1번출구에서 오른쪽 방향으로 직진 도보 약 5분, LRT 보얼다이역 Dayi Pier-2 Station(駁二大義站) 일대
🕐 상점별로 상이하나 대체로 평일 10:00~19:00 사이 / 주말 10:00~20:00 사이
📞 07-321-9986

보얼 예술 특구와 그 인근에는 바나나부두, KW2가 함께 있어 다양한 볼거리를 제공한다. 게다가 대만 및 중화권을 넘어서 세계 여러 나라의 음식이나 디저트를 파는 음식점 및 카페 또한 여기저기 퍼져있기 때문에 먹거리 천국이라고 해도 과언이 아니다.

아래에서는 현지인들이 보얼 예술 특구 인근에서 많이 방문하는 음식점 및 카페를 소개하며, 특히 보얼 예술 특구 인근에서는 KW2만큼 시원한 냉방을 유지하는 곳이 없어 KW2 내에 있는 음식점들을 집중적으로 소개하므로 더운 날씨에 쥐약인 여행자들은 꼭 참고하자.

음식점

파사디나 보얼레스토랑
帕莎蒂娜駁二倉庫餐廳 | 파사디나보얼창쿠찬팅

가오슝 최초의 창고레스토랑으로 이름났지만 한국인들에겐 잘 알려지지 않았다. 프랑스 요리를 주 요리로 하고 이탈리아 요리도 판매하며, 특히 피자와 햄버거 종류가 맛있어 어느 것을 골라도 만족할 수 있다.

베이커리를 함께 운영하는 매장으로 매일 만들어내는 다양한 종류의 빵도 매우 인기 있다. 과거 설탕 창고로 쓰였던 명맥을 살려 흑설탕피자와 흑설탕 아이스크림을 판매하는데, 매일 한정으로 판매한다. 빵 또한 늦게 갈수록 매진되는 빵이 많으므로 다양한 메뉴를 구경하고 맛보고 싶다면 개점시간에 맞추어 방문하는 것이 좋다.

홈페이지	pasadena.com.tw
위치	高雄市鹽埕區大勇路1號, 본동창고상점에서 도보로 약 4분
시간	화~금 11:30~14:00, 14:30~17:00, 17:30~21:00 / 토,일 11:00~21:00, 월요일 휴무
요금	브라운슈가피자 1928(黑糖比薩) NT$180, 흑설탕아이스크림 1928(黑糖霜淇淋) NT$45
전화	07-531-1106

편의방
便宜坊烤鴨餐廳 | 파샤디나보얼창쿠찬팅

우리에게 북경오리나 베이징 덕이라는 이름으로 잘 알려진 오리구이인 카오야(烤鴨)를 전문으로 하는 음식점이다. 편의방은 중화권에서 유명한 카오야 체인점이며, 카오야는 오리를 화덕에 넣어 굽는 방식으로 만들어 껍질은 바삭하고 속살은 부드럽다.

조금 느끼하긴 하지만 한국인 입맛에도 편해 먹기도 어렵지 않다. 카오야가 어떤 음식인지 한번쯤 경험해보고 싶을 때 가보면 좋은 식당이다. 메뉴판에는 음식 사진과 함께 영어 표기가 잘 돼있으며, 음식에는 부가세 10%가 포함돼 결제된다.

홈페이지 facebook.com/BianYiFang1416
위치 高雄市鼓山區蓬萊路23號, 바나나부두 내 위치
시간 월~금 11:30~14:30, 17:30~21:30, 토, 일 11:00~14:30, 17:00~21:30
요금 3~4인 세트메뉴 NT$1,380   **전화** 07-531-5699

소홍면점
小紅麵店 | 샤오훙미엔디엔

KW2에서 현지인들이 많이 방문하는 대만 음식 전문점으로, 주말에는 자리가 거의 없을 정도로 인기 있는 곳이다.

영어메뉴판은 없지만 메뉴판에 음식 사진이 있어 주문에 큰 어려움은 없으며, 한국인들도 편하게 먹을 수 있는 우육면이나 소고기볶음, 굴이나 새우 같은 해산물 요리도 있다. KW2 내에서 무얼 먹어야할지 고민되거나 큰 고민 없이 식사하고 싶을 때 방문하면 좋은 곳이다.

위치 KW2 내 위치   **시간** 월~금 10:00~21:00 / 토, 일 10:00~22:00   **요금** 우육면 NT$150   **전화** 07-335-3606

장멘 브루어리
Zhangmen Brewery

대만을 대표하는 수제맥주 전문점으로, 대만뿐만 아니라 중화권에 여러 개의 체인점을 갖고 있을 정도로 인기 있는 곳이다. 피자 및 파스타, 리조또 함께 다양한 해산물 요리를 판매하기 때문에 맥주를 좋아하지 않아도 맛있는 식사를 할 수 있는 곳이며, 낯설은 대만 요리를 선뜻 주문하기 힘들 때 방문하면 좋은 곳이다. 평일에도 언제나 사람이 있으며 주말에는 대기를 해야 할 정도다. 식사 시간은 2시간, 1인당 최소주문금액은 NT$200, 모든 음식에는 부가세 10%가 포함돼 결제된다.

홈페이지 zhangmen.co **위치** KW2 내 위치
시간 일~목 11:00~22:00 / 금, 토 11:00~24:00 **요금** 음료류 NT$100~ **전화** 07-551-7799

태산산두훠궈
泰山汕頭火鍋 | 타이샨산둬훠궈

가오슝의 시민들이 좋아하는 훠궈 전문점으로, 현지인들의 인기에 점차 힘입어 지점을 계속 확장하고 있는 곳이다. 40년 전통의 비밀 생선육수를 기반으로 한 훠궈를 맛볼 수 있는 곳으로 깔끔하고 구수한 맛이 난다.
바 자리에는 개인 인덕션도 있기 때문에 혼자 여행자도 부담스럽지 않고 편안하게 훠궈를 즐길 수 있다. 메뉴판에는 음식 사진과 함께 영어표기가 잘 돼있으므로 주문에 큰 어려움이 없다.

홈페이지 taisanshiu.com.tw **위치** KW2 내 위치
시간 일~금 10:00~21:00 / 토 10:00~22:00 **요금** 1인 NT$430~ **전화** 07-7521-2313

카페

나우앤댄 보얼점
NOW & THEN | 駁二店 | 보얼디엔

깔끔한 현대 감성이 돋보이는 나우앤댄은 다양한 브런치와 디저트가 맛있는 것으로 유명한 카페다. 음료나 브런치, 디저트 등이 모두 고르게 맛있어 호평이다. 인기가 많은데다 매장 내부에 자리가 많지 않으므로 식사시간을 피해가면 여유 있게 자리에 앉을 수 있다.
주문은 테이블에 놓인 메뉴판 겸 주문서에 체크하는 방식으로 영어가 표기돼있어 주문이 쉬우며, 주문서에 체크 한 후 가져다주며 선불로 계산하면 음식을 가져다준다. 식기구는 스스로 가져와야한다.

홈페이지 facebook.com/nowandthenbynybc
위치 803高雄市鹽埕區大義街2號駁二藝術特區大 義倉庫, 원더풀라이프에서 도보로 약 1분
시간 월 10:00~18:00 / 화~금 10:00~17:00, 토~일 10:00~21:00
요금 음료류 NT$110~   **전화** 07-531-6999

미스터 캣 카페
Mr.Cat Cafe

바나나 부두 내에 위치한 카페 겸 음식점이자 채식주의 요리전문점이며, 귀여운 고양이가 문 앞에서 반긴다. 깔끔하고 현대적인 인테리어를 가진 이곳은 커피, 차, 주스 같은 음료류는 기본, 샌드위치와 와플 같은 간단한 식사류부터 파스타, 카레, 훠궈 까지 판매하는 독특한 곳이다.

현지인들에게 숨겨진 인기 음식점으로, 음식이 깔끔하고 정갈하게 나오며 채식주의 전문점 치고 맛 또한 대부분 좋다. 메뉴판 및 주문서에는 영어 표기가 잘 돼있어 주문에 큰 어려움이 없다.

홈페이지 facebook.com/mrcatcafe　**위치** 바나나부두 내　**시간** 매일 10:00~21:30
요금 음료류 NT$70~　**전화** 07-561-2258

루이자커피 가오슝보얼점
Louisa Coffee | 高雄駁二門市 | 까오슝보얼문시

대만에서 유명한 프렌차이즈 커피 체인점으로 대만 곳곳에서 쉽게 볼 수 있는 카페다. 커피, 차 같은 음료는 당연하며 샌드위치나 파니니 같은 간단한 식사류와 햄버거, 파스타, 피자까지 판매하므로 식사와 함께 음료까지 한 자리에서 즐길 수 있다.

매장 자리는 1층과 2층으로 나누어져있으며 넓고 편안한 편이다. 특히 이곳은 우리나라처럼 얼음이 가득 들어가 시원한 아이스 아메리카노를 마실 수 있는 곳이므로, 카페인이 없으면 움직이지 못하는 여행자들은 반드시 체크해두자.

홈페이지 louisacoffee.co　**위치** KW2 내
시간 일~목 10:00~21:00 / 금, 토 10:00~22:00
요금 음료류 NT$40~　**전화** 07-531-0660

허스톤
HERSTON

도톰하고 달콤한 마카롱을 만날 수 있는 디저트 전문점으로, 차로 유명한 대만답게 차가 들어간 마카롱이 맛있는 곳이다. 빨주노초파남보의 알록달록한 마카롱이 가득 찬 쇼케이스에는 한국어 표기까지 잘 돼있기 때문에 주문에 어려움이 없다.

가격은 한국의 마카롱 가격과 별 차이가 없지만, 보얼 예술 특구를 여행하며 더위에 지쳐 달콤한 음식이 필요할 때 들러 시원한 음료와 함께 당을 충전해보자.

위치 KW2 내　　**시간** 일~목 10:00~21:00 / 금, 토 10:00~22:00　　**요금** 마카롱 NT$70~　　**전화** 07-531-0660

파오파오펀
PAOPAOFUN

KW2 내에 있는 커피 전문점으로 넓은 통 유리창을 배경으로 갖고 있는 카페다. 낮에는 푸른 바다와 넓은 항구의 풍경, 밤에는 반짝거리는 항구의 야경을 감상하며 커피를 마실 수 있다. 타르트, 케이크, 쿠키 및 마카롱 같은 가벼운 디저트도 함께 판매하며, 매장 앞에서는 커피와 관련된 다양한 기구를 판매하고 있다. 특히 이곳은 대만 티에일, 즉 차가 들어간 맥주를 판매하고 있어 은은하게 차 맛이 감도는 맥주를 마셔볼 수 있으므로 관심이 있다면 방문해보자.

홈페이지 facebook.com/PAOPAOFUN　　**위치** KW2 내　　**시간** 일~목 10:00~21:00 / 금, 토 10:00~22:00
요금 디저트류 NT$40~　　**전화** 0989-639-869

본동창고상점

本東倉庫商店 | 번둥창쿠상디엔

겉모습은 칙칙해 보이는 창고지만 문을 열고 들어가 보자. 본동창고상점은 가게 안으로 들어서면 첫 번째로 화사하고 넓은 노란색 복층 실내가 여행자들을 반기며, 두 번째로 새 주인을 찾는 예쁘고 아기자기한 문구 용품과 디자인 제품이 손을 흔든다.

2층에는 노트 속지가 진열돼있어 취향에 따라 속지를 골라 자신만의 노트를 만들어볼 수 있다. 문구종류는 안 써도 일단 예쁘면 사 모으는 게 취미인 사람이라면 지갑을 꼭 부여잡고 들어가는 것이 좋다.

🌐 facebook.com/BandonGroceryStore
🏠 高雄市鹽埕區光榮街1號, LRT 보얼다이역 Dayi Pier-2 Station (駁二大義站)에서 도보 약 2분
🕐 월~목 10:00~18:00 / 금~일 10:00~19:00　📞 07-521-9857

짠내투어 화면

보얼탑

駁二塔 | 보얼타

더 짠내투어에서 저렴한 요금에 보얼 예술 특구의 전경을 내려다볼 수 있는 전망대로 방영돼 한국인 여행자들에게 인기를 끌기 시작한 곳이다. 전망대는 계단을 올라가야하는 약간의 어려움이 있으나, 막상 올라가면 탁 트인 보얼 예술 특구와 항구의 전경을 함께 바라볼 수 있다.

전망대에서 보는 광경은 매우 대단한 전경은 아니더라도 요금에 대비하면 만족스러운 편이며, 올라가지 않고 밑에서도 탁 트인 항구를 감상할 수 있다.

🌐 pier-2.khcc.gov.tw 🏠 No. 63-1新化街鹽埕區高雄市, 본동창고상점에서 도보 약 2분
🕐 월~목 10:00~17:30 / 금~일 10:00~19:00 📞 07-321-9986

원더풀라이프 보얼점

Woonderful life | 森活木趣駁二店 | 썬후어무취보얼디엔

입구에 전시된 인형부터 아기자기함이 넘쳐서 저절로 들어가게 되는 원더풀 라이프는 목재 오르골 전문 상점이다. 특히 원더풀 라이프는 오르골을 DIY 서비스를 제공하는 상점으로, 오르골 재별로 약 1000여개의 다양한 부품을 갖고 있어 세상에 하나밖에 없는 자신만의 오르골을 만들어볼 수 있다.

매장에서는 오르골뿐만 아니라 목재로 만든 다양한 디자인 용품과 생활용품이 있으므로 아름다운 음악과 함께 귀엽고 아기자기한 볼거리들 속에 파묻혀보자.

🌐 wooderfullife.com
🏠 高雄市鹽埕區大義街2-2號C8-19大義倉庫
　 LRT 보얼다이역 Dayi Pier-2 Station(駁二大義站)에서 도보 약 2분
🕐 월~금 11:00~18:00 / 토~일 11:00~21:00　📞 07-521-2454

써니힐

微熱山丘 高雄駁二特區門市 | 웨이려산치우 까오슝부얼터취문씨

대만 여행 필수 기념품인 펑리수 전문점으로 펑리수를 무료로 시식할 수 있어 유명하다.
매장입구에서 직원의 안내를 받아 들어가면 두툼한 펑리수 1개와 우롱차를 준다.
펑리수에 들어가는 유기농 파인애플로 진하고 촉촉한 과육이 매우 일품이다. 펑리수를 사
지 않아도 전혀 눈치를 주지 않기 때문에 걱정 없이 방문해도 좋다. 직원들은 간단한 영어
로 소통이 가능하며, 구매한 펑리수는 에코백에 담아준다.

🌐 sunnyhills.com.tw
🏠 高雄市鹽埕區大義街2-6號C11-1倉庫, 원더풀라이프에서 도보 약 2분
🕐 매일 11:00~19:000 💰 펑리수 10개입 NT$420 📞 07-551-0058

하마싱타이완철도관

哈瑪星台灣鐵道館 | 하마씽타이완티에따오관

하마싱타이완 철도관은 대만 철도와 관련된 모든 것을 볼 수 있는 곳이다. 대만 철도의 역사를 거대한 모형과 함께 자세히 볼 수 있는 전시관과 다양한 철도 기념품이 여행자들의 눈을 즐겁게 한다. 또 이곳에서는 보얼 예술 특구 B구역을 둘러볼 수 있는 미니기차를 탈 수 있는데, 전시관 입장료와 미니기차 이용료는 각각 NT$149이며 패키지 요금은 NT$249다. 미니기차는 생각보다 빠르게 운행되므로 조심해야하며, 운행 시간은 약 10분 정도다. 미니기차는 15분 간격으로 운행하며 운영 시간 30분 전에 마감된다. 마감 시간 전에 넉넉하게 가는 것이 좋으며, 주말 및 공휴일은 이용객이 많아 기다릴 수도 있으므로 대기 시간을 고려해 방문하는 것이 좋다.

⊕ hamasen.khm.gov.tw
⌂ 高雄市鼓山區蓬萊路99號 駁二藝術特區蓬萊 B7、B8倉庫
  LRT 보얼펑라이역 Penglai Pier-2(駁二蓬萊站)에서 도보 약 2분
⊙ 월, 수, 목 10:00~18:00, 금~일 10:00~19:00 / 화요일 휴무
Ⓝ 전시관 입장료 NTS149, 미니기차 이용료 NT$149258-3737-777 ☎ 07-521-8900

KW2
棧貳庫 | 잔얼쿠

보얼 예술 특구의 야외를 구경하다 지쳤을 때 들어가면 천국을 맛볼 수 있을 정도로 시원한 창고형 복합문화공간이다. 1914년에 지어져 가오슝 항구의 물류 창고로 사용됐던 곳을 재건축하여 사용하고 있으며, 오래된 창고 느낌을 간직하면서도 매우 현대적인 모습을 자랑한다.
여러 가지 의류와 잡화 및 생활용품을 파는 상점, 다양한 간식거리나 시원한 음료를 판매하는 카페, 다양한 나라의 음식을 판매하는 음식점이 밀집해있어 한번 들어가서 구경하고 먹다보면 시간가는 줄 모르게 된다.

🌐 kw2.com.tw
🏠 高雄市鼓山區蓬萊路17號, 하마싱타이완철도관에서 도보 약 6분
🕐 일~목 10:00~21:00 / 토~일 10:00~22:00
📞 07-531-8568

바나나부두

香蕉碼頭海景宴會館 | 샹차오마터우하이징옌후이관

바나나 생산지로 유명한 치산에서 재배한 바나나를 일본으로 수출할 때 사용했던 창고를 활용해 만든 곳이다. 노란색의 큰 건물 외관이 멀리서도 눈에 뜨인다.

내부에는 바나나와 관련된 기념품이나 음식을 판매하고 있으며, 대만 현지 음식을 파는 식당이나 음료를 마실 수 있는 카페도 입점해있다. 하지만 특별한 식당이나 카페가 있는 것은 아니며, 다소 허름하고 촌스러운 분위기가 있어 외관만 둘러보는 여행자가 많다. 밤에는 외관에 불이 켜져 바다와 함께 야경을 바라볼 수 있다.

🌐 herbian.com.tw 🏠 高雄市鼓山區蓬萊路23號, KW2 맞은편 🕐 10:00~22:00 📞 07-561-2258

가오슝패루

高雄港牌樓 | 까오슝강파이로우

패루는 붉은 기둥 위에 지붕을 얹은 중국의 전통 대문으로, 기념할 일이 있거나 마을의 대문이라는 의미로 입구에 세우는 것이다. 가오슝 패루는 가오슝 항으로 향하는 입구에 세워져있으며, 특별히 찾아갈만한 관광지는 아니다. 하지만 보얼 예술 특구에서 가까운 곳에 있으며, 상당히 크고 밤에는 불이 켜져 보기 좋으므로 한번쯤 찾아가 봐도 좋을 것이다.

🏠 高雄市鹽埕區七賢三路必信街, LRT 보얼펑라이역 Penglai Pier-2

장미성모성전주교좌당

玫瑰聖母聖殿主教座堂 | 매괴성모성디엔즈자오즈탕

1928년에 건축된 성당으로, 교황이 축복한 아시아 3대 성당에 들어가 있는 성당이자 대만에서 제일 큰 천주교 성당이다. 고딕 양식과 로마 양식이 혼합된 모양으로 크기는 크지 않지만 우아한 자태를 뽐낸다.

외부는 매일 오전과 오후 3시간씩 개방되며 내부는 미사가 진행될 때만 들어갈 수 있다. 내부는 촬영금지지만 햇빛을 담는 스테인드글라스가 아름답게 자리하고 있다. 가오슝의 역사적인 건축물이자 현재도 성당의 역할을 충실히 해내고 있는 곳으로, 천주교 신자가 아니더라도 한번쯤 볼만한 성당이다.

🌐 rosary.org.tw
🏠 高雄市苓雅區五福三路151號, LRT 쩐아이마토우역 Love Pier Station (真愛碼頭)에서 도보 약 5분
🕐 외부 : 화~토 09:00~12:00, 14:00~17:00 / 미사 : 매일 06:30 / 토요일 08:00, 일요일 6:00, 9:00, 11:00(영어 미사) 16:00
📞 07-221-4434

아이허 곤돌라 선착장

貢多拉船 | 공두어라촨

가오슝에서는 그냥 봐도 낭만적인 아이허를 곤돌라를 타면서 더 낭만적으로 즐길 수 있다. 곤돌라로 유명한 이탈리아 베니스의 곤돌라는 선체가 얇고 길어 다소 불안한 감이 있는데, 아이허의 곤돌라는 선체의 폭이 넓고 높이도 꽤 있기 때문에 보다 안정적으로 아이허를 감상할 수 있다. 곤돌라는 직원이 동승해 직접 운행하며 노래를 틀어주거나 노래를 불러주며, 중정교中正橋와 오복교五福橋 사이를 20분~25분정도 운행한다.

🌐 facebook.com/love.gondola   🏠 No. 168河東路前金區高雄市, 장미성모성전주교좌당에서 도보로 약 7분
🕐 16:30~23:30   🎫 성인 NT$200 / 90cm 이하 어린이 NT$100   📞 0908-103-866

LOVE 조형물

아이허 유람선 탑승장 바로 앞에 있는 LOVE 조형물은 가오슝의 유명한 포토존이다. 햇살이 비칠 때면 언제나 반짝거리는 러브 조형물은 주변 및 조형물 관리가 잘 되기 때문에 항상 깨끗하게 유지된다.

빨간색, 다양한 색깔을 가진 러브 조형물은 아이허의 풍경과 잘 어울리며, 낮과 밤 상관없이 보기 좋아 언제나 많은 관광객들이 찾아 사진을 찍는 장소다.

🏠 No.178 河東路前金區高雄市, 아이허 유람선 궈빈 선착장 옆　📞 07-799-5678

가오슝시228화평공원

高雄市二二八和平公園 | 까오슝시얼얼바허핑궁위엔

타이베이에서 일어나 전국적으로 퍼졌던 228 사건에서 희생된 시민들을 추모하고 기념하는 공원으로, 가오슝에는 옌청푸와 소우산 인근에 228화평공원이 있는데 옌청푸 지역에 있는 228공원이 조금 더 접근성이 좋은 편이다. 공원 입구에는 228사건에 대한 비문이 있으며, 공원에는 특별한 볼거리가 있는 것은 아니지만 역사의 흔적이 있는 곳으로 가오슝시립역사박물관을 방문할 때 함께 방문해보면 좋다.

🏠 高雄市鹽埕區中正四路二二八和平紀念公園,
　아이허유람선 렌아이 선착장 앞

가오슝 시립 역사 박물관(구 가오슝시청)
高雄市立歷史博物館 (原高雄市役所) | 까오슝시리리스보우관(위안까오슝시이쓰워)

일제강점기인 1939년에 지어진 건물로 일본에서 해방된 이후 가오슝 시청 건물로 사용했던 곳이다. 1992년 시청 건물이 이전하면서 지금의 가오슝시립역사박물관으로 바꾸어 개장하였으며, 대만 정부가 운영한 최초의 역사박물관이다.

입구에는 다양한 박물관 굿즈를 판매하는데 대만 감성이 담겨있어 기념품으로 사기 좋다. 박물관은 가오슝시 발전의 역사와 해양, 228사건, 그리고 어린이들을 위한 아동용 전시관으로 나누어져 있으며 주기적으로 특별 전시가 열린다.

🌐 khh.travel/ko/Attractions/Detail/807
🏠 高雄市鹽埕區中正四路272號, LRT 쩐아이마토우역 Love Pier Station (真愛碼頭)에서 도보 약 5분
🕐 평일 9~17시, 월요일 휴무
📞 +886-7-531-2560

가오슝 시립영화관

高雄市電影館 | 까오숑시띠엔잉관

지하까지 있는 3층 건물로 1층에는 카페가 있는데 NT$100 이하의 커피와 홍차 등 다양한 음료를 판매하고 있다. 1층은 전시관과 함께 운영되기 때문에 대만 영화와 관련된 자료를 전시해놓아 영사기 실물과 대만의 유명한 옛날 영화 포스터들을 구경할 수 있다.

2층은 시청각실과 소형 상영관, 3층에는 대형 상영관이 있다. 영화 티켓은 NT$150으로 우리나라의 조조영화 요금으로 영화 한편을 볼 수 있고, 의자 간격이 넓어 편한 관람이 가능하다.

🌐 kfa.kcg.gov.tw
🏠 高雄市鹽埕區河西路10號, 아이허 유람선 렌아이 선착장에서 도보로 약 5분
🕐 13:30~21:30 / 월요일 휴무　NT$150　📞 07-551-1211

항원우육면
港園牛肉麵 | 강위안뉴로우미엔

Olive TV 〈원나잇푸드트립〉에 방영된 현지 음식점으로 현지인들도 자주 찾지만, 옌청푸 지역을 방문하는 한국인 여행자들의 대부분이 가는 곳이다. 특별하게 찾아가야할 정도로 맛있는 맛은 아니지만 향신료 맛이 많이 나지 않기 때문에 편하게 먹을 수 있으며, 테이블에 있는 마늘과 고춧가루를 입맛에 맞게 넣어 먹는 게 좋다. 양이 많은 편으로 한 개만 시켜도 배가 찬다.

한국어 메뉴가 있어서 편하게 주문할 수 있으며 카운터에서 선불로 계산한다. 식사시간대에는 대기가 있지만 회전율이 빨라 오래 기다리지 않는 편이다. 만약 조금이라도 기다리기 싫다면 식사시간대를 피해가는 것이 좋다. 한국인 여행자들의 인기메뉴는 육수 없이 비벼 먹는 우육반면(牛肉拌麵)과 국물이 있는 우육탕면(牛肉湯麵)이다.

위치 803高雄市鹽埕區大成街55號, 가오슝시립영화관에서 도보로 약 4분
시간 매일 10:30~20:20
요금 우육반면(牛肉拌麵), 우육탕면(牛肉湯麵) NT$110
전화 +886-7-561-3842

화다내차

樺達奶茶鹽埕總店 | 화다나이차옌청종디엔

현지인들이 자주 찾는 밀크티 전문점으로 타피오카 펄이 달달하고 매우 쫀득한 것이 특징이다. 저렴한 가격에 기본 음료양과 타피오카 펄도 많이 주며, 음료마다 당도가 정해져있기 때문에 복잡하게 주문할 필요가 없는 것이 가장 큰 장점이지만 대표메뉴인 화다나이차樺達奶茶는 당도가 꽤 높은 편이다.

잔잔한 단맛의 밀크티를 원하는 여행자들에겐 호불호가 갈리므로 참고하여 주문하는 것이 좋으며, 영어 메뉴판이 제공되므로 주문 시 요청하자.

위치 高雄市鹽埕區新樂街99號, 가오슝시립영화관에서 도보 약 5분
시간 매일 09:00~22:00　　**요금** 화다나이차(樺達奶茶) NT$55 펄 추가 NT$5　　**전화** 07-551-2151

쌍비내차

双妃奶茶 | Shuang Fei Milk Tea | 쌍페이나이차

화다나이차와 함께 옌청푸 밀크티의 양대산맥을 이루는 밀크티 전문점이다. 이곳 역시 메뉴의 당도가 정해져있어 주문하는데 크게 어려움은 없으며, 영어메뉴판이 잘 만들어져있고 젊은 직원들이 근무하는 경우 영어 사용이 원만하기 때문에 주문하기 쉽다.

우유가 들어가는 모든 메뉴에 신선한 우유를 사용하여 부드러운 맛은 기본으로 느낄 수 있으며, 대표메뉴인 쌍페이나이차(双妃奶茶)는 기본 당도가 높지 않아 홍차맛과 우유맛을 은은하게 잘 느낄 수 있다.

위치 高雄市鹽埕區新樂街173號, 화다나이차에서 도보로 약 5분
시간 매일 09:00~21:00　　**요금** 쌍페이나이차(双妃奶茶) S NT$35　　**전화** 07-521-8300

소제가배
小堤咖啡 | 샤오디카페이

개점한지 40년이 넘은 가오슝에서 가장 오래된 카페로 진짜 현지 골목 안에 숨어있다. 일본인 관광객에게 인기가 많은 곳이지만 현지인이 더 많이 방문한다. 카페 내부의 인테리어와 소품들은 복고 감성이다 못해 70~80년대의 대만 카페로 들어온 듯 한 느낌이 든다. 커피와 배를 조금 채울 수 있는 간단한 식사거리도 판매하는데, 식사거리는 오전 시간으로 한정된다. 커피는 블랙과 라떼, 아이스와 핫을 고를 수 있으며, 에프스레소가 아니라 알코올램프를 사용하는 사이폰 방식으로 추출하기 때문에 눈요기로도 쏠쏠하다.

위치 高雄市鹽埕區鹽埕街40巷10號, 쌍비내차에서 도보로 약 3분
시간 매일 08:30~18:00　**요금** 커피류 NT$100　**전화** 07-551-4703

아파자빙
高雄百年老店 阿婆仔冰

1934년 개업한 이래로 3대째 내려와 70년이 넘는 역사를 갖고 있는 빙수 전문점이다. 오래된 곳이라 해서 위생이나 신선도가 신경쓰일 수 있지만 개점 이래로 신선하고 깨끗한 재료만 사용한다는 원칙 아래, 재료를 구매하는 것부터 손님의 테이블에 내놓기까지 깐깐하게 관리한다. 깨끗한 간얼음을 사용해 옛날 빙수맛을 느낄 수 있는 빙수 전문점으로 관광객보다는 현지인들이 더 많이 방문하며, 메뉴판은 영어와 사진이 있기 때문에 주문도 편하게 할 수 있다.

위치 高雄市鹽埕區七賢三路150號, 소제가배에서 도보로 약 5분
시간 매일 09:30~24:00　**요금** 빙수류 NT$40~　**전화** 07-551-3180

동분왕

冬粉王 | 둥펀왕

19070년대 개점해 점포를 3번 정도 이전했지만 50년의 역사를 갖고 있는 전통 있는 현지 음식점이다. 진한 육수에 돼지고기의 여러 부위와 부속, 그리고 당면을 넣은 대만의 전통 음식인 둥펀탕^{冬粉湯}을 판매하는 곳으로 식사시간때면 현지인들로 가득 찬다. 식사 시간대에 방문해 자리가 없다 해도 합석을 할 수 있으므로 걱정하지 않아도 된다. 주문은 카운터에서 선불로 계산한 후 직원이 직접 음식을 자리로 가져다주는 방식이다.

위치 高雄市鹽埕區七賢三路168號, 아파자빙에서 도보로 약 1분
시간 매일 09:00~20:00 **요금** 둥펀탕(冬粉湯) NT$40 **전화** 07-551-4349

대반탄고삼명치

大胖碳烤三明治 | Big fat grilled sandwiches | 다팡탄카오싼밍쯔

관광객은 많이 없고 현지인들이 많이 찾아오는 이곳은 1965년에 개업해 오랜 명맥을 이어오고 있는 옌청푸의 샌드위치 전문점이다. 담백한 계란 샌드위치는 양이 적당하고 저렴한데다 맛도 괜찮아 호평이다. 매일 운영하는 장점이 있는 대신 영업시간이 아침 아니면 저녁으로 극과 극으로 나누어져있다.

낮에는 아예 운영하지 않기 때문에 방문 시 시간을 주의해야한다. 무조건 찾아와서 먹어야 하는 곳은 아니고 인근에 있을 때 가보면 좋은 곳이다. 메뉴판에 영어 표기와 사진이 있어 주문하기 쉽다.

위치 高雄市鹽埕區大公路78號, 동분왕에서 도보로 약 1분
시간 매일 07:00~10:50, 18:00~22:50 **요금** 샌드위치류 NT$40~ **전화** 07-561-0262

가오슝 파파빙 플래그샵
高雄婆婆冰(旗艦店) | 까오슝포포빙치지엔띠엔

가오슝은 2대째 이어오고 있는 빙수 전문점으로 본점과 플래그샵이 인근에 위치해있다. 본점은 점포가 개방된 형식으로 모기의 위험이 있는데다 에어컨이 없다. 하지만 플래그샵은 유리로 막혀있고 에어컨이 가동돼 시원한 내부에서 먹을 수 있으며, 전통 있는 빙수를 좀 더 믿을만한 위생 상태로 먹을 수 있다는 장점이 있어 플래그샵 방문을 추천한다.
모든 빙수류는 양이 많고 맛있어 현지인 관광객 할 것 없이 좋아한다.
본점은 같은 골목에서 동분왕 방면으로 올라가다 보면 있으며 플래그샵과 본점 모두 빨간 두건을 쓴 할머니 캐릭터가 간판에 달려있다. 메뉴판에 빙수 사진과 영어 표기가 돼있어 주문이 쉬우며, 모든 메뉴가 NT$120 이하의 저렴한 가격을 자랑하는데 NT$ 20을 추가해 우유얼음으로 변경가능하다.

홈페이지 popoice.com.tw **위치** 高雄市鹽埕區七賢三路98-12號, 동분왕에서 도보로 약 5분
시간 금~수 11:00~22:00 / 목요일 휴무 **요금** 빙수류 NT$55~ **전화** 07-561-6695

입육진
鴨肉珍 | Duck Zhen | 야로우전

식사시간이 아니어도 관광객과 현지인들이 북적이는 이 곳은 오리고기를 전문으로 하는 오래된 현지음식점이다. 한국인 입맛에 편하게 먹을 수 있는 것은 인기 메뉴인 야로우판鴨肉飯(오리고기덮밥)이며, 영어메뉴판은 없지만 아주 간단한 영어로 소통이 가능하다. 주문 방식은 테이블에 자리를 잡고 줄을 서서 주문하며, 주문 시 테이블 번호와 "덕 라이스(스몰 or 라지)"라고 말하면 주문한 음식을 가져다주며 음식을 계산한다.

위치 高雄市鹽埕區五福四路258號, 가오슝 파파빙 플래그샵에서 도보로 약 2분
시간 수~월 10:00~20:20 / 화요일 휴무
요금 야로우판(鴨肉飯) 소(小) NT$25 대(大) NT$35 **전화** 07-521-5018

City Suites
城市商旅高雄真愛館 | 청시상뤄까오슝전아이관

보얼예술특구 C구역 인근에 있는 4성급 호텔로 장점이 매우 많은 곳이다. 먼저 보얼예술특구와 LRT에서 가까워 이동과 관광이 편하며, 직원들은 친절하고 저렴한 가격에 깨끗하고 넓은 룸을 제공하는데다, 무료 야식까지 제공하기 때문에 투숙객들의 높은 만족도를 이끌어내는 곳이다. 투숙객이 많은 호텔이기 때문에 조식과 야식 시간대 사람이 붐비고 음식이 빨리 떨어지기 때문에 시간대에 맞춰 먹는 것이 좋다.

홈페이지 citysuites.com.tw
위치 高雄市鹽埕區大義街1號, LRT 보얼다이역 Dayi Pier-2 Station(駁二大義站)에서 도보로 약 2분
요금 NT$1300~　　전화 07-521-5116

Legend Hotel Pier 2, Kaohsiung
秝芯旅店駁二館 | 리신뤼디엔보얼관

더 짠내투어 가오슝편에서 제작진과의 대결에서 실패한 짠내투어 멤버들이 숙박했던 숙소다. 건물 외벽에 화려한 벽화가 그려져있어 찾기 쉬우며, MRT 옌청푸역 4번출구에서 도보 5분 정도로 가까워 이동과 관광이 편한 편이다. 숙소에 엘리베이터가 있어 편하게 이용할 수 있으며 조식이 맛있다. 공용 공간 및 시설이 깔끔하게 유지되며 룸 유형은 도미토리와 개인룸으로 나눠져 있다.

홈페이지 p2.legendhotel.com.tw
위치 高雄市鹽埕區五福四路67號, MRT 옌청푸역(鹽埕埔站) 4번출구에서 도보로 약 5분
요금 NT$700~　　전화 07-521-9666

스모키 조스 아파트
冒煙的喬就是公寓旅店 | 마오엔다치아오찌우스꽁위뤼디엔관

MRT 옌청푸역 4번출구에서 도보 4분이면 닿는 가까운 곳에 있는 스모키 조스 아파트는 내 외부 건물이 모두 개성있는 컨셉을 가지고 있어 여행자들의 발길을 이끈다. 한국인 여행자들보다는 외국인 관광객이나 젊은 나이대의 현지인들이 선호하는 곳으로, 일반적인 숙소가 아닌 독특한 감성의 숙소를 경험하고 싶을 때 추천하는 곳이다. 직원도 친절하고 조식도 맛있는 편이며, 시설과 서비스가 다양하여 여행자들의 만족도가 높다.

홈페이지 joes-apartment.com.tw
위치 高雄市鹽埕區五福四路91號, MRT 옌청푸역(鹽埕埔站) 4번출구에서 도보로 약 4분
요금 NT$1500~ **전화** 07-521-0987

OX Suites
圈叉行旅 | 쿼차싱뤼

옌청푸의 다양한 현지 먹거리가 가득한 골목에 위치한 OX Suites는 MRT 옌청푸역 4번출구에서 도보로 5분이면 도착할 수 있다.

숙소는 모던하고 감각적인 인테리어의 게스트 하우스 형태이며, 한국인 여행자보다는 현지 젊은이들이나 외국인 여행자들에게 인기 있는 숙소다. 저렴한 가격에 시설 대부분이 깔끔하고 깨끗해 호평이며, 룸 또한 편안하고 안락해 투숙객들의 만족도를 높인다.

위치 高雄市鹽埕區五福四路272號, MRT 옌청푸역(鹽埕埔站) 4번출구에서 도보로 약 5분
요금 NT$1400~ **전화** +886-968-300-818

西子湾

SHIHZUWAN

시즈완

시즈완

SHIHZUWAN

시즈완의 옛 지명은 하마센(濱線)이다. 과거 시즈완 지역에는 일제강점기 시절 일본이 항구와 도심으로 이어지는 해안철도노선이 있었는데, 일본어로 해안철도노선을 하마센이라 불렀다. 현재 사용하고 있는 하마싱(哈瑪星)이라는 지명은 하마센을 표준 중국어식으로 발음한 방법이다. 시즈완 지역에는 하마싱이라는 지명을 사용한 관광지인 하마싱철도문화원구와 LRT 역이 있으며, 군데군데 위치한 음식점들도 하마싱이라는 지명이 들어가 있는 편이다.

시즈완은 어딜 가나 가오슝의 아름다운 바다를 감상할 수 있는 곳으로, 북쪽에는 소우산이 있으며 남쪽으로는 치진섬을 마주하고 있다. 특히 아름다운 석양을 감상할 수 있는 것으로 유명해 현지인들도 자주 찾는 곳이다. 여행자들은 어디로 시선을 돌려도 편안한 자연 풍경을 자랑하는 시즈완을 여행하면서 여유로운 가오슝 여행을 즐길 수 있을 것이다.

대부분의 여행자들은 시즈완에서 가장 유명한 관광지인 다거우 영국 영사관을 꼭 방문한다. 다거우 영국 영사관은 시즈완역에서 1KM가 넘는 거리에 있어 시즈완역에서 버스를 타고 가거나, 군데군데 있는 가오슝시 공용 자전거 C-BIKE를 이용하는 것이 좋다. 만약 인근 C-BIKE 정차장에 자전거가 없다면 시즈완역 인근에 자전거를 대여해주는 곳이 많으므로 업체를 이용해도 좋다.

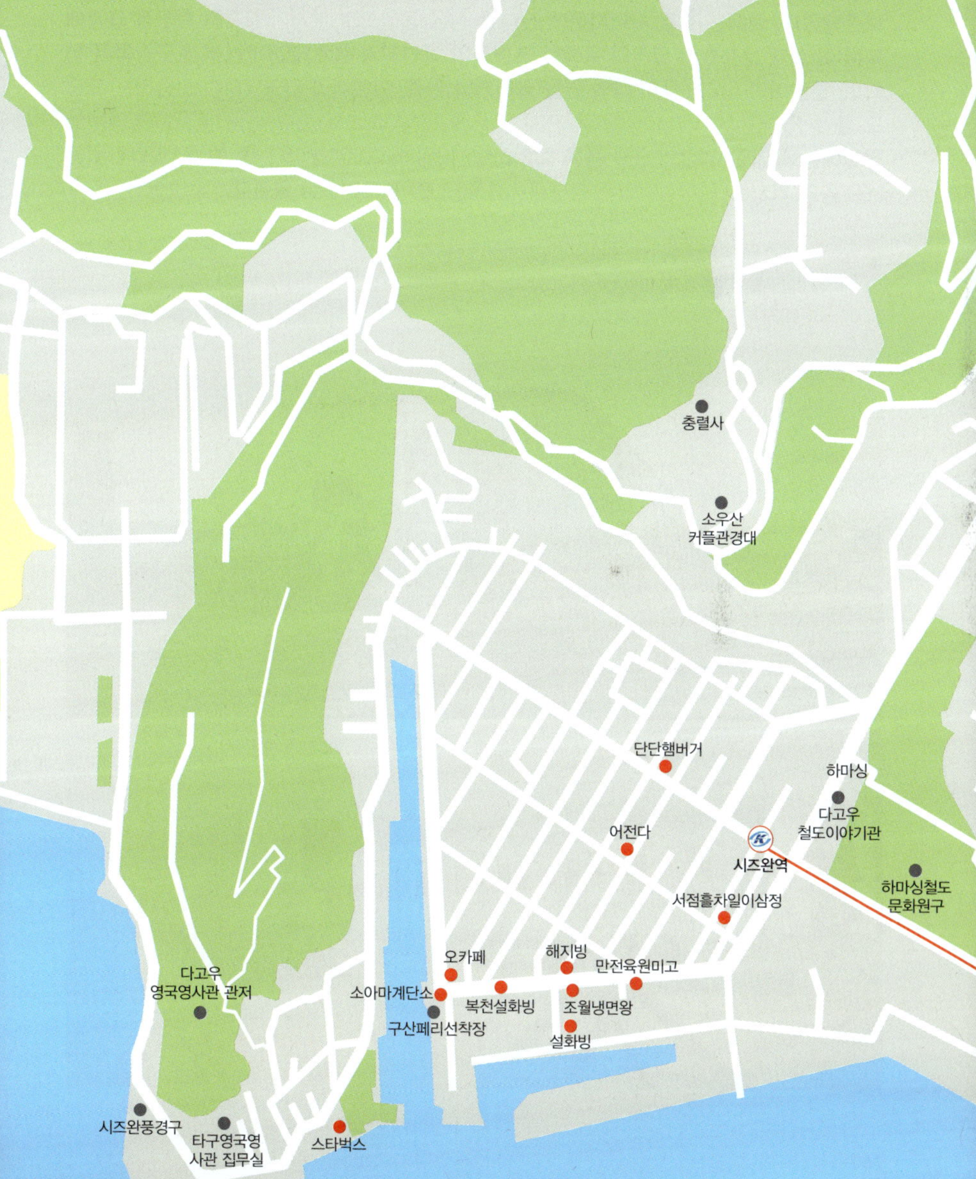

하마싱 철도 문화원구

哈瑪星鐵道文化園區 │ 하마싱티에따오윈화원취

1900년대 가오슝 항구 기차역으로 사용했던 곳으로 100년 전에 사용했던 철길이 그대로 보존돼있다. 현재는 철길 사이사이에 잔디를 심은 공원으로 부지가 12개의 축구장 크기에 이른다. 실제 운행했던 열차와 독특한 조형물이 여기저기 설치돼있어 가볍게 구경하기 좋으며, 주말이면 현지인들이 나와 연을 날리거나 가족, 연인끼리 피크닉하는 모습하는 모습도 볼 수 있다.

철길에는 다양한 색상의 LED 등을 설치하여, 매일 19:00 30분마다 한 번씩 철도에 있는 LED 등이 켜지는 '하마성광임무(哈瑪星光任務)' LED 퍼포먼스가 열린다.

⌂ 高雄市鼓山區鼓山一路32號, LRT 하마싱역(鹽埕埔站) 일대
⌚ 하마성광임무(哈瑪星光任務) 매일 19:00~21:30 사이에 30분마다 운영
☎ 07-531-6209

다고우 철도 이야기관

舊打狗驛故事館 | 지우다거우이구쉬관

가오슝 항구 기차역과 관련된 다양한 철도 문물을 보존하고 있는 박물관이다. 내부에는 과거 기차역의 분위기를 재현하여 옛날 기차역에서 업무를 볼 때 사용했던 물건 및 소품들을 전시해놓았으며 가오슝 항구 기차역에 대한 영상물을 시청할 수 있다. 외부에는 옛날 가오슝 항구 기차역과 승강장, 신호등이 있어 과거의 모습을 구경해볼 수 있다.

🌐 trm.tw 🏠 高雄市鼓山區鼓山一路32號, LRT 하마싱역(鹽埕埔站) 옆

🕐 매일 10:00~18:00 / 월요일 휴무 📞 07-531-6209

소우산 커플관경대

壽山情人觀景台 | 소우산칭런관찡타이

가오슝의 전경을 감상할 수 있는 전망대로 소우산과 시즈완, 가오슝 항구와 바다의 아름다움을 한 번에 느낄 수 있는 곳이다. 낮에 방문하면 가오슝의 푸른 풍광을, 밤에 방문하면 아름다운 야경을 즐길 수 있다. 한번 가보면 온 게 아깝지 않은 풍경을 즐길 수 있으나 가는 방법이 다소 힘들다.

대중교통으로 갈 수 있는 방법은 옌청푸역에서 56번 버스를 타는 것인데 9시부터 한 시간에 한두 대 꼴이며 18시 이후로는 버스가 다니지 않는다. 걸어갈 수도 있으나 오르막길이라 추천하진 않으며, 시즈완역에서 택시를 타면 기본요금 NT$85에 교통 사정에 따라 NT$10~20정도 붙으므로 맘 편하고 몸 편하게 택시 타는 것을 추천한다.

🏠 高雄市鼓山區忠義路30號

    MRT 옌청푸역(鹽埕埔站) 4번 출구에서 56번 버스 탑승 후 칭런관찡타이(情人觀景台)정류장에서 하차

🕐 24시간 개방

충렬사

高雄市忠烈祠 | 까오슝시쫑라에츠

소우산 커플관경대 옆에 있는 계단을 올라가면 위치한 곳으로, 과거 일본인이 건설한 신사가 있었지만 일제에서 해방된 이후 일부를 철거하고 다시 증축하여 지금의 모습이 됐다. 현재는 항일운동과 중화민국 내전 시절에 전사한 열사들을 추모하는 장소로 쓰이고 있으며, 본전도 규모가 크지 않아 소우산 커플관경대를 보러 왔을 때 한번쯤 둘러볼만 하다.

⌂ 高雄市鼓山區忠義路30號
  MRT 옌청푸역(鹽埕埔站) 4번 출구에서 56번 버스 탑승 후 칭런관찡타이(情人觀景台)정류장에서 하차
🕐 24시간 개방

소우산 동물원

高雄市壽山動物園 | 까오슝시셔우산둥우위안

2000원도 안되는 저렴한 가격에 다양한 동물을 볼 수 있는 곳으로, 대만에서 두 번째로 크고 대만 남부에서는 가장 큰 동물원이다.
우리나라의 동물원에 비해 조금 더 가까운 거리에서 동물들을 관찰할 수 있는 편이며 코끼리, 코뿔소, 백호, 사자, 흑곰 등의 대형 동물도 볼 수 있다. 동물원에는 야생원숭이가 돌아다니는데 먹을 것을 갖고 있으면 뺏길 수도 있으니 조심해야하며, 모기가 많기 때문에 만반의 준비를 하는 것이 좋다.

🌐 zoo.kcg.gov.tw
⌂ 高雄市鼓山區萬壽路350號
  MRT 옌청푸역(鹽埕埔站) 4번 출구에서 56번 버스 탑승 후 셔우산둥우위안(壽山動物園)정류장에서 하차
🕐 화~일 09:00~17:00 / 월요일 휴무
💲 성인 NT$40 / 6-12세 NT$20 / 6세 이하, 65세 이상, 장애인 및 동반1인 무료　📞 07-521-5187

규모가 꽤 큰 편으로 동물원 내부를 이동할 수 있는 버스도 따로 있으나, 이용료가 NT$50
로 입장권보다 비싸다는 점이 꽤 아이러니하다. 어린이 목장에서는 10시와 2시에 먹이 주
기 체험이 가능하다.

구산 페리 선착장

Gushan Ferry Pier Station │ 鼓山輪渡站 │ 까오슝시셔우산둥우위안

치진으로 가는 페리를 탈 수 있는 선착장이다. 페리는 길어도 15분 간격으로 이용할 수 있으며, 대기 인원이 많아도 금방 금방 빠지는 편이다.

페리는 자전거와 전동스쿠터를 소지한 채로 탑승 할 수 있어 시즈완역에서 자전거와 전동스쿠터를 대여한 후 치진섬에서 타도 좋다. 이동수단 미소지 시 건물 오른쪽으로 들어가면 된다.

🏠 高雄市鼓山區濱海二路1號, MRT 시즈완역(西子灣站)에서 도보로 약 8분 걷거나, 2번 출구에서 하마싱 문화버스 탑승 후 구산위시창(鼓山魚市場) 정류장 하차 후 직진

🎫 티켓 NT$40(아이패스 이지카드 사용 시 NT$20), 5세 이상 어린이 / 65세 이상, 장애인 및 동반 1인 NT$15 (아이패스, 이지카드 사용 시 NT$12)

🕐 매일 05:15~26:00 / 배차는 시간대 및 대기 인원에 따라 약 5분에서 15분 간격 (05:00~06:00, 23:55~26:00 시간대는 30분 간격)

다거우 영국영사관

打狗英國領事館 | 다고우잉궈링스관

다거우 영국영사관 입구는 산상에 있는 관저와 평지에 있는 집무실로 나눠져 있으며, 대만 최초의 영국 영사관으로 1876년에 짓기 시작해 1879년 완공됐다. 현재 대만에 있는 근대 서양식 건축물 중 가장 오래된 건물이다.

입장권과 함께 주는 NT$30의 할인권은 산상관저의 영국식 전통 에프터눈 티를 경험해볼 수 있는 실내 카페와 노천카페, 평지 집무실에서 노천카페에서 사용가능하다. 산상관저는 높은 곳에 위치해 가오슝 항구와 바다를 전망할 수 있으며, 대부분의 한국인 여행자들은 바로 산상관저 입구로 올라가 입장하는 편이다.

🏠 khh.travel/ko/Attractions/Detail/791

　산상관저 주소 : 高雄市鼓山區哨船街7號, MRT 시즈완역(西子灣站) 1번 출구에서 99번 버스 탑승 후 시즈완(西子灣) 정류장에서 하차

　평지집무실 주소_ 高雄市鼓山區哨船街7號, MRT 시즈완역(西子灣站) 1번 출구에서 99번 버스 탑승 후 슝전베이먼(雄鎮北門) 정류장에서 하차

🕐 화~금 09:00~19:00 / 토, 일 09:00~21:00, 폐장 30분전 입장 마감 / 매월 셋째 주 월요일 휴관(7,8월은 휴관 없음)

💲 성인 NT$99 / 1~6세 미만 NT$39, 1세 이하 아동, 장애인 무료

📞 07-525-0100

시즈완 풍경구

打狗英國領事館 | 다고우잉궈링스관

가오슝의 8대 명소인 시즈완 풍경구는 가오슝의 하늘과 바다가 만나는 광경을 볼 수 있는 곳으로, 가오슝에서 가장 아름다운 석양을 즐길 수 있다. 관광객보다 현지인이 더 많을 정도로 현지인들에게 사랑 받는 석양 명소이며, 굳이 석양이 아니더라도 뻥 뚫린 푸른 바다를 볼 수 있으므로 언제든 방문해도 좋다.

⌂ 高雄市鼓山區蓮海路70號
　MRT 시즈완역(西子灣站) 1번 출구에서 99번 버스 탑승 후 시즈완(西子灣) 정류장에서 하차

단단햄버거 시즈완점
丹丹漢堡 西子灣店 | 딴딴한바오시즈완디엔

대만 남부에 왔다면 한번쯤 먹어봐야하는 단단햄버거 체인점이다. 시즈완점은 MRT 시의 회역 인근에 있는 칠현점에 비해 역 바로 근처에 있기 때문에 찾아가기는 좋지만, 식사시간과 상관없이 항상 현지인들로 붐빈다. 자리가 많이 없기 때문에 기다려야 하거나 앉아서 먹지 못할 때가 많은 것을 유의하자.

단단햄버거 시즈완점은 대만 현지 음식을 취급하는 곳이 많은 시즈완에서 음식에 대한 두려움 없이 편하게 먹을 수 있는 곳이다. 아침부터 저녁 늦게까지 영업하기 때문에 아침 저녁 상관 없이 가도 좋으며, 느끼하고 기름진 대만 음식에 질렸을 때나 출출할 때 찾기 좋다. 한국인 입맛에도 맛있는 치킨버거 씨엔추이지투웨이바오鮮脆雞腿堡는 탄산음료나 커피, 밀크티, 쥬스 같은 다양한 음료와 함께 즐겨보자.

위치 高雄市鼓山區臨海二路24號高雄捷運西子灣站, MRT 시즈완역(西子灣站) 1번 출구 앞
시간 금~수 07:00~21:00 / 목 휴무
요금 치킨버거 단품(鮮脆雞腿堡) NT$55, 콜라(可樂)커러 사이다(汽水)치수에이 S사이즈 NT$15
전화 07-533-0573

어전다
御典茶 | 위디엔차

현지인들에게 유명한 밀크티 전문점이다. 저렴한 가격에 음료 사이즈는 모두 L사이즈로 양이 많은 편이며, 달지 않고 은은한 맛의 밀크티를 선호하는 여행자들이 좋아할만한 곳이다. 밀크티에 들어가는 타피오카는 일반적인 검은색 타피오카가 아닌 투명한 타피오카인데 쫀득한 식감이 큰 이물감이 없어 호불호는 갈리지 않는다. 타피오카는 한정 수량이기 때문에 방문 예정이라면 일찍 찾아가는 것이 좋다. 반드시 찾아가야하는 밀크티 맛집은 아니고 근처에 있다면 한번쯤 가볼만한 곳이다.

홈페이지 facebook.com/RoyalTEATEA
위치 高雄市鼓山區鼓元街40號, MRT 시즈완역(西子灣站) 1번 출구에서 도보로 약 2분
시간 매일 11:00~22:00　　**요금** 밀크티류 NT$35~　　**전화** 07-531-4757

서점 카페 흘차일이삼정
書店喫茶 一二三亭 | 슈디엔츠차이얼산팅

골목에 있는데다 입구도 더 안쪽에 들어가 있어 그냥 지나치기 쉽다. 일본 음식점 입구처럼 가운데가 갈라진 하얀 천을 열고 계단을 올라가 문을 열면 꽤 넓은 실내가 나온다.
1920년에 지어져 무려 100년이나 된 건물에 입점해있는 서점흘차일이삼정은 과거 일본인이 운영하던 유명 요정을 카페로 새롭게 재창조한 곳이며, 커피와 차, 디저트와 함께 다양한 종류의 대만 서적을 전시하고 판매한다.

홈페이지 facebook.com/cafehifumi
위치 高雄市鼓山區鼓元街4號2樓, 어전다에서 도보로 약 3분
시간 매일 10:00~18:00　　**요금** 밀크티류 NT$35~
전화 07-531-0330

만전육원미고
萬全肉圓米糕 | 완취안러우위엔미까오

구글맵에는 만전육원-고산점(萬全肉圓-鼓山店)이라고 써있지만 음식점의 이름은 만전육원미고가 맞다. 간판메뉴인 간장에 졸인 돼지고기와 가다랑어포 가루, 오이를 밥 위에 얹어먹는 음식인 미까오(米糕)와, 생선완자가 들어간 탕 위완탕(魚丸湯) 대만식 미트볼인 로우위엔(肉圓)은 한국인 입맛에도 잘 맞다.

한화 4,000원도 안 되는 저렴한 가격에 3가지 음식을 먹을 수 있는 곳으로, 시즈완 여행 시 허기가 지거나 현지 음식을 한번쯤 경험해보고 싶을 때 들어가면 좋을 것이다.

홈페이지 facebook.com/wanchuandalicacy　**위치** 高雄市鼓山區臨海一路1號, 서점흘차일이삼정에서 도보로 약 3분
시간 매일 06:00~17:30　**요금** 미까오(米糕) NT$25 / 위완탕(魚丸湯) NT$30, 로우위엔(肉圓) NT$35
전화 07-531-0330

조월냉면왕
朝月冷麵王 | 쟈오웨렁미엔왕

가오슝에서 웬 한식, 그것도 냉면인가 하겠지만 이곳은 시즈완에서 인기가 꽤 좋은 음식점이다. 한국인은 찾아보기 어렵고 현지인들이나 일본인들이 더 많다.

냉면맛은 음식점 간판에 냉면왕을 내건 것이 아깝지 않은 정도지만, 한국의 일반적인 냉면 맛보다는 다소 달달한 맛이 있어 호불호가 조금 있는 편이다. 가오슝에서 뜨겁고 느끼한 음식에 지쳐 시원한 냉면이 그리울 때 들어가 보면 좋을 것이다.

위치 高雄市鼓山區濱海一路57號
　　　만전육원미고에서 도보로 약 2분
시간 매일 11:30~14:30, 17:00~21:00
요금 냉면류 NT$160~
전화 07-531-8669

해지빙
海之冰 | 하이즈빙

시즈완에서 가장 유명한 빙수 전문점으로 언제나 현지인들과 관광객으로 북적거리는 곳이다. 메뉴는 빙수 사진뿐만 아니라 한국어 표기까지 완벽히 돼있기 때문에 주문에 불편함이 없다.

메뉴판에 테이블 번호 및 원하는 빙수에 표시해 주문하거나 카운터 앞에서 가리켜 주문하면 된다. 다양한 메뉴의 빙수는 저렴하고 양이 많은 편이지만, 먹다보면 혼자 다 먹고 싶어지기 때문에 많이 배부른 것이 아니라면 둘이서 가도 1인 1빙수를 먹는 것을 추천한다.

홈페이지 ice-bowl.com.tw **위치** 高雄市鼓山區濱海一路76號, 조월냉면왕에서 도보로 약 2분
시간 화~일 11:00~22:00 / 월요일 휴무 **요금** 빙수류 NT$55~ **전화** 07-551-3773

설화빙
雪花冰 | 쉐화빙

시즈완에서 해지빙 다음으로 인기 있는 빙수 전문점으로, 관광객보다는 현지인들에게 더 인기가 많아 항상 현지인들이 자리를 채우고 있는 편이다.

해지빙은 월요일에 쉬지만 이곳은 매일 영업하며, 해지빙이 문을 닫아 가봤던 한국인 여행자들에 의해 한국인들에게 빙수 맛집으로 조금씩 알려지고 있다. 관광객이 많이 오는 곳이 아니기 때문에 주문 시 영어메뉴판을 따로 요청해야한다. 빙수 가격은 해지빙보다 더 저렴하고 얼음이 더 부드럽게 갈려나온다.

홈페이지 facebook.com/FuChuanSizihwan **위치** 高雄市鼓山區濱海一路91號, 해지빙 맞은편
시간 매일 11:00~24:00 **요금** 빙수류 NT$40~ **전화** 07-521-4206

소아마계단소
蘇阿嬤雞蛋酥 | 수아마지단수

1963년부터 장사를 시작해 50년이 넘는 전통을 갖고 있는 도넛 전문 가게다. 도넛은 우리
나라의 시장에서 파는 생도넛 같은 느낌이지만 조금 더 기름기가 없는 편이다. 시즈완에서
반드시 먹어봐야할 것은 아니지만 우리나라 돈으로 600원도 안 되는 저렴한 가격을 자랑
하므로, 뭔가 먹고는 싶은데 음식이나 빙수는 부담스러울 때 사서 한입 베어 물면 만족할
것이다.

홈페이지 facebook.com/eggsu1963　　**위치** 高雄市鼓山區濱海一路96號, 해지빙에서 도보로 약 2분
시간 월~수,금 13:30~20:00 / 토,일 13:00~20:30 / 목요일 휴무　　**요금** 도넛류 NT$15~　　**전화** 07-533-7377

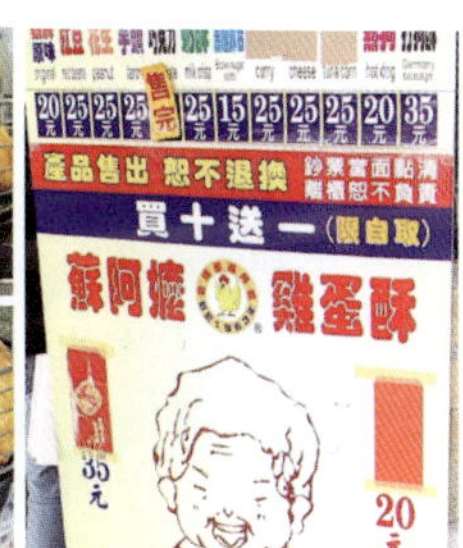

오 카페
Oh Cafe

시즈완에서 유명한 커피 맛집으로 현지인들이
좋아하는 곳이다. 테이블이 몇 개 없는 테이크
아웃 전문점으로, 시간과 상관없이 시키는 현
지인들의 배달 주문 덕분에 배달 오토바이가
쉴 새 없이 입구를 드나든다.
커피는 아프리카, 아시아, 아메리카 지역에서
수입한 원두를 직접 로스팅해 커피를 내려 신
선함이 보존된 커피맛을 느낄 수 있다. 음료는
커피 외에 홍차, 녹차, 우롱차 등도 판매하며,
영어메뉴판이 있으므로 쉽게 주문할 수 있다.

홈페이지 facebook.com/ohcafe.shop
위치 高雄市鼓山區濱海二路5號, 소아마계단소 옆
시간 월~금 12:00~20:00 / 토,일 10:00~21:00
요금 음료류 NT$55~　　**전화** 07-533-7377

스타벅스 시즈완점
星巴克西子灣 | 싱바커시즈완

한국에서도 쉽게 갈 수 있는 글로벌 커피 체인점 스타벅스를 굳이 시즈완에서 가야만 하는 이유가 있다. 바로 시원한 곳에서 통유리창 밖의 시즈완 바다를 마음껏 감상할 수 있다는 것이다.

항상 현지인들로 북적이는 곳이며, 해가 지는 시간대의 창가자리는 대부분 차있는 편이므로 시간을 고려해 방문하는 것이 좋다. 에어컨이 나오는 시원한 장소에서 차가운 음료를 마시며 시즈완의 석양을 여유롭게 감상하고 싶다면 반드시 방문해야할 곳이다.

위치 高雄市鼓山區哨船街14號, 다거우영국영사관 평지 집무실에서 도보 약 3분
시간 일～목 08:00～21:00 / 금,토 08:00～22:00　　**요금** 음료류 NT$85～　　**전화** 07-521-9753

旗津

CIJIN

치진

치진

CIJIN

치진은 가오슝에 있는 섬이지만, 시즈완에 있는 구산 페리 선착장에서 페리를 타면 잠깐 고개를 돌린 사이에 도착해있을 정도로 가까운 곳이다. 치진은 유명한 관광지나 음식점이 매우 많은 편은 아니지만 많은 이들이 찾는 이유가 있다. 바로 가오슝을 다녀온 대부분의 여행자들의 SNS에 올라와있는 유명한 포토존, 무지개 교회가 있는 곳이기 때문이다.

물론 치진은 무지개 교회 외에도 즐길 거리가 많다. 치진을 방문한 여행자들은 가오슝 시내에서 느껴볼 수 없었던, 바다와 함께 감상할 수 있는 여러 곳의 포토존을 만날 수 있다. 또 눈에 걸리는 것 하나 없이 뻥 뚫린 치진의 바다를 감상하는 일은 일상에 지쳐있던 마음과 몸이 재충전되는 느낌을 받게 될 것이다. 이와 더불어 섬이라는 장점을 가진 치진의 수산시장 거리는 가오슝 시내와는 확연히 다른 치진만의 활기찬 분위기를 느낄 수 있다. 치진은 충분한 시간을 갖고 살펴볼 때 더욱 더 매력을 느끼게 되는 곳으로 가오슝 여행에서 꼭 들러봐야 할 곳으로 추천한다.

구산 페리 선착장
바나나 부두
가오슝신빈 선착장
써니힐
치허우 등대
우 포대
ㅣ 터널
치진 페리 선착장
치진 천후궁
치진 해산물 거리
치진 해수욕장
치진 선셋바
두육빙성
치진 무지개 교회
쌍라대
치진 조개껍질 박물관
치진해진주
만이소흘부
치진풍차공원

여행 잘하는 법

치진에서 가볼만한 관광지나 음식점은 서로 거리가 꽤 떨어져 있기 때문에 도보로 이동하는 것은 절대 권장하지 않는다. 치진에서도 가오슝 시 공용자전거(C-BIKE)를 이용할 수 있지만, 선착장에서 꽤 멀리 떨어진 곳에 있으며 자전거 개수가 많지 않다.

치진 페리 선착장 바로 앞에는 일반 자전거와 전동자전거, 전동스쿠터를 대여해주는 업체가 여러 개 있으므로 그곳에서 빌리는 편이 낫다. 치진이 아니더라도 시즈완역 주변의 공용자전거(C-BIKE)나 유료 대여 업체에서 대여해 와도 페리에 함께 실어 갈 수 있다. 자전거 및 전동스쿠터 소지자는 구산페리선착장 건물 입구 왼쪽에서 일반이용자(一般民眾)Travel Lane for Tourists 쪽으로 들어가면 된다.

페리 요금은 자전거 소지 시 NT$50(아이패스, 이지카드 사용 시 NT$30)이며, 전동스쿠터 소지 시 80NT$(아이패스, 이지카드 사용 시 NT$45)이다. 이동수단을 대여할 때는 여권을 맡기므로 여권을 반드시 챙겨가야 하며, 2시간 이상은 대여해야 치진에 있는 관광지를 여유 있게 둘러볼 수 있다.

전동자전거와 전동스쿠터의 사고 위험성

자전거든 스쿠터든 전동이라 해서 크게 위험한 일이 없다고 생각하는 여행자들이 많다. 하지만 운전 면허가 없거나, 면허가 있지만 장롱면허인 비운전자가 전동자전과 전동스쿠터를 운전하게 되면 생각보다 사고의 위험성이 높다.

1. 시동 방법
전동자전거와 전동스쿠터의 시동 방법은 손잡이를 부드럽게 돌리는 것이다. 하지만 전동 자전거와 전동 스쿠터의 손잡이에 얼마 정도의 힘을 가해야 시동이 걸리는 지 경험해본 적이 없는 운전면허 미소지자와 비운전자들은 일단 세게 돌리는 일이 대부분이다. 잘못하면 관광을 시작하기도 전에 근처에 있는 사람이나 차에 그대로 박게 될 수도 있으므로, 시동을 걸 때는 무조건 강아지 쓰다듬듯 천천히 손잡이를 돌려야한다.

2. 전방주시
운전을 할 때는 무조건 전방을 잘 살펴야 하지만, 대부분의 여행자들이 이곳저곳에 있는 풍경을 감상하느라 전방 주시를 하지 못할 때가 있다. 운전자의 시선은 옆에 있어도 전동자전거와 전동스쿠터는 계속 앞으로 진행하기 때문에, 잠깐만 고개를 돌렸다가 앞을 봤을 때 예기치 못한 장애물이나 차량, 사람이 있을 수 있다. 운전면허 미소지자와 비운전자는 전동자전거와 전동 스쿠터를 운전할 때 무조건 앞만 보고, 구경하고 싶은 풍경이나 지도를 봐야할 때는 무조건 멈춰야 한다.

3. 손잡이 조작 미숙
전동자전거와 전동스쿠터는 손잡이를 돌려야 시동이 걸리고 움직이는데, 아주 조금만 돌려진 상태더라도 앞으로 나간다. 하지만 비운전자와 운전면허 미소지자들은 손잡이 조작이 익숙하지 않기 때문에 본인이 손잡이에 얼마나 힘을 가하고 있는지, 즉 손잡이가 돌려진 상태인지 아닌지 모르는 경우가 많다.

만약 운전자가 어떤 지점에 멈추려고 브레이크를 잡아 전동자전거나 전동스쿠터가 멈췄을 때도, 손잡이가 조금이라도 돌려져 있는 상태라면 브레이크를 놓는 순간 앞으로 나가버린다. 앞에 차나 사람이 있는 상태라면 그대로 박아버리게 되는 것이다. 운전면허 미소지자와 비운전자들은 전동자전거나 전동 스쿠터를 운전하면서 어떤 곳에 멈출 때, 반드시 손잡이가 조금이라도 돌려지지 않게 잡은 뒤에 브레이크를 잡아야 한다.

치진 페리 선착장

旗津輪渡站 | Cijin Ferry Station | 치진룬두쟌

구산 페리 선착장에서 치진으로 들어갈 때는 많은 사람들이 다양한 시간대에 들어가기 때문에 오랜 대기가 없다. 하지만 늦은 오후부터 일몰까지는 치진에서 퇴근하는 현지인들과 관광을 끝낸 관광객들이 한꺼번에 몰려 페리 대기줄이 다소 있는 편이다.
오전에 방문해 오후 일찍 나가거나, 오후에 들어와 느긋하게 일몰까지 감상한 후 저녁까지 여유롭게 먹고 나가면 오랜 대기 없이 치진에서 나갈 수 있을 것이다.

- 高雄市旗津區旗津輪渡站. 구산 페리 선착장에서 페리 승선 후 약 7분~10분
- 매일 05:00~26:00 / 배차는 시간대 및 대기, 인원에 따라 약 5분에서 15분 간격(05:00~06:00, 23:55~26:00 시간대는 30분 간격)
- 티켓 NT$40 / 아이패스, 이지카드 사용 시 NT$20 / 5세 이상 어린이
  65세 이상, 장애인 및 동반 1인 NT$15(아이패스, 이지카드 사용 시 NT$12) / 0~4세 무료

치진 이동수단 대여
치진 페리 선착장 주변에는 자전거, 전동자전거(1~4인용), 전동스쿠터를 대여해주는 업체가 상당히 많다. 하지만 일반 자전거로 치진을 돌아보기엔 날씨가 너무 더울 뿐더러 관광지 간 거리도 상당하다. 차라리 조금 더 돈을 주더라도 전동자전거나 전동스쿠터를 대여하여 몸이라도 덜 힘들게 관광하는 것을 추천한다.
페리 선착장에 있는 대부분의 업체는 전동자전거와 전동스쿠터 대여를 1시간에 NT$200부터 대여해주며, 8:00~9:00에 영업을 시작하고 17:00~18:00에 대여를 마치므로 시간을 고려해 치진에 도착하고 대여해야한다. 대여 업체의 직원들은 간단한 영어나 한국어가 가능하기 때문에 대여에 큰 어려움은 없으며, 대여 시간에 따라 최대 NT$50까지 흥정 가능한 편이다. 그 이상 흥정하려면 서로 기분이 나빠질 수 있으므로 적당히 흥정하자.

치진 천후궁

旗津天后宮 | 치진티엔허우궁

1673년에 건축된 치진 천후궁은 대만 최초로 바다의 신 마조를 봉양한 곳이며 지금도 마조를 봉양하고 있는 사원이다. 가오슝에서는 300년의 역사를 가진 가장 오래된 사원으로, 계속해서 보수가 이어진 치진 천후궁의 마지막 보수 공사는 2019년 9월에 끝났다. 치진 천후궁 내부에는 300년 된 마조 동상, 139년 된 청동 종 등 중요한 문물을 소장하고 있다.

🌐 chijinmazu.org.tw
🏠 高雄市旗津區廟前路95號
　치진 페리 선착장에서 도보로 약 3분
🕐 매일 06:00~22:00　📞 07-571-2115

치호우 포대

旗後砲台 | 치호우파오타이

치호우로산은 과거 바다를 통해 침입하는 외적으로부터 가오슝 항구를 책임지고 지키던 곳이다. 청나라 시대 강희제 시절에 치허우산에 6개의 중국식 대포를 설치해 포대를 구축했고, 1863년 다고우 항구(가오슝 항구)가 개항한 이후에는 군사적, 지리적 요충지로 중요한 역할을 했던 곳이다. 지금은 과거의 오래된 흔적만이 남아있지만 대부분이 충분히 보존된 상태로, 중국의 전통 건축 양식이나 병영 건축 양식을 엿볼 수 있다.

포대의 가장 높은 곳에서는 시즈완에서부터 가오슝 시내까지 뻥 뚫린 전경을 볼 수 있으며, 치진섬의 인기 있는 포토존으로 입지를 굳혀가는 중이다. 치호우 포대에서 조금 더 올라가면 치호우 등대가 있다. 치허우 포대와 같이 시즈완 및 가오슝 항구의 바다 전경을 감상할 수 있지만, 담장이 있어 시야가 완전히 자유롭진 않으며 등대 위로도 올라갈 수는 없다. 시간이 있다면 한번쯤 둘러보는 것도 좋다.

🏠 高雄市旗津區旗後山, 치진 페리 선착장에서 약 1km　📞 07-222-5316

치진 스타 터널

旗津星空隧道 | 치진씬콩쑤이다오

치진 터널은 일제 강점기 군사 작전에 사용하기 위해 만들었던 터널이었다. 현재는 가오슝 시에서 나무산책로를 놓아 걸어가기 편하게 만들어놓았으며, 터널 내벽에 12개의 별자리를 야광으로 장식하여 치진 스타 터널이라고 불린다.

별자리는 낮에도 희미하게나마 감상할 수 있기는 하지만 밤에 봤을 때 더 아름답다. 터널 밖으로 나가면 치진 피오르드의 탁 트인 바다와 함께 암석 절벽에 부서지는 파도를 감상할 수 있다.

🌐 chijinmazu.org.tw
🏠 高雄市旗津區廟前路1巷, 치호우 포대 아래 📞 07-222-5136

치진 해수욕장

旗津睦風大道 | 치진하이수이위창

치진 해수욕장은 특별한 볼거리는 없지만 드넓게 펼쳐진 검은색 모래해변과 한없이 넓은 바다만으로도 충분해지는 곳이다. 검은 모래 해변은 투박해 보이지만 모래입자가 상당히 부드러워 걷기 좋으며, 햇볕에 반짝거리며 밀려들어오는 잔잔한 파도는 발을 부드럽게 감싸준다. 또 치진 해수욕장에는 일년 12개월 내내 언제나 서핑을 즐기는 현지 젊은이들도 볼 수 있어 아무 생각 없이 편안하게 바라보기 좋은 장소다.

🏠 高雄市旗津區廟前路1號
치진 천후궁에서 도보로 약 5분
📞 07-571-0811

치진 무지개 교회

旗津彩虹教堂 | 치진차이홍쟈오탕

치진에서 가장 유명한 랜드 마크인 치진 무지개 교회는 진짜 교회는 아니며, 가오슝의 웨딩업체에서 만든 웨딩촬영 장소다. 넓고 푸른 바다와 하늘을 들러리 삼아 일곱 빛깔의 아름다운 색을 빛내는 무지개 교회는 언제나 인증샷을 찍는 사람들이 자리하고 있으며, 치진 섬에 왔다면 꼭 들러서 사진을 찍고 가야하는 필수 포토존이다.

🏠 高雄市旗津區旗津三路990號, 치진 천후궁에서 약 1.5㎞
📞 07-571-8920

치진 조개껍질 박물관

旗津貝殼館 | 치진베이커우관

별 기대 없이 들어갔다가 생각보다 신기한 볼거리 많아 입장료가 안 아까워지는 치진 조개 껍질 박물관은 2,000여개가 넘는 조개류와 약 200종류의 게 표본을 소장하고 있다. 반드시 가봐야할 곳은 아니지만 전 세계에서 가장 큰 가리비 조개를 갖고 있는 곳으로, 치진을 여행하다 날씨가 너무 더울 때 더위도 식히고 진귀한 조개들도 구경할 겸 방문해보자.

🏠 高雄市旗津區旗津三路887號, 치진 무지개교회에서 도보로 약 3분
🕐 화~금 09:00~17:00 / 월요일 휴무   🎫 NT$30   📞 07-571-8920

치진해진주

旗津海珍珠 | 치진하이쩐쭈

푸른 잔디 위에 놓여진 치진해진주는 공공예술작품으로, 치진의 새로운 랜드 마크로 점점 알려지고 있는 곳이다. 치진해진주의 하이라이트는 역시 석양이 무르익었을 때로, 붉은 석양이 치진해진주의 황금색에 스며들어 반짝거리는 모습이 매우 아름답다.

⌂ 高雄市旗津區旗津三路號旗津海珍珠, 치진 조개껍질박물관에서 도보로 약 3분
⏱ 화~금 09:00~17:00 / 월요일 휴무　🅐 NT$30　📞 07-799-5678

치진풍차공원

旗津風車公園 | 치진펑쳐궁위엔

치진에 있는 관광지들과 가장 멀리 떨어져 있는 치진풍차공원은 치진의 다른 관광지들에 비해 관광객이 없으며, 현지인들이 산책하거나 휴식을 취하는 공원이다. 풍차공원에는 3날식 풍차 7개가 우뚝 서있으며, 계단식 의자 밑으로는 귀여운 해양생물 조형물이 옹기종기 모여 있다. 반드시 와야 하는 곳은 아니지만 한적하고 조용한 분위기에서 석양을 감상하기 좋은 곳이다.

⌂ 高雄市旗津區旗津二路旗津風車公園, 치진해진주에서 약 1.5km
⏱ 화~금 09:00~17:00 / 월요일 휴무　🅐 NT$30　📞 07-571-8920

치진 해산물 거리
吉金海鮮一条街

치진에서 잡아 올린 신선한 해산물을 가져와 요리해 판매하는 해산물 음식점이 밀집돼있는 곳이다.

대부분의 해산물 음식점이 가격과 맛이 평이하기 때문에 어느 곳을 들어가도 큰 상관이 없으며, 해산물도 종류별로 요리 방법이 두세개로 정해져있는데 한국에서 해산물을 요리하는 방법과 크게 다르지 않고 향신료도 많이 들어가지 않기 때문에 먹기도 편하다.

해산물 음식점을 고를 때는 가게 앞에 가격 표시가 돼있는 해산물 음식점에 들어가는 것이 바가지 가격을 방지할 수 있는 방법이다. 가게마다 영어메뉴판이나 한국어 메뉴판을 구비하고 있는 곳도 있으므로 주문 시 요청하자.

위치 먀오치엔루(廟前路)일대, 치진 천후궁에서 도보로 약 1분
시간 10:00~21:00

만이소흘부
萬二小吃部 | 완얼샤오츠부

현지인들이 많이 방문하는 해산물 요리 전문점으로 길고 넓은 실내 뒤편에는 바다가 펼쳐져있다. 매장 카운터에서 NT$100의 식권을 산 후, 미리 조리하여 진열돼 있는 음식을 가져올 때 식권을 내고 지불하는 시스템이다.

어려운 의사소통 없이 편하게 먹을 수 있으며, 남은 식권은 환불 가능하다. 셀프 서비스 식당으로 식기는 스스로 가져와야하며, 밥 또한 밥통에서 스스로 퍼담아 먹는 것으로 무료 무한제공이다.

위치 高雄市旗津區北汕巷50-60號, 치진 풍차공원에서 도보로 약 4분
시간 매일 11:00~21:00 **요금** 식권 NT$100 **전화** 07-571-4191

치진 선셋바
旗津沙灘吧 | 치진샤탄바

가오슝 시 관광부에서 치진을 방문하는 관광객들의 편안한 석양 관람을 위해 만든 바다. 열대 휴양지 감성의 분위기를 잘 살린 선셋바는 편안한 테이블과 의자가 여러 곳에 배치돼 있어 광활히 펼쳐진 하늘과 바다를 느긋하게 감상하기 좋다.

치진 선셋바는 영어메뉴판이 잘 구비돼있으며, 17:00~19:00은 선셋아워 타임으로 다양한 종류의 술을 NT90에 먹을 수 있다. 선셋바에서는 술 이외에도 커피와 차, 다양한 열대 과일 스무디, 배를 채울 수 있는 식사 메뉴 등도 판매하므로 시원한 음료와 함께 치진의 아름다운 석양을 즐겨보자. 모든 메뉴에는 부가세 10%가 붙는다.

홈페이지 facebook.com/cijinsunset **위치** 高雄市旗津區旗津三路1050號, 치진 해수욕장 앞
시간 일~금 12:00~21:00 / 토 12:00~22:00 **요금** 음료류 NT$90~ **전화** 07-571-6120

두육빙성
斗六冰城 | 더우리우빙청

현지 매체나 가이드북에도 여러번 소개된 아이스크림 집으로 친절한 노부부가 운영하고 있다. 첨가제를 사용하지 않고 만든 아이스크림은 인위적인 단맛이 아닌 건강한 단맛을 내며, 아이스크림은 1개~3개 맛을 NT$40에 먹을 수 있다.

미리 정해진 메뉴를 고르거나 직접 골라 선택할 수 있고 인기 메뉴는 밀크와 피넛이다. 또 아이스크림이 들어간 차는 이 곳의 별미로, 아이스크림 블랙티는 살짝 씁쓸한 맛에 벌꿀탄 듯 한 단맛으로 더위에 지친 몸에 기운을 불어넣어준다. 영어메뉴판이 구비돼있으므로 주문에 큰 어려움이 없으며, 하드나 통 아이스크림도 있어 선택의 폭이 넓다.

홈페이지 facebook.com/cijinsunset **위치** 高雄市旗津區中洲三路450號, 치진 무지개교회에서 도보로 약 6분
시간 매일 10:00~22:00 **요금** 아이스크림(冰淇淋) NT$40, 아이스크림 블랙티(紅茶冰淇淋) NT$50 **전화** 07-571-3850

左營區

ZUOYING DISTRICT

쮜잉구

쮀잉구

JULIJSKE ALPE

쮀잉구는 지하철 MRT와 일반 철도, 고속 철도가 모두 있는 가오슝 교통의 중심지 쮀잉역이 있는 곳이며, 가오슝의 랜드마크인 연지담의 용호탑과 현지인 및 관광객 모두에게 인기 있는 루이펑 야시장이 위치한 곳이다. 이와 더불어 쮀잉역에는 가오슝의 유명한 근교 관광지 불광산 불타기념관과 대만 남부의 대표 휴양지인 컨딩으로 향하는 버스가 있기 때문에 가오슝을 방문한 여행자라면 한번쯤은 반드시 들리게 되는 곳이다.

쮀잉구 여행 잘 하는 법

쮀잉구는 가오슝을 방문한 한국인 여행자라면 꼭 찾아간다는 루이펑 야시장과 함께 BEST 3 식당이 몰려있는 곳이다. 첫 번째는 한신아레나에 위치한 딘타이펑, 두 번째는 MRT 생태원구역 인근의 대형 청동 불상으로 유명한 식당인 천수모, 세번째는 용호탑 인근에 있는 삼우우육면이다.

향신료의 위험 없이 한국인 입맛에 잘 맞는 이 식당들은 가오슝 미식 여행의 종지부를 찍을 수 있는 곳이므로, 쮀잉구를 방문한 날 만큼은 먹방 여행을 찍어보자.

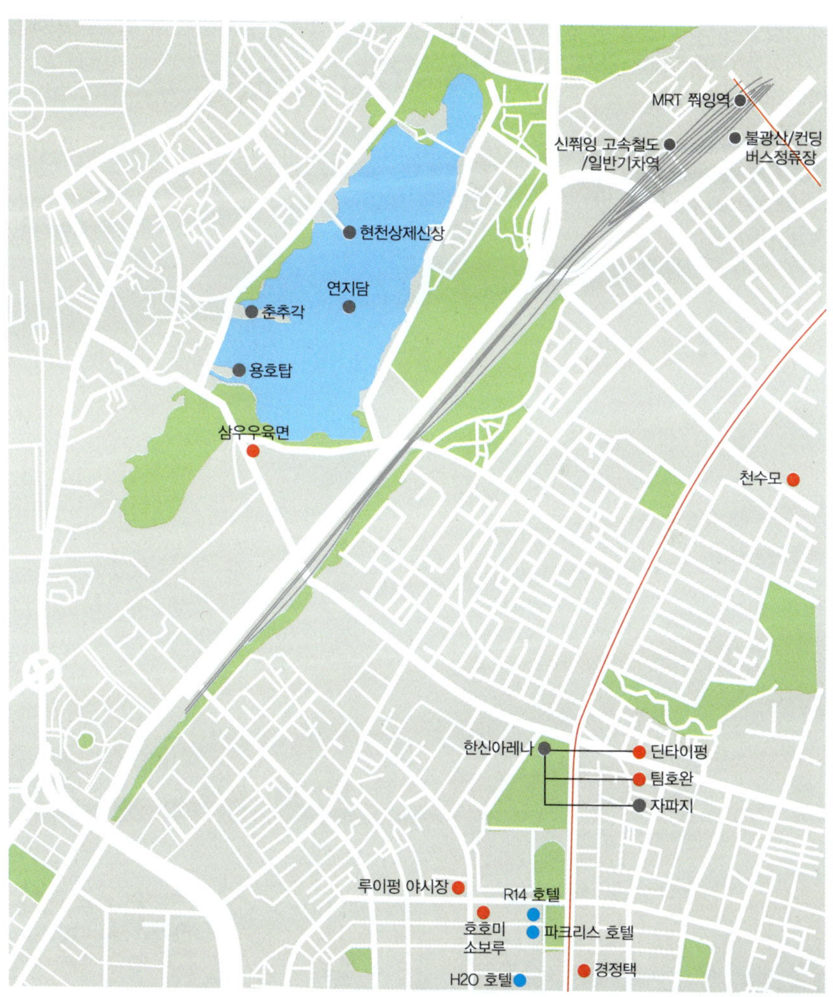

연지담풍경구

蓮池潭風景區 | 렌츠탄펑징취

연지담은 가오슝의 전통있는 관광지 중 하나로 면적이 7.5㎢ 에 달하는 아름다운 호수 뿐만 아니라 크고 작은 사원이 20여개 몰려있어 사당이 없는 데가 없다고 불리는 곳이다.
호수 주변은 산책로가 잘 마련돼있고 차량도 많이 다니지 않아 자전거로 둘러보기 좋다.
MRT 생태원구역 2번 출구와 연지담 버스정류장 앞에는 가오슝시 공용 자전거인 C-BIKE 정차장이 있다. 어플로 각 정차장에 자전거가 얼마나 있는지 검색해본 후 알맞은 곳에서 자전거를 대여해 넓은 연지담의 풍경을 감상해보자.

⌂ 高雄市左營區蓮潭路
　　MRT 생태원구역(生態園區站) 2번 출구로 나와 뒤쪽에 있는 정류장에서 紅35A, 紅35B, R51B를 타고 렌츠탄(蓮池潭/Lianchitan) 정류장에서 하차 후 도보 2분
☎ 07-588-3242

용호탑

龍虎塔 | 롱후타

가오슝을 여행하는 사람들 중 용호탑에 안 가보는 사람이 없을 정도로 유명한 가오슝의 랜드마크다. 연지담 내에 있는 용호탑은 1976년에 지어졌으며, 총 7층 높이로 용탑과 호탑으로 나누어져있는데 용탑으로 올라가는 것이 연지담의 풍경을 더 확 트인 모습으로 볼 수 있다.

용호탑은 용의 머리로 들어가 호랑이의 머리로 나와야 악운이 행운으로 바뀐다고 하며, 탑으로 가는 구불구불한 다리는 직진만 하는 강시를 막기 위함이다. 탑 앞에는 소원을 비는 조각상이 있는데 등을 만지면 재물을, 머리와 꼬리를 만지면 무병장수를 얻는데 둘 다 만지면 소원이 이루어지지 않는다는 속설이 있다고 한다.

🏠 高雄市左營區蓮潭路9號

    MRT 생태원구역(生態園區站) 2번 출구로 나와 뒤쪽에 있는 정류장에서 紅35A, 紅35B, R51B를 타고 롄츠탄(蓮池潭/Lianchitan) 정류장에서 하차 후 도보 2분

🕐 매일 08:00~18:00　　📞 07-581-9286

춘추각

春秋閣 | 춘추이거

춘추각은 1953년에 건설된 중국 궁전식 누각으로, 화려한 청록색의 용이 돋보이는 곳이다. 춘추각은 용호탑처럼 춘각과 추각으로 나눠져있으며 구곡교로 연결돼있다. 뒤로는 오리정이라는 붉은색 정자로 이어지는 다리가 있는데, 밤에는 오리정으로 가는 이 다리에 불이 켜져 매우 아름답다.

⌂ 高雄市左營區蓮潭路36號, 용호탑에서 도보로 약 3분
⏲ 매일 05:00~22:00 ☎ 07-588-3242

현천상제신상

玄天上帝神像 | 쉔톈상디신샹

현천상제신상은 대만에서 가장 높은 수상으로, 거대한 관우 신상은 높이가 72m에 달해 현천상제신상으로 가는 길부터 감상할 수 있다. 관우 신상이 오른손에 들고 있는 것은 천하제일 검으로 불렸던 칠성보검으로 칠성보검 길이가 38.5m에 달한다. 현천상제신상 앞에는 대만 특유의 야외노래방이 있어 다소 소음이 있는 편이다.

🏠 高雄市左營區蓮潭路169–1號
　　춘추각에서 도보로 약 7분
🕐 매일 06:00~22:00
📞 07–583–1648

연지담의
아름다운 야경

한신아레나
漢神巨蛋購物廣場 | 한션쥐단거우우광창

대만 남부에서 가장 많은 사람들이 방문하는 백화점으로 글로벌 브랜드와 대만 내 브랜드가 총집합해있다. 10층 건물로 구성된 한신아레나는 다양한 의류 및 잡화와 음식점, 그리고 대만의 다양한 특산품과 기념품을 파는 600여개의 매장이 입점해있어 그냥 나오기 쉽지 않은곳으로, 특히 중화권의 유명한 딤섬 전문점인 딘타이펑과 팀호완이 있어 많은 한국인 여행자들이 꼭 찾는 곳이다.

🌐 hanshinarena.com.tw
🏠 高雄市左營區博愛二路777號, MRT 쥐단역(巨蛋站) 5번 출구에서 도보로 약 3분
🕐 평일 및 공휴일 전일 11:00~22:30 / 토, 일, 공휴일 10:30~22:30
📞 07-555-9688

자파지
呷百二 – 高雄漢神巨蛋店

가오슝의 전통 제과점이자 대표 기념품 브랜드로, 가오슝의 다수구(大樹區)에서 생산한 신선한 재료만 사용해 다양한 쿠키와 케이크를 만들어내는 곳이다. 특히 자파지는 진 펑리수(金鑽鳳梨酥)가 맛있기로 유명하며, 펑리수 역시 다수구에서 키운 진 파인애플(金鑽鳳梨)만 사용해 만든다. 자파지의 진 펑리수는 파인애플 함량 70%와 100%로 나누어져있는데 100%가 조금 더 비싸지만 훨씬 더 달달하고 새콤하다.

🏠 高雄市左營區博愛二路777號B1, 한신아레나 지하 1층
🕐 평일 및 공휴일 전일 11:00~22:30 / 토, 일, 공휴일 10:30~22:30
🍴 진쫜펑리수(金鑽鳳梨酥) 70% 6개입 NT$180, 진쫜펑리수(金鑽鳳梨酥) 100% 6개입 NT270
📞 07-553-9310

삼우우육면
三牛牛肉麵 漢神巨蛋購物廣場 | 싼니우뉴러우미엔

용호탑을 방문한 한국인 여행자들의 대부분이 방문하는 우육면 전문점이다. 본래 현지인들에게 인기가 많은 곳이기 때문에 식사시간대에는 대기가 기본이다. 주문은 직원의 안내에 따라 들어간 후 메뉴판 및 주문서에 테이블 번호를 쓰고(직원이 써주면 그곳에 가서 앉는다), 주문할 메뉴를 체크한 후 줄을 서서(입구에 있는 유료 셀프 반찬을 먹는다면 함께 쟁반에 담는다) 카운터에서 선불로 계산하면 메뉴를 갖다 준다.

우육면은 맑은 국물(淸燉牛肉麵)이나 붉은 국물(紅燒牛肉麵) 둘 다 향신료 향이 강하지 않아 한국인 입맛에도 먹기 편하며, 면은 얇은 면(細麵)을 시키는 것이 가장 좋다. 이곳의 또 다른 한국인의 선호 인기메뉴는 대만식 짜장면으로, 짜장면을 먹는다면 굵은 면(拉麵)을 시키는 것이 더 낫다.

메뉴판은 왼쪽이 메뉴 이름이며, 옆 칸은 면 종류와 사이즈다. 첫 번째 검은색 칸은 얇은 면, 두 번째는 굵은면, 세 번째는 수제비이며 그 밑의 두 개의 칸은 소(小), 대(大) 선택 이므로 본인의 양에 따라 주문하면 된다.

홈페이지 facebook.com/3beef　**위치** 高雄市左營區勝利路85號, 용호탑에서 도보로 약 6분
시간 매일 11:00~20:30　**요금** 칭둔뉴러우미엔(淸燉牛肉麵) NT$165, 홍샤오뉴러우미엔(紅燒牛肉麵) NT$120
전화 07-588-7264

딘타이펑 가오슝점

泰豐 高雄店 | 딘타이펑 까오슝디엔

딘타이펑은 대만의 딤섬 전문점으로 본점은 타이베이에 있으며, 가오슝에는 한신 아레나에만 지점이 있다. 딘타이펑 가오슝점은 한국어 메뉴의 표기와 설명이 잘 돼있으며, 직원들도 간단한 한국어 구사가 가능하기 때문에 주문이 매우 쉽다. 관광객 현지인 할 것 없이 모두에게 인기 있는 곳이기 때문에 식사시간대에는 예약하고 방문하는 것이 좋다. 결제금액에는 부가세 10%가 붙어 나온다.

홈페이지 dintaifung.com.tw　**위치** 高雄市左營區博愛二路777號B1, 한신아레나 지하 1층
시간 월~금 11:00~21:30 / 토,일 10:30~21:30　**요금** 샤오롱바오(小籠包) 5개 NT$110　**전화** 07-553-3312

팀호완

添好運漢神巨蛋店 | 티엔호원한션쮜단디엔

팀호완은 홍콩의 딤섬 전문점으로 본점은 홍콩에 있으며, 가오슝에도 지점이 있다. 보통 한국인 여행자들은 팀호완을 찾아가기보다는 딘타이펑의 대기가 너무 많아 대체 식당으로 팀호완에 가는 경우가 많다. 또 한국인 여행자들이 자주 찾고 편하게 먹을 수 있는 샤오롱바오가 없다는 것도 단점이다. 하지만 팀호완 또한 딘타이펑에 비해 떨어지지 않는 딤섬을 제공하는 곳이며, 특히 새우가 들어가는 딤섬류가 맛있는 곳이다. 팀호완도 메뉴판에 한국어 표기가 잘 돼있기 때문에 주문에 어려움은 없으며, 꼭 딘타이펑의 샤오롱바오를 먹어야하는 이유가 없다면 팀호완에 들어가 식사하는 것도 좋을 것이다. 팀호완도 부가세 10%가 붙어 결제 된다.

홈페이지 timhowan.com.tw　**위치** 高雄市左營區博愛二路777號B1, 한신아레나 지하 1층
시간 평일 및 공휴일 전일 11:00~22:30 / 토, 일, 공휴일 10:30~22:30
요금 찡잉시엔시아지아오(하가우)(晶瑩鮮蝦餃) 4개 NT$138　**전화** 07-559-7178

루이펑야시장

瑞豐夜市 | 루이펑예스

루이펑 야시장은 MRT 미려도역 인근에 있는 리우허 야시장과 함께 가오슝 야시장의 양대 산맥을 이루는 곳이며, 특히 루이펑 야시장은 현지인들이 즐겨 찾기 때문에 현지 야시장을 경험해보고 싶을 때 방문하면 좋은 곳이다.

먹을거리 위주인 리우허 야시장에 비해 놀거리와 살거리를 파는 노점도 많기 때문에 현지 야시장 분위기를 제대로 느낄 수 있다. 하지만 루이펑 야시장의 최대의 단점은 여의도 불꽃축제에 버금갈 정도로 사람들이 많다는 것이며, 노점 간격이 좁아 이동과 음식 섭취가 불편하다는 것이다. 월요일과 수요일은 쉬기 때문에 방문 시 주의해야한다.

홈페이지	facebook.com/RueifongNightMarket
위치	高雄市左營區裕誠路南屏路 MRT 쥐단역 1번 출구에서 도보로 약 2분
시간	화, 목, 금~일 18:00~24:00 월, 수 휴무
전화	0986-554-866

호호미소보루

好好味菠蘿包

루이펑 야시장 인근에 있는 호호미 소보루는 호대만의 소보루 전문 체인점으로, 대만 여행을 왔다면 한번쯤 먹어봐야하는 음식으로 꼽힌다. 현지인들도 줄 서서 먹을 정도의 맛을 자랑하며, 루이펑 야시장에 온 한국인 여행자들은 대부분 먹어 보는 음식으로 가격도 저렴하기 때문에 한번쯤 먹어보는 것을 추천한다.

인기 메뉴는 기본맛인 파인애플 소보루와 파인애플에 버터를 넣은 파인애플 버터 소보루다. 메뉴판에 영어가 써져있으므로 주문이 어렵지 않다.

위치	高雄市鼓山區裕誠路1075號 루이펑 야시장 대각선 건물 1층
시간	일~목 14:00~23:00 / 금, 토 14:00~24:00
요금	파인애플 소보루(pineapple bun) NT$35 파인애플 버터 소보루(pineapple bun with butter) NT$ 40
전화	07-554-0228

경정택 박애점
輕井澤博愛店 | 칭징저보아이디엔

경정택은 대만 남부에서 유명한 1인 훠궈 전문점으로 현지인들에게 인기있는 곳이다. 매장도 크고 인테리어도 고급스럽기 때문에 가격이 높을 것 같지만, 1인 메뉴가 한화로 10,000원 정도부터 시작하기 때문에 혼자 가도 양이나 가격 면에서 큰 부담이 없다.

주말 식사시간대는 대기가 많기 때문에 예약하고 가는 것이 좋다. 직원들은 친절한 편이며 아주 간단한 단어로 대화할 수 있는 수준이지만, 영어메뉴판이 있기 때문에 주문에 큰 어려움은 없는 편이다.

위치 高雄市鼓山區博愛二路337號, MRT 쥐단역(巨蛋站) 2번 출구에서 도보로 약 4분
시간 매일 11:00~26:00 **요금** 1인기준 NT$238~ **전화** 07-550-0890

R14 호텔
R14 巨蛋旅店 | 쥐단뤼디엔

MRT 쥐단역 2번 출구에서 가깝다는 최대의 장점을 가진 R14 호텔은 가오슝에서 꼭 가봐야 한다는 루이펑 야시장도 걸어갈 수 있을 만큼 가깝다. 직원들이 친절하고 깨끗한 룸 컨디션으로 호평인 호텔로 쥐단역 인근에 숙박해야할 때 추천하는 곳이다. 조식은 베지테리언 식으로 운영되므로 알아두는 것이 좋다.

홈페이지 hotelr14.com **위치** 高雄市鼓山區文忠路1號, MRT 쥐단역(巨蛋站) 2번 출구에서 도보로 약 1분
요금 NT$2,800~ **전화** 07-586-8388

파크리스 호텔
帕可麗 | 파커리

파크리스 호텔은 고급스러운 깔끔함을 가진 4성급 호텔이다. 모든 시설이 청결하고 현대적인 인테리어로 투숙객들의 호평을 산다.
MRT 쥐단역 2번 출구와 루이펑 야시장이 가까워 이동과 먹을거리에 쉽게 접근할 수 있다. 친절한 직원들과 안락한 방 또한 바쁘게 돌아다닌 가오슝 여행의 피곤함을 덜어 내 줄 것이다.

홈페이지 pkl.theleeshotel.com
위치 高雄市鼓山區文信路192號
MRT 쥐단역(巨蛋站) 2번 출구에서 도보로 약 1분
요금 NT$3,300~
전화 07-962-8800

H2O 호텔
H2O HOTEL

H2O 호텔은 쥐단역과 아오즈디역 사이에 있는 5성급 호텔로 모든 면에서 투숙객들의 만족도를 이끌어내는 곳이다.

5성급 호텔이기에 요금이 조금 높다는 단점이 있지만 편안하고 널찍한 룸과 언제나 깨끗하게 청소되는 욕실, 맛있는 조식, 그리고 직원들의 친절하고 세심한 서비스가 요금을 잊게 만든다.

MRT 쥐단역巨蛋站과 루이펑 야시장도 도보로 5~6분이면 도착하기 때문에 이동과 식사 거리 해결에도 어려움이 없는 곳으로, 가오슝 여행을 즐겁고 편안하게 기억하도록 만들어 줄 호텔이다.

홈페이지 www.h2ohotel.com.tw　**위치** 高雄市鼓山區明華路366號, MRT 쥐단역(巨蛋站) 2번 출구에서 도보로 약 5분
요금 NT$4,600~　**전화** 07-553-7001

中央公園

CENTRAL PARK

중앙공원

중앙공원

CENTRAL PARK

중앙공원은 한쪽에는 시민들의 편안한 휴식처가 되는 중앙공원, 다른 한쪽에는 젊음과 에너지가 가득한 신줴쟝 상권이 있어 보색적인 매력을 한 번에 느낄 수 있는 곳이다. 낮에는 햇빛을 가득 받아 반짝거리는 중앙공원의 초록빛을 눈에 담으며 지쳤던 일상을 쏟아내고, 어둑어둑한 밤에 더 화려함을 빛내는 신줴쟝 상권을 거닐며 가오슝의 젊음을 느껴보자.

중앙공원 여행 잘 하는 법

가오슝의 명동이라고 불리는 신쥐에장 상권은 우리나라의 쇼핑 거리와 큰 차이가 없어 보인다며 그냥 지나치는 여행자들이 많은 편이다. 하지만 신쥐에장 상권은 가오슝의 젊은이들이 영위하는 최신 유행의 집결지로, 대만 및 가오슝에서 어떤 먹거리가 유행하고 성행하는지 등을 볼 수 있는 곳이다.

한 번 오는 여행자로는 알 수 없는 대만 및 가오슝의 최신 미식 문화를 만나볼 수 있는 곳이기 때문에, 대만 및 가오슝의 젊은이들은 어떻게 꾸며진 어떤 음식을 먹는지, 또 어떤 맛인지 느껴보는 것도 가오슝 여행의 새로운 경험이 될 것이다.

중앙공원역

中央公園站 | 중앙궁위엔

칙칙한 지하철역에서 나오면 가오슝의 푸른 하늘과 함께 MRT 중앙공원역의 독특하고 아름다운 조경이 펼쳐진다.
MRT 중앙공원역은 미려도역과 함께 미국의 여행 정보 사이트 부츠앤올Bootsnall에서 선정한 세계에서 가장 아름다운 지하철역 4위에 선정됐으며, 정기적으로 테마가 바뀌는 중앙공원역의 조경은 현지인들의 소소한 기대 거리이기도 하다.

⌂ 高雄市前金區中山一路11號
MRT 중앙공원역(中央公園站)

중앙공원

中央公園 | 중앙궁위엔

MRT 중앙공원역의 1번 출구로 나와 에스컬레이터를 타고 올라가면 가오슝의 푸른 하늘과 조화를 이루고 있는 중앙공원을 만날 수 있다.
중앙공원에는 열대 분위기를 뽐내는 야자수와 넓게 펼쳐진 푸른 잔디, 저마다의 키와 모양을 자랑하는 다양한 나무가 늘어서있다. 깔끔하게 조성되고 깨끗하게 유지되는 중앙공원의 산책로를 거닐며 여유로운 산책을 즐겨보자.

⌂ 高雄市前金區中央公園, MRT 중앙공원역(中央公園站) 1번 출구 앞

성시광랑

城市光廊 | 청스광랑

성시광랑은 15명의 예술가들이 '빛'을 주제로 만든 공공예술작품으로, 밤이 되면 다양한 설치 작품들이 저마다의 빛을 뽐내는 곳이다. 아름답기도 하고 귀엽기도한 여러 개의 예술작품들은 중앙공원과 잘 어울려 인근에 사는 현지인들의 산책 코스나 데이트 코스로 입지를 굳혔다. 일부러 찾아가서 봐야할 정도는 아니고 인근에 있을 때 한번 쓱 둘러보면 좋을 것이다.

高雄市前金區中華三路6號, MRT 중앙공원역(中央公園站) 1번 출구에서 도보로 약 5분

TSUTAYA BOOKSTORE
TSUTAYA BOOK STORE

타리백화점
大立百貨 | 따리바이휘

타리백화점은 성시광랑 앞 사거리 대로에 있는 백화점으로 다양한 글로벌 명품 브랜드가 입점해있다.

타리백화점은 쇼핑 포인트라기보다는 가오슝 중앙공원의 의외의 야경 명소로, 외관을 장식하고 있는 수천개의 LED 파노라마 경관조명이 켜졌다 꺼졌다를 반복하며 아름다운 무늬를 만들어낸다. 옥상에는 작은 놀이공원이 있어 바이킹과 회전목마 등을 타볼 수 있으며, 중앙공원 일대의 야경도 감상할 수 있다.

🌐 www.talee.com.tw
🏠 高雄市前金區五福三路59號, MRT 중앙공원역(中央公園站) 1번 출구에서 도보로 약 5분
🕐 매일 11:00~22:00　📞 07-261-3060

와치필드 가오슝점

瓦奇菲爾德高雄店 | 와치페이얼더 가오슝 디엔

고양이 덕후라면 일동 주목. 와치필드는 고양이와 관련된 잡화가 가득한 곳으로 고양이 덕후가 가오슝에서 반드시, 꼭, 가봐야 할 상점이다.

와치필드만의 귀여운 고양이 캐릭터가 들어간 가방, 지갑, 열쇠고리, 모자 등의 잡화는 고양이 덕후들의 지갑을 털어가며, 가오슝에서의 특별한 기념품이 될 것이다. 내부는 사진 촬영이 엄격하게 금지되므로 주의해야하며, 월요일은 오후 5시까지만 영업하므로 방문 시 시간에 유의해야한다.

🌐 dayan1976.pixnet.net
🏠 高雄市新興區中山二路550號, MRT 중앙공원역(中央公園站) 2번 출구에서 도보로 약 2분
🕐 화~일 12:00~22:00 / 월 12:00~17:00　📞 07-282-1065

신궤장상권

新堀江商圈 | 신궤장쌍췐

가오슝 젊은이들의 생활상을 느껴볼 수 있는 곳으로 다양한 의류 브랜드와 카페, 음식점들이 몰려있는 곳이다. 대부분의 점포가 정오 이후에 열기 때문에 오후 늦게 또는 밤에 방문하는 것이 좋으며, 야시장에서 인기 있는 음식의 노점이나 가게들도 여러 개 입점해있어 강력한 취두부 냄새의 공격 없이 야시장의 다양한 음식들을 먹어볼 수 있다.

🏠 高雄市新興區新堀江商圈, MRT 중앙공원역(中央公園站) 2번 출구에서 도보로 약 2분
🕐 상점에 따라 상이하나 대부분 12:00~22:00

제이카페
JCAFE

중앙공원 안에 있는 제이카페는 볼거리와 먹을거리가 많은 곳이다. 내부는 클래식한 인테리어와 소품으로 장식돼있으며, 외부에는 번쩍거리는 베트카가 있는데 밤에는 성시광랑과 외부의 조명이 인근을 아름답게 밝힌다.

메뉴로는 디저트와 식사거리, 그리고 다양한 음료를 판매하고 있으며, 현지인들에게 인기 있는 카페기 때문에 행사나 생일파티 등으로 시끌벅적 하거나 모임 및 결혼식 피로연 등의 대관 때문에 일반 시민들에게 개방하지 않는 날도 있다.

방문 시 페이스북 홈페이지를 방문하여 행사 일정이 있는 지 확인하는 것이 좋다. 모든 메뉴에는 부가세 10%가 포함돼 결제된다.

홈페이지 facebook.com/jcafe.tw
위치 高雄市前金區中華三路6號, MRT 중앙공원역(中央公園站) 1번 출구에서 도보로 약 5분
시간 매일 10:30~23:00　**요금** 음료류 NT$120~　**전화** 07-272-1999

흑노대
黑老大 | 헤이라오다

더 짠내투어에 방영되며 한국인에게 알려진 밀크티 전문점으로 신줴쟝 쇼핑구 인근에 위치해있다. 손님의 87%가 선택하는 인기 있는 메뉴는 역시 흑당버블티이며, 음료의 용기가 파우치와 컵으로 나누어져 있다는 점이 독특하다.

다른 흑당버블티 전문점과 달리 흑당의 당도도 조절할 수 있다는 장점이 있다. 하지만 금, 토, 일에만 운영하기 때문에 운영 요일에 주의하여 방문해야한다.

홈페이지 acebook.com/pg/twblackboss
위치 高雄市新興區文橫一路17號, MRT 중앙공원역(中央公園站) 2번 출구에서 도보로 약 5분　**전화** 07-908-165-382
시간 금, 토, 일 11:45~21:30 / 월~목 휴무　**요금** 흑당버블티 컵 NT$45, 흑당버블티 파우치 NT$50

빙탑 문화점

冰塔 B-TOD —文化店 | 빙타원화디엔

예쁘고 화려한 모양에 맛까지 놓치지 않는 빙수를 판매하여 현지 젊은이들에게 인기 있는 빙수 전문점이다. 정말 현지인들만 오는 현지인 빙수 맛집이기 때문에 영어메뉴판이 없고, 직원들도 영어 소통이 불가능한 편이기 때문에 주문에 다소 어려움이 있다. 하지만 빙수를 먹기 위해 찾아가도 될 정도로 맛있는 빙수를 판매하므로 신줴장 상권에 방문했을 때 한번 쯤 가보는 것을 추천한다. 번역기로 메뉴를 설명해달라고 하면 사진과 함께 메뉴 이름을 짚어준다.

| 홈페이지 | facebook.com/btod1118 |

| 위치 | 高雄市新興區文化路64號, 신줴장 상권 입구에서 도보로 약 4분 |

| 시간 | 월~금 13:00~22:30 / 토,일 12:00~22:30 | 요금 | 과일 빙수류 NT$120~ | 전화 | 07-281-3152 |

천사지파이 신줴장점

天使雞排-新崛江店 | 티엔쉬지파이—신줴장디엔

지파이는 닭고기를 납작하게 눌러 튀긴 대만식 닭고기 튀김이다. 천사지파이는 한국인 여행자들에게 루이펑 야시장 맛집으로 유명하지만, 가오슝 여러 곳에 지점이 있으며 신줴장상권에도 지점이 있다.

루이펑 야시장점이나 신줴장점이나 맛의 차이가 없으므로 어디에서 먹어도 좋다(신줴장점이 루이펑 야시장점에 비해서 대기줄이 적은 편이긴 하지만, 저녁 6시~9시의 대기줄은 루이펑 야시장점이나 신줴장점이나 큰 차이가 없다).

천사지파이는 기본맛인 오리지날과 매운맛인 스파이시가 있는데, 스파이시는 향신료 맛이 나기 때문에 호불호가 다소 갈린다. 오른쪽은 전화예약줄이므로 왼쪽줄에 서야한다. 메뉴판에 영어 표기가 돼있으며 "Original one" or "Spicy one"이라고만 말해도 주문이 가능하다. 지파이는 밑부분에 뼈가 있으므로 밑으로 갈수록 조심해서 먹어야한다.

| 홈페이지 | facebook.com/ANGEL201407 | 위치 | 高雄市新興區仁智街262號, 신줴장 상권 입구에서 도보로 약 2분 |

| 시간 | 월~목 14:30~24:00 / 금~일 14:00~24:30 | 요금 | 지파이 NT$75~ | 전화 | 0989-216-010 |

행복당가오슝시신줴장점

幸福堂高雄新崛江店 | 싱푸탕까오슝시신줴장디엔

행복당은 대만에서 한창 인기를 끌고 있는 버블티 전문점으로 역시 흑당버블이 가장 유명하다. 한국인 여행자들에게는 행복당 또한 루이펑 야시장점이 유명하지만 신줴장점에도 지점이 있다. 맛 또한 루이펑 야시장점과 신줴장점의 차이가 없는데 신줴장점이 대기줄이 더 없는 편이다.

행복당의 베스트 메뉴는 흑당버블티가 아닌 흑당버블밀크인데, 본래 흑당버블은 밀크티가 아닌 밀크, 즉 우유만 들어간 것이 오리지날이다. 행복당의 흑당버블우유에 들어가는 버블은 흑설탕에 계속 졸인 버블을 주기 때문에 음료는 덜 단 편이며, 버블이 달다. 메뉴판에 영어와 한국어 표기가 돼있기 때문에 주문은 어렵지 않으며, 영어로 주문해도 알아듣는다.

위치 高雄市新興區新田路168號, 천사지파이에서 도보로 약 2분 　**시간** 월~금 14:00~24:00 / 토,일 12:00~24:00
요금 흑당버블우유 NT$50 　**전화** 0908-971-068

타이거슈가

老虎堂新崛江店 | 라오후탕신줴장디엔

대만 흑당버블티의 원조인 대만 버블티 전문점이다. 현지인들에게는 인기가 많이 사그러들었기 때문에 대기줄이 별로 없는 편이다. 원조답게 흑당버블우유를 판매하고 있으며 메뉴판에 한글 표기는 없지만 영어가 표기돼있다. 최고 인기 메뉴는 크림이 들어간 흑당버블우유로 가장 위에 있는 메뉴이며, 크림을 좋아하지 않는다면 크림이 들어가지 않은 바로 아래의 메뉴를 시키면 된다. 직원들은 간단한 영어 소통이 가능하므로 주문도 어렵지 않다. 타이거슈가는 행복당처럼 버블이 달기보다는 우유맛이 단 편이다.

위치 高雄市新興區新田路187號, 행복당 대각선 방향
시간 매일 11:00~22:00
요금 흑당버블우유(Brown Sugar Boba Milk 또는 +with Cream mousse) NT$50
전화 07-272-3522

인디고 가오슝 센트럴 파크
Hotel Indigo Kaohsiung Central Park

인디고는 글로벌 호텔 체인인 IHG 계열이며, 가오슝에서 5성급 호텔에서 숙박하고 싶을 때 합리적인 가격으로 예약할 수 있는 곳이다.

호텔 인디고 가오슝 센트럴 파크는 MRT 중앙공원역 2번 출구에서 매우 가까운 위치에 있으며, 룸 크기도 넓고 깨끗한데다 조식까지 맛있어 숙박객들의 높은 만족도를 이끌어내는 곳이다. 15층에는 루프탑 바가 위치해있어 가오슝 시내를 내려다 볼 수 있다.

홈페이지 ihg.com	**위치** 高雄市新興區中山一路4號, MRT 중앙공원역(中央公園站) 2번 출구에서 도보로 약 2분
요금 NT$4,000~	**전화** 07-272-1888

브리오 호텔 가오슝
Brio Hotel Kaohsiung

MRT 중앙공원역 3번 출구를 나오면 바로 앞에 있는 브리오 호텔은 신축 호텔로 깨끗한데다, 사거리 대로 앞에 위치해 있어 뷰가 좋은 것으로 호평인 곳이다.

특히 브리오 호텔의 조식은 뷔페 형식이 아닌 메뉴를 고를 수 있는 형식이다. 취향에 맞는 음식을 조금 더 정성이 담긴 채로 먹을 수 있으나 뷔페가 아닌 점 때문에 호불호가 갈리기도 한다.

홈페이지 briohotel.com

위치 高雄市新興區中山一路14~26號
MRT 중앙공원역(中央公園站) 2번 출구에서 도보로 약 2분

요금 NT$2,900~   **전화** 07-281-7900

아이콘 호텔
艾卡設計旅店 | 아이카서지뤼디엔

아이콘 호텔은 대로에 위치한데다 독특한 외관 디자인으로 찾기 쉬운 호텔이다. 3성급 부티크 호텔로 저렴한 가격에 넓고 깨끗한 룸에서 숙박할 수 있다는 장점이 있으며, 특히 침대가 부드럽고 편안한 것으로 호평인 호텔로 직원들도 친절한 편이다.

홈페이지 iconhotel.com.tw
위치 高雄市新興區民生一路328號, MRT 중앙공원역(中央公園站) 3번 출구에서 도보로 약 5분
요금 NT$1,100~ **전화** 07-281-8999

그랜드 하이라이 호텔
The Grand HiLai Hotel

가오슝의 최고급 호텔로 합리적인 가격에 이용할 수 있는 5성급 호텔이다. 건물은 깨끗하고 관리가 잘 되며, 방 또한 넓고 청결한 점은 매우 기본적인 장점이다.
조식과 호텔 수영장은 대부분의 투숙객이 호평하며, 호텔 내부에만 13개 식당이 있어 더운 밖으로 나가서 식사를 해결하지 않아도 된다. MRT 중앙공원역에서 걸어서 가기에는 다소 무리가 있으므로 택시를 타고 가는 것이 좋다.

홈페이지 www.grand-hilai.com
위치 高雄市前金區成功一路266號, MRT 중앙공원역(中央公園站) 2번 출구에서 도보로 약 10분
요금 NT$4,100~ **전화** 07-216-1766

九鈴
娛樂城
SLOT
CASINO
奇美
泰國蝦
亨旺養生館
藥

三多商圈

SANDUO SHOPPING DISTRICT

삼다상권

삼다상권

SANDUO SHOPPING DISTRICT

삼다상권역에는 대형 백화점과 복합쇼핑몰들이 모여 있으며, 화장품이나 의류 및 명품 등 다양한 글로벌 브랜드와 영화관, 서점 등이 입점해있어 문화생활과 쇼핑을 한 번에 즐길 수 있는 곳이다. 또 삼다상권은 가오슝 85대루와 시립도서관, 가오슝 전시관 등 가오슝의 현대적인 건축물들이 위치해있으며, 삼다상권역 주변으로는 가오슝 시민들이 일상적으로 이용하는 다양한 시장과 현지 먹거리들이 모여 있다. 삼다상권을 방문한 여행자들은 가오슝의 다양한 볼거리와 먹을거리를 동시에 즐기게 될 것이다.

삼다상권 여행 잘 하는 법

삼다상권에는 밤늦게까지 운영하는 음식점이 많은 편이며, 삼다상권에 있는 볼거리들은 다른 관광지처럼 내부에 있는 여러 곳을 구경하기보다 외관을 감상하는 것이 더 좋은데 특히 밤에 보는 것이 더 아름답다.

낮에는 가오슝에서 꼭 가 봐야하는 다양한 볼거리들을 살펴보고 온 후, 밤에는 저마다의 독특한 외관으로 여행자들의 눈길을 이끄는 삼다상권 인근의 볼거리들을 산책하며 현지 미식을 즐겨보자.

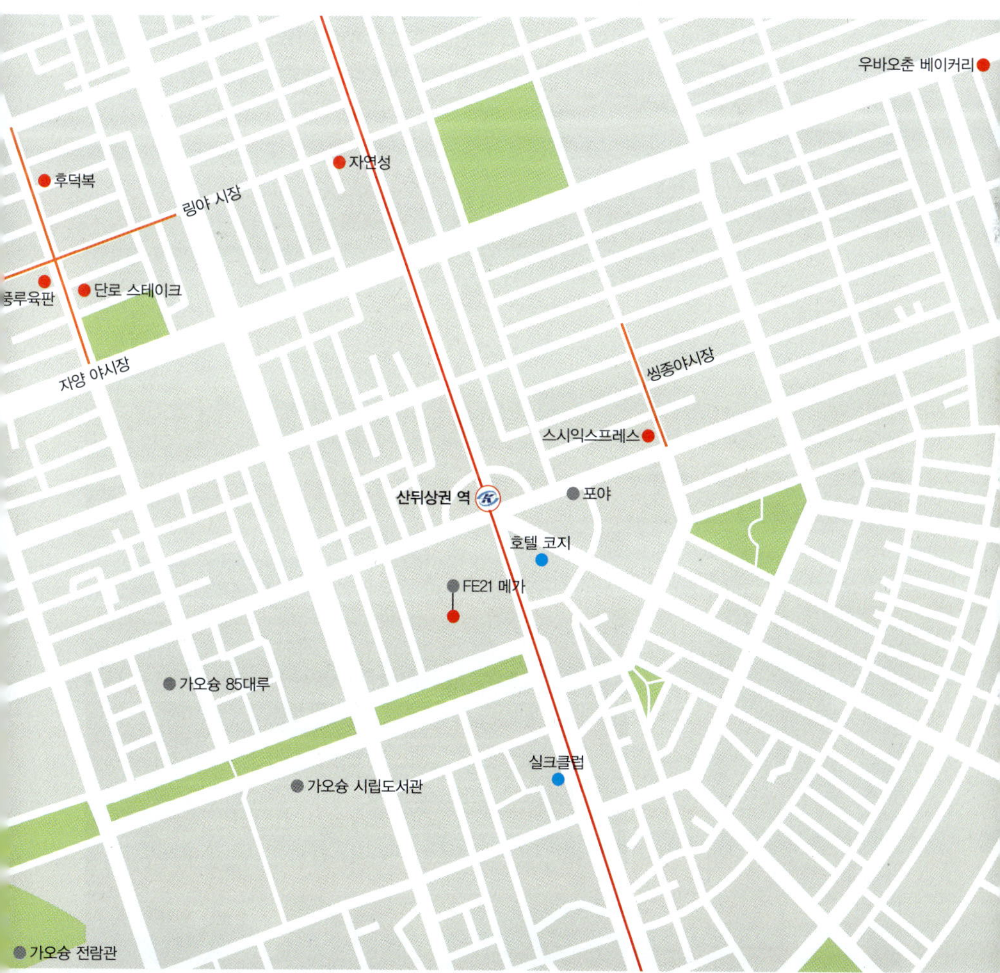

가오슝시립도서관총관

高雄市立圖書館總館 | 까오슝스리투슈관종관

딱 보면 도서관 건물이라고는 믿기지 않는 가오슝 시립도서관은 나무를 컨셉으로 디자인한 건물로, 도서관의 형태가 나무 모양으로 돼있다. 시립도서관은 탄소배출량을 줄이는 그린 건축물로 도서관 내부에 있는 실제 나무가 그 역할을 한다. 특히 시립도서관은 가오슝 의외의 야경 명소로 밤에는 건물 외관이 밝게 빛나 더욱 아름답다.

옥상에는 정원이 있어 가오슝 85대루와 가오슝 전람관, 항구의 모습을 조망할 수 있으며, 밤에는 항구 반대편 쪽에서 드림몰의 관람차 야경이 조그맣게 보이므로 눈을 크게 뜨고 찾아보자. 시립도서관은 매우 많은 시민들이 이용하는 곳이므로 무조건 정숙하자.

🌐 ksml.edu.tw
🏠 高雄市前鎮區新光路61號, 가오슝 85대루에서 도보로 약 3분
🕐 화~일 10:00~22:00 / 월요일 휴무
📞 07-536-0238

가오슝전람관

高雄展覽館 | 까오슝잔란관

파도 모양의 디자인이 돋보이는 가오슝 전람관은 우리나라의 삼성 코엑스처럼 다양한 국제 및 국내 전시회가 열리는 곳으로, 내부 또한 코엑스와 익숙한 풍경이다. 가오슝에서 열리는 다양한 전시는 모두 이곳에서 개최될 정도로 중요한 역할을 차지하고 있는 곳으로, 전람관 앞에는 대형 고래 조형물이 있어 눈길을 이끈다.

🌐 kecc.com.tw　🏠 高雄市前鎮區成功二路39號, 가오슝시립도서관에서 도보로 약 6분
🕐 매일 10:00~18:00　📞 07-213-1188

FE21 MEGA
高雄大遠百

MRT 삼다상권역 출구로 나오자마자 보이는 FE21 MEGA는 大遠百이라는 대만 백화점 체인이다. 내부에는 다양한 글로벌 및 대만 브랜드 의류, 화장품 등과 세계적으로 유명한 명품점이 입점해있으며 영화관과 다양한 음식과 디저트를 판매하는 상점이 입점해있다. 특히 11층에는 세계 여러나라의 음식을 판매하는 음식점이 있어 대만 현지 음식에 지쳤을 때 가기 좋으며, 17층에는 대만의 대형 서점 브랜드인 성품서점이 있어 다양한 대만 서적과 아이디어 상품 및 문구, 잡화 등을 동시에 만나볼 수 있다.

🌐 feds.com.tw　🏠 高雄市苓雅區三多四路21號, MRT 삼다상권역(三多商圈站) 1, 2번 출구 바로 앞
🕐 일~목 11:00~22:00 / 금,토 11:00~22:30　📞 07-972-8888

포야
POYA

포야는 대만의 드럭 스토어 체인점으로 웬만한 대만 여행 쇼핑 리스트를 전부 구매할 수 있는 곳이며, 삼다상권역에 있는 포야는 가오슝 지역에서 지하철역에 가장 가까운 곳에 위치한 지점이다.
1, 2층으로 나누어진 매장에는 엘리베이터도 있으며, 다양한 화장품과 의약품, 생활용품부터 시작해 의류 잡화와 문구류, 그리고 간단한 먹을거리까지 판매한다. 하지만 판매하는 상품의 대부분이 대만 자체 생산 상품이 아닌 일본 상품이다.

🌐 www.poyabuy.com.tw
🏠 高雄市前鎮區三多三路225號
🕐 MRT 삼다상권역(三多商圈站) 4번 출구 바로 앞
　　매일 10:00~22:30 / 금, 토 11:00~22:30
📞 07-335-2266

씽종 야시장

興中夜市 | 씽종예스

씽종야시장은 씽종관광야시장興中觀光夜市이라고도 불리지만, 관광객보다는 삼다상권 인근에 사는 현지인들이 이용하는 곳이다. 건물형 식당과 노점상이 혼재된 재래시장 형식으로, 늦은 오전이나 낮부터 운영하는 식당이 늦은 밤까지 운영하면서 야시장이 된다.

놀거리나 살거리는 거의 없고 음식점이 대부분이다. 가오슝에서 반드시 가봐야 할 야시장은 아니지만, 삼다상권 주변을 관광하거나 인근에서 숙박하면서 야시장의 간단한 음식거리를 먹고 싶을 때 방문하면 좋다. 리우허, 루이펑 야시장처럼 차량이 통제된 곳이 아니기 때문에 오토바이와 차량이 자주 지나다니므로 통행에 주의해야한다.

🏠 高雄市苓雅區文橫二路, 스시익스프레스 옆 골목　🕐 상점마다 상이하나 대체로 11:00~24:00

우사 팬케이크 가오슝대원백점

高雄遠百店 | Woosa

우사는 본래 일본에서 시작한 브랜드지만 최근 대만의 인기 디저트로 급부상한 팬케이크 전문점이다. 사진 찍기 좋고 예쁜 모양으로 나오는 팬케이크는 특히 20~30대 여성들에게 절대적인 지지를 받고 있으며, 매장 내부 또한 현대적이고 깔끔해 주말에는 언제나 사람이 붐빌 정도다.

팬케이크는 매우 두툼하고 크림처럼 부드럽고 포슬포슬한데, 주문 즉시 만들기 시작해 조리 시간에 20분이 넘는 시간이 소요된다.

홈페이지 www.poya.com.tw
위치 高雄市前鎭區三多三路225號, MRT 삼다상권역(中三多商圈站) 1,2번 출구 바로 앞 FE21 MEGA 2층
시간 월~금 11:00~22:00 / 토 11:00~22:30　**전화** 07-338-3806

스시익스프레스 삼다점

爭鮮迴轉壽司-三多店 | 정시엔훼이잔쇼우쓰 산둬디엔

느끼하고 뜨거운 대만 현지식에 지쳤을 때 방문하기 좋은 회전초밥 전문점으로 가오슝 곳곳에 지점이 있다. 스시의 맛이 매우 뛰어난 것은 아니지만, 무엇을 먹을지 고민 될 때 의사소통 걱정할 필요 없이 쉽고 편하게 먹을 수 있는 곳이다.

주문 시 최소주문 개념으로 미소된장국이나 계란찜 같은 기본 메뉴를 주문해야하며, 스시는 요금이 따로 표시된 것 이외에 모두 NT$30으로 저렴한 가격에 다양한 스시를 먹을 수 있다. 와사비는 레일에 돌아다니며, 각 자리에서는 셀프 녹차를 만들어 마실 수 있다.

홈페이지 sushiexpress.com.tw
위치 高雄市苓雅區三多三路226號, 포야에서 도보 약 1분　**시간** 매일 11:00~21:30　**전화** 07-339-4287

우바오춘 베이커리
Wu Pao Chun Bakery

2010 베이커리 월드컵 세계 챔피언에서 우승을 차지한 우바오춘이 오픈한 매장이다. 현지 재료와 고급 제빵 기술로 만든 다양한 빵들은 대부분이 맛있는 것으로 호평이며, 매장에는 언제나 빵을 구매하는 현지인들이 있다.
직원들은 관광객에게 친절하며 영어 소통이 가능하고, 차 및 음료나 빵을 시식하도록 도와준다. 저녁에 가면 인기 있는 빵들은 대부분 소진되므로 조금 일찍 방문하여 다양한 빵을 구경해보며 선택의 폭을 넓혀보자.

홈페이지 www.wupaochun.com　**위치** 高雄市苓雅區四維三路19號, 씽종 야시장에서 약 1㎞
시간 월~금 10:00~20:30 / 토,일 9:30~20:30　**전화** 07-335-9593

카페 자연성
自然醒 | 카페즈란싱

가오슝에서 조용하고 안락한 분위기에서 맛있는 커피를 먹고 싶을 때 방문하면 좋은 곳이다. 자연성의 주인은 2014년 세계 바리스타 대회에서 우승을 차지했으며, 카페에서는 세계 여러 나라의 다양한 지역에서 생산한 원두를 직접 로스팅하여 신선하고 풍미 좋은 커피를 느껴볼 수 있다.
메뉴판에도 영어 표기가 잘 돼있고, 직원들 또한 영어 의사소통이 잘 돼 주문에 어려움이 없으며 커피에 대한 설명도 들을 수 있다.

홈페이지 facebook.com/Cafewakeup
위치 高雄市苓雅區中山二路463號, MRT 삼다상권역(三多商圈站) 7번 출구에서 도보로 약 7분
시간 수~월 08:00~18:00 / 화요일 휴무　**전화** 07-536-6067

링야 시장 / 자강야시장

蘇阿嬤雞蛋酥/自強夜市 | 링야시창 | 쯔창예스

십자 모양으로 사이좋게 나누어져 있는 링야 시장과 자강 야시장은 씽종 야시장과 같이 재래시장과 건물형 식당, 노점이 혼재된 곳이며, 낮에도 열려있고 밤에도 열려있는 곳이 대부분이라 시장과 야시장의 큰 구분이 없는 곳이다.
놀거리나 살거리는 많이 없고 음식점이 매우 높은 비율을 차지하며, 관광객은 거의 없이 현지인들의 진짜 생활상을 느낄 수 있는 시장 겸 야시장이다.

위치 링야 시장 : 高雄市苓雅區苓雅二路 / 자강 야시장 : 高雄市苓雅區自強三路, 카페 자연성에서 도보로 약 3분
시간 상점마다 상이하나 대체로 09:00~24:00

후득복

厚得福 | 후더푸

한국인 여행자들에게 유명한 가오슝 맛집이지만, 본래 현지인들에게 인기 있는 로컬 맛집으로 굳이 식사 시간이 아니더라도 현지인들로 대부분의 테이블이 채워져 있는 곳이다.
다양한 대만식 만두와 면류를 팔고 있으며 대만식 두유인 또우장과 홍차가 무료로 무한 제공된다. 음식 사진이 있는 영어메뉴판이 있어 주문이 어렵지 않으며, 중국어로 된 메뉴판 및 주문서에 영어 메뉴판에 있는 글자를 찾아 개수를 표시한 후 주문하면 된다.

홈페이지 holdfu.com.tw **위치** 高雄市苓雅區自強三路156號, 카페 자연성에서 도보로 약 6분
시간 매일 11:00~21:00 **요금** 만두류 NT$75~ **전화** 07-269-2912

남풍루육판
南豐魯肉飯 | 난펑루로우판

Olive 〈원나잇 푸드트립〉에 방영되며 한국인 여행자들에게 알려진 곳으로, 현지인들에게도 유명한 가오슝의 루로우판(魯肉飯) 맛집이다. 루로우판은 돼지고기덮밥으로 잘게 다진 돼지고기를 간장에 졸인 후 밥에 올려먹는 음식인데, 남풍루육판은 고기를 다지지 않고 두툼한 돼지고기 한 덩이를 올려준다.

현지인들은 식사시간과 관계없이 방문하는 편이지만 살코기에 비해 비계 부분이 많기 때문에 느끼한 맛이 많이 나, 한국인 여행자들에게 호불호가 다소 갈리는 음식점이기도 하다. 메뉴판 및 주문서에 메뉴와 테이블 번호를 체크한 후 가져다주면 음식을 갖다 주며, 음식을 받을 때 계산한다.

위치 高雄市苓雅區自強三路139號, 후득복에서 도보로 약 3분
시간 매일 09:00~24:00　**요금** 루로우판(魯肉飯) NT$50　**전화** 07-331-2289

단로 스테이크 앤 라이스
DANRO Steak&Rice

에어컨 없이 뻥 뚫려 더운 실내와, 위생이 의심되는 시장 내의 다른 음식점과 달리 시원하고 깨끗한 내부 테이블에 음식도 정갈하게 내놓는 스테이크 전문점이다. 현지인들에게도 유명한 음식점이기 때문에 주말에는 대기가 다소 있다.

메뉴판에는 영어 표기가 잘 돼있지만 한국어 메뉴판도 있으므로 따로 요청하면 주문을 편하게 할 수 있다. 매일 운영하기 때문에 어떤 요일에 방문해도 상관없지만 오후에는 브레이크 타임이 있으므로 방문 시 시간을 유의하자.

홈페이지 acebook.com/Danro.SteakRice2004　**위치** 高雄市苓雅區自強三路116號, 남풍루육반에서 도보로 약 2분
시간 매일 11:30~14:00, 17:00~23:30　**요금** 루로우판(魯肉飯) NT$50　**전화** 07-339-1948

호텔 코지 가오슝 중산

HOTEL COZZI Kaohsiung Zhongshan

호텔 코지는 MRT 삼다상권역(三多商圈站) 3번 출구 바로 앞에 있다는 최고의 장점을 가진 호텔로, 합리적인 가격에 숙박할 수 있는 4성급 호텔이다. 호텔과 룸은 깨끗하고 넓은 편으로 투숙객들의 만족도를 높이며, 직원들은 영어가 잘 통하고 매우 친절하여 가오슝 여행의 기억까지 즐겁게 만들어 줄 것이다.

홈페이지 hotelcozzi.com
위치 高雄市前鎭區中山二路260號, MRT 삼다상권역(三多商圈站) 3번 출구 바로 앞
요금 NT$3,100~   **전화** 07-975-6699

실크 클럽
晶英國際行館 | 징잉궈지뤼관

실크 클럽은 지어진지 2년 정도 된 신축 5성급 호텔이다. 가오슝의 최고급 호텔이기 때문에 요금은 다소 비싸지만 고급스러운 인테리어의 넓고 깨끗한 방과 욕실, 프랑스 남부에서 재배한 허브가 들어있는 DAMANA 브랜드의 어메니티, 인피니티 풀과 피트니스 센터 등의 부대시설, 친절한 서비스를 제공하는 직원 등은 투숙객들이 불평할 점 하나 없이 매우 만족할 수밖에 없게 만든다.

홈페이지 silks-club.com
위치 高雄市前鎮區中山二路199號, MRT 삼다상권역(三多商圈站) 2번 출구에서 도보로 약 5분
요금 NT$6,900~   **전화** 07-973-0189

高雄 南部

KAOHSIUNG SOUTH

가오슝 남부

KAOHSIUNG SOUTH

가오슝 남부에는 특별한 관광지가 있는 것은 아니지만 실내에서 볼거리, 먹을거리, 살거리를 모두 해결할 수 있는 복합쇼핑몰이나, 즐겁고 재미있는 놀이 기구나 예쁘고 귀여운 것들이 가득한 놀이 공원이 있다. 대만 감성이 풍기는 가오슝 시내와는 다르게 현대적이고 활동적인 가오슝 남부의 매력을 즐겨보는 것도 가오슝 여행의 즐거운 기억으로 남을 것이다.

가오슝 남부 여행 잘 하는 법

가오슝은 날씨가 덥고 비가 자주 왔다 갔다 하는 지역이기 때문에 여행자의 컨디션과 일정에 크고 작은 영향을 미친다. 그런데 가오슝 남부에 있는 볼거리들은 실내를 즐기는 복합 쇼핑몰이 대부분이기 때문에 날씨에 영향을 받지 않는 좋은 관광 장소가 된다. 가오슝을 여행하는 동안 비가 많이 오거나 너무 더워 실외 관광이 어려울 때면 가오슝 남부로 향해 보자.

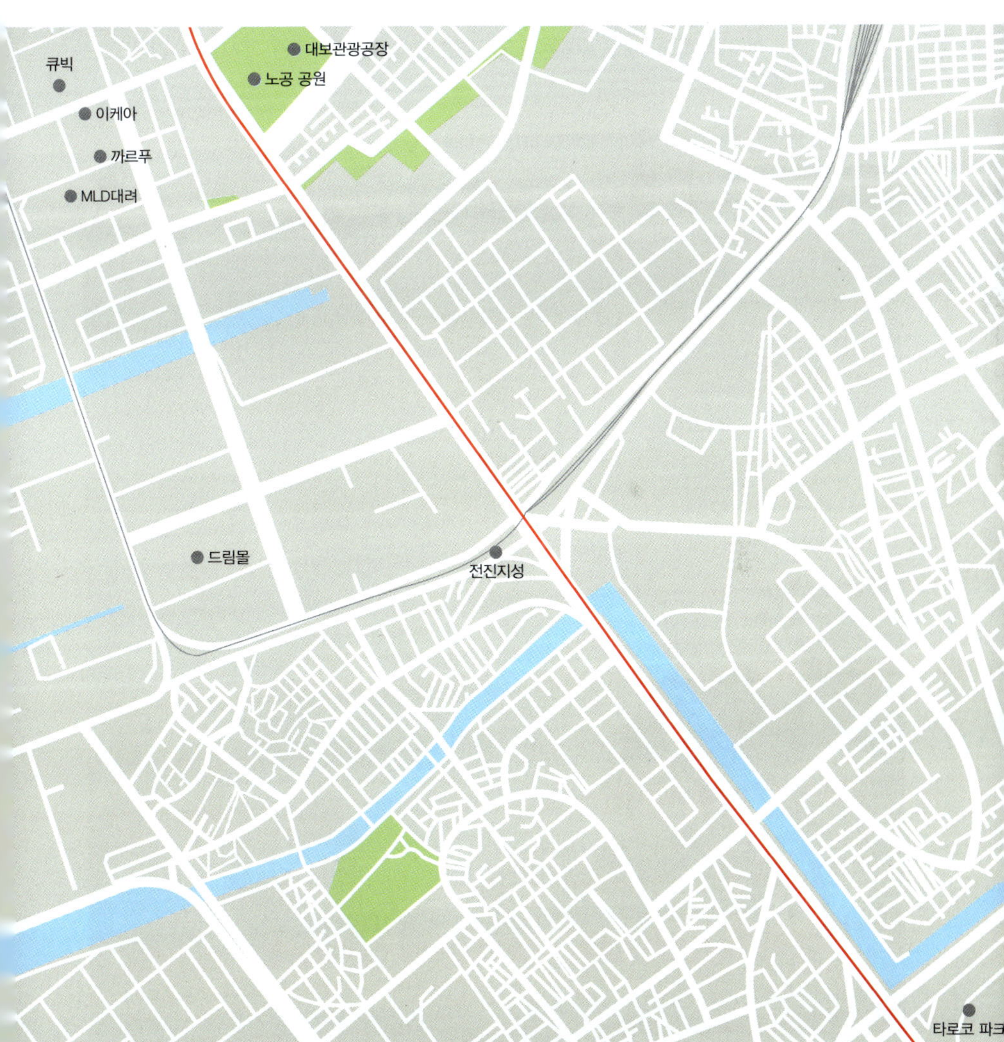

노공 공원

勞工公園 | 라오궁궁위엔

노공 공원은 2003년에 지어진 공원으로 노동을 테마로 한 공원이다. 가오슝의 경제 개발 시기 희생된 노동자들에 대한 기념비가 있으며, 노동과 안전에 대한 관심과 실천을 고취시키려는 목적을 담고 있는 공원이다.

주말에는 꽃시장이 열리고, 월요일에는 노공 공원 옆에서 노공 공원 야시장이 열려 많은 현지인들로 북적인다.

⌂ 高雄市前鎮區中山三路, MRT 스찌아역(獅甲站) 3번 출구 바로 앞

대보 관광공장

袋寶觀光工場 | 다이바오 꽝공창

대보 관광 공장은 수제 가방을 전시 및 판매하는 곳으로, 가방 이외에도 의류와 열쇠고리, 지갑, 신발, 모자 등 다양한 잡화를 구경할 수 있다. 입구에서는 열쇠고리, 가방, 지갑 등 아기자기하고 귀여운 DIY 키트를 판매한다.

주말에는 DIY 체험 수업이 열리며, 내부를 견학하는 중국어 가이드 투어는 평일 11시 타임, 14시 30분 타임, 16시 타임이 있고 주말에는 13시 타임이 추가된다. 공장 앞에는 카페가 있어 다양한 음료를 마시며 공원을 전망할 수 있다.

⊕ debocraft.bestmotion.com   ⌂ 高雄市前鎭區中山三路132號, 노공 공원 내 위치
Ⓝ DIY 키트 NT$130~, 가이드 투어 성인 NT$100, 3~7세 및 65세 이상 NT$50, 3세 이하 무료 / 음료류 NT$59~
🕐 매일 09:00~18:00   📞 07-332-0546

큐빅

KUBIC | 集盒 | 지허

눈에 띄는 독특한 조형물과 알록달록한 색깔의 컨테이너 박스가 모여 있는 큐빅은 카페나 전시, 공방이 모여있는 컨테이너형 문화공간이다. 개장 초기에는 매우 핫한 장소였지만 최근에는 인기가 많이 줄어 문을 여는 매장이 많이 없다. 페이스북 홈페이지를 참고하여 전시나 이벤트가 열리는 때에 방문하는 것이 좋으며, 반드시 가봐야 할 곳은 아니고 인근에 있을 때 한번쯤 둘러보는 것이 낫다.

🌐 facebook.com/KaohsiungKubic
🏠 高雄市前鎮區復興三路5號, MRT 스찌아역(獅甲站) 4번 출구에서 도보로 약 7분
🕐 매일 09:00〜18:00　📞 07-334-7310

이케아 가오슝점

IKEA Kaohsiung | 宜家家居 高雄店 | 이쟈쟈쥐까오슝디엔

가오슝의 이케아라고 해서 특별하게 다른 것은 없지만, 내부가 시원하고 볼거리가 많기 때문에 관심이 있다면 한번쯤 들려 봐도 좋을 곳이다. 매장에는 다양한 가구와 인테리어 소품들을 전시 및 판매하여 구경할 수 있으며, 1층에서는 핫도그나 아이스크림, 빵 같은 간단한 간식거리를 판매한다. 특히 1층에 있는 셀프 아이스크림은 NT$10이라는 저렴한 가격 덕분에 인기가 매우 많다. NT$10 동전을 넣고 나온 과자컵을 꺼내 아이스크림이 나오는 구멍 아래 끼워놓고 버튼을 누르면 아이스크림이 나온다. 위층에도 스웨덴 음식을 먹을 수 있는 작은 푸드 코트가 있어 식사도 해결할 수 있다.

🌐 ikea.com/tw/zh/store/kaohsiung
🏠 高雄市前鎮區中華五路1201號, MRT 스찌아역(獅甲站) 4번 출구에서 도보로 약 7분
🕐 매일 10:00~22:00   📞 02-412-8869

까르푸 성공점

Carrefour Chenggong Store | 家樂福成功店 | 쟈르푸청공디엔

까르푸는 한국에서는 많이 볼 수 없지만 대만에서는 쉽게 볼 수 있다. 1층에는 다양한 음식점과 의류 및 잡화 상점이 입점해있으며, 2층과 3층에는 식료품과 생필품이 있다.

특히 까르푸는 대만 여행 쇼핑리스트에 들어가는 대부분의 음식류를 살 수 있어 최대의 장점이 있으며, 성공점은 많은 한국인 여행자들이 방문하는 곳이기 때문에 3층에는 한국인들이 많이 사는 품목들을 따로 모아놓은 매대까지 있을 정도다.

NT$2,000 이상 구매 시 면세 환급이 가능하므로 가오슝 여행의 마지막 날 들러 캐리어를 가득 채워보자.

🌐 facebook.com/carrefour.zk
🏠 高雄市前鎮區中華五路1111號, 이케아 옆
🕐 일~목 09:00~23:00 / 금, 토 09:00~24:00
📞 080-008-8136

MLD 대려

MLD 台鋁 | MLD타이뤼

과거 알루미늄을 생산하던 공장을 개축해 만든 복합쇼핑몰 단지로 내부에는 세련되고 현대적인 인테리어된 영화관과 서점, 마트, 다양한 식당 및 카페와 의류, 잡화점 등이 입점해 있다.

날씨가 더워 외부는 엄두도 안 나고 시원한 내부에서 무언가 구경하고 싶을 때 좋은 곳으로, 여러가지 볼거리가 많아 시간 가는 줄 모르고 구경할 수 있는 볼거리 천국이다. 가오슝 시민들도 문화 생활 및 쇼핑을 즐기기 위해 자주 찾는 곳으로, 주말에는 다양한 소품과 아이디어 상품을 판매하는 마켓이 열려 더 많은 구경거리를 만나볼 수 있다.

⊕ mld.com.tw
⌂ 高雄市前鎮區忠勤路8號, 까르푸에서 도보 약 2분
⊙ 월~목 11:30~21:30 / 금 11:30~22:00 토,일 11:00~22:00　📞 07-536-5388

전진지성

Carrefour Chenggong Store | 家樂福成功店 | 쟈르푸청공디엔

가오슝 최초의 자전거 전용 도로로 2011년 10월에 건축을 시작해 2013년 4월에 완공됐다. 디자인은 동화책 잭과 콩나무에서 모티브를 얻었으며, 2013년 UN 국제거주도시건축에서 은상을 수상했다.

반드시 가봐야 하는 곳은 아니며, 드림몰을 갈 때 여기에 이런 것이 있구나, 하는 정도로 한번쯤 쓱 둘러보는 편이 좋다.

🌐 pwbgis.kcg.gov.tw/achievement/qzhen_bridge

🏠 高雄市前鎮區中山三路807號, MRT 카이쉬엔역(凱旋站) 1번 출구 바로 앞

📞 07-799-5678

드림몰

Dream Mall | 夢時代購物中心 | 멍스다이거우우중신

600여개가 넘는 다양한 글로벌 브랜드와 음식점, 의류 및 잡화점이 입점해있는 복합쇼핑 몰센터로, 아침부터 밤 늦게까지 운영하므로 언제가든 시원하게 내부를 즐길 수 있다. 대만에서 타피오카가 들어간 버블 밀크티를 처음 만들어낸 춘수당의 지점이 있으며, 가오슝 시내를 내려다볼 수 있는 '가오슝의 눈(高雄之眼)' 이라는 관람차가 있는데 관람차는 야경이 훨씬 좋다.

주말에는 다양한 행사가 열려 시끌벅적한 곳으로 가오슝 시민들이 많이 찾는 곳이다. MRT 카이쉬엔에서 1㎞ 정도 떨어져있기 때문에 LRT를 이용해 가는 것이 가장 좋다. MRT 카이쉬엔역 1번 출구 인근에 있는 LRT 치엔전즈싱역 (Cianjhen Star/前鎮之星站) 에서 LRT를 타고 멍스다이역(Dream Mall/夢時代站)에서 내리면 바로 앞이다.

🌐 dream-mall.com.tw

🏠 高雄市前鎮區中華五路789號, LRT 멍스다이(Dream Mal/夢時代站) 바로 앞

🕐 월~목 11:00~22:00 금, 공휴일 전일 11:00~22:30 토요일 및 연휴 10:30~22:30 일, 공휴일 10:30~22:00

📞 07-813-5678

타로코 파크

Taroko Park | 大魯閣草衙道

투자 비용 70억 대만달러에 총 면적은 8.7헥타르로, 대만 남부에서 가장 큰 규모이자 가장 최신식의 시설을 자랑하는 복합 쇼핑 테마파크다.

종류별로 다양한 글로벌 브랜드가 입점한 쇼핑센터와 세계 여러 나라의 음식을 판매하는 식당은 기본. 영화관, 농구장, 야구 배팅장 등 다양한 종류의 놀이 시설이 입점해있고, 일본의 스즈카 F1트랙을 10분의 1로 축소시킨 서킷에서 레이싱 카트를 즐겨볼 수도 있는 곳이다. 현지인들이 매우 사랑하는 나들이 장소로 주말은 항상 붐비며, 어린이 동반 가족이나 커플 여행자에게 추천하는 곳이다.

🌐 tarokopark.com.tw
🏠 高雄市前鎮區中安路1-1號, MRT 차오야역(草衙站) 2번 출구 바로 앞
🕐 월~금 11:00~22:00 / 토, 일 및 공휴일 10:30~22:00　📞 07-796-9999

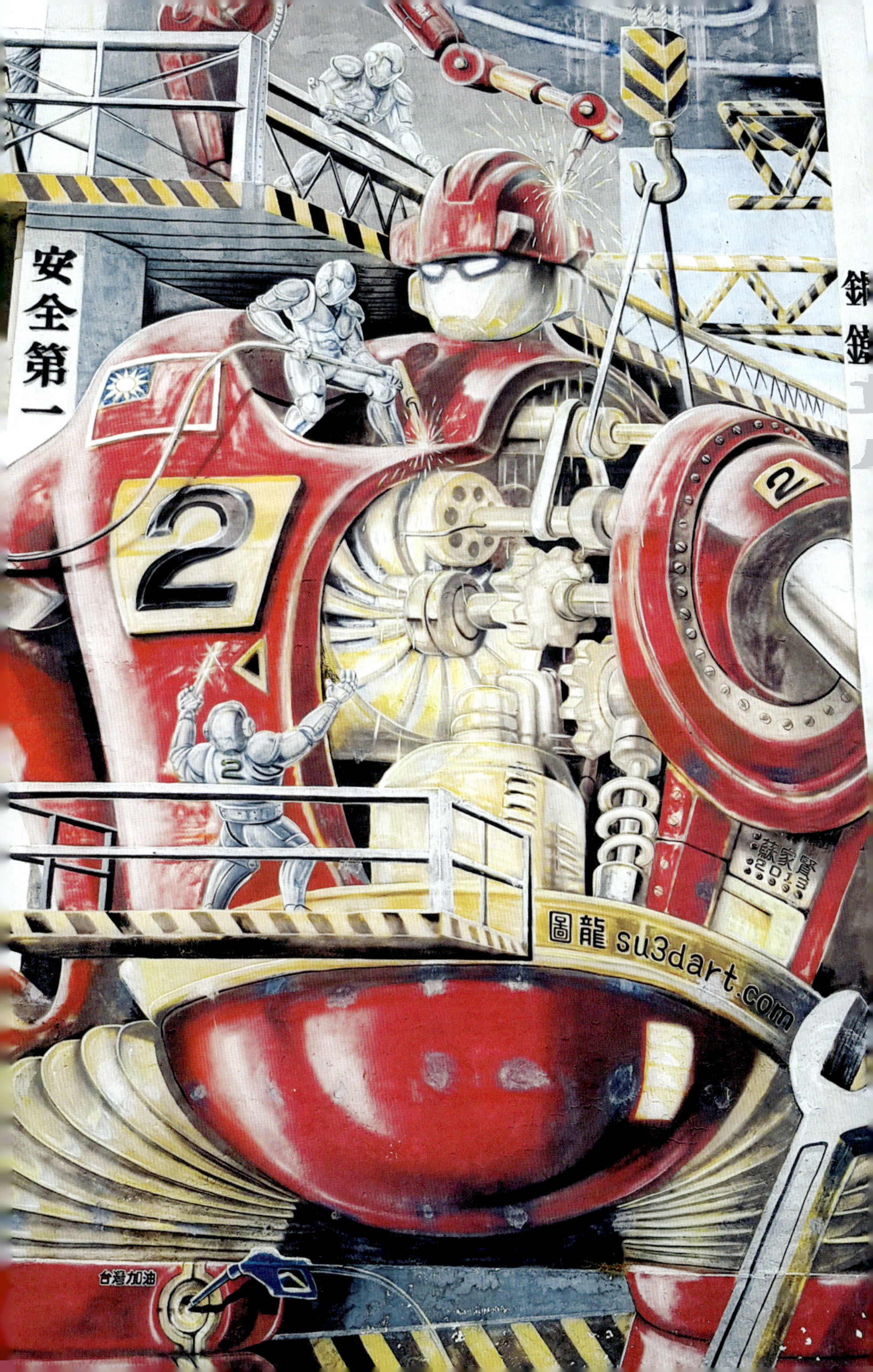

安全第一
鈑鎚
2
2
2
圖龍 su3dart.com
蘇家賢
2013
台灣加油

웨이우잉
衛武營

웨이우잉은 오래된 주택가에 벽화를 그린 웨이우잉 벽화마을로 알려지기 시작한 곳으로, 대만 남부에서 가장 큰 자연생태공원이자 50헥타르가 넘는 웨이우잉 도시공원이 있는 곳이다. 가오슝에서 반드시 방문해야할 유명한 관광지들에 비해 방문도가 낮은 곳이기 때문에 더 조용하고 더 한적하게 즐길 수 있을 것이다.
[사진 37]

웨이우잉 여행 잘 하는 법

웨이우잉에서 방문해볼만한 곳은 웨이우잉 벽화마을과 웨이우잉 도시공원이다. 웨이우잉 벽화마을은 현지인들의 주거지역이므로 위험한 곳은 아니지만, 어두워졌을 때 방문하면 불빛이 많이 없어 으슥하기 때문에 여행자로서는 다소 무서울 수도 있다. 그리고 웨이우잉 도시공원은 해가 질 때 보랏빛을 머금은 붉은 노을이 광활하게 펼쳐진 하늘을 바라보기 좋은 곳이다. 해가 지기 1~2시간 전 즈음 방문해 밝은 웨이우잉 벽화마을을 먼저 둘러본 후 웨이우잉 도시공원을 산책하며 석양을 감상하는 것을 추천한다.

도서관
군병원
웨이우잉 벽화마을
웨이우잉 역
마리스 기프트
보안관 사무실
웨이우잉예술문화센터
웨이우잉 도시공원

웨이우잉 벽화마을

衛武迷迷村 | 웨이우미미춘

현지인들이 거주하는 오래된 아파트 벽면에 화려하고 감각적인 초대형 벽화가 그려지면서 가오슝의 새로운 관광지로 변모했다. 17개국 32명의 예술가가 그린 55폭의 대형 벽화는 각각 다른 그림과 다양한 색깔을 자랑한다.
가오슝의 다른 관광지에 비해 유명세가 덜하기 때문에 평일에는 거주하는 현지인들만 돌아다니는 경우가 대부분이지만, 주말에는 관광객이나 관광지를 찾아온 현지인들이 곳곳에서 사진을 찍는 모습을 볼 수 있다.

🏠 MRT 웨이우잉역(衛武營站) 5번 출구 인근 아파트 일대

웨이우잉예술문화센터
衛武營文化藝術中心

2018년에 개관한 대만 남부 최초의 국립 공연 예술 공연장으로, 동아시아에서 가장 큰 공연장이다. 네덜란드의 건축가인 프란신 하우벤Francine Houben이 설계한 흐르는 듯 부드러운 느낌의 독특한 외관은 음파를 표현한 것으로 가오리 모양같이 보이기도 한다.
내부는 콘서트 홀과 야외극장, 중앙 전시관 등으로 나누어져있으며 정기적으로 다양한 전시와 콘서트 및 행사가 열린다.

- 🌐 npac-weiwuying.org
- 🏠 高雄市鳳山區三多一路1號
  MRT 웨이우잉역(衛武營站)
  6번 출구 바로 앞
- 🕐 매일 11:00~21:00
- 📞 07-262-6666

웨이우잉도시공원
衛武營都會公園

총 면적 약 50헥타르에 달하는 웨이우잉 도시공원은 대만 남부에서 제일 큰 자연생태 공원이다. 본래 국군 제 8군단 소재지로 쓰이던 곳이었으나, 군단이 자리를 옮긴 후 도시공원으로 탈바꿈 했다.
공원에는 과거 훈련용으로 쓰던 건물들의 흔적이 그대로 남아있으며, 수탑을 개조한 전망초소는 전망대로 쓰이고 있다. 공원 내부에는 호수와 넓은 잔디밭, 그리고 자전거 전용 구역이 따로 나누어져 있어 도보로 산책하기도, 자전거로 산책하기도 좋다.

- 🌐 pwbgis.kcg.gov.tw　🏠 高雄市鳳山區新強里15鄰輜汽路281號, 웨이우잉예술문화센터 뒤편
- 📞 07-342-1418

마리스 기프트
Marie's Gift

빨간색 네모난 선물 상자에 금색 리본이 둘러진 외관 디자인은 지나가는 사람들의 시선을 단번에 집중시킨다. 웨이우잉역에서 가장 핫한 카페로 주말에는 모든 자리가 꽉 차있을 정도며, 옥상에 있는 루프탑 자리는 웨이우잉역을 전망할 수 있어 더더욱 인기 있다. 메뉴는 간단한 식사거리와 함께 커피류와 차, 케이크와 와플 같은 디저트를 판매한다.

facebook.com/stevemariegift
高雄市苓雅區建軍路2號之1號, MRT 웨이우잉역(衛武營站) 5번 출구 바로 앞
수~월 10:00~21:00 / 화요일 휴무　음료류 NT$65~　07-710-6211

가오슝 근교
高雄 近郊

가는 방법

가오슝 시내에서 40분 정도의 짧은 시간에 갈 수 있는 근교 관광지는 대만 불교의 성지인 불광산에 있는 불타기념관, 그리고 대만 최대의 실내 테마 파크인 E-DA 월드가 있다. 가오슝에서 3박 이상 머무를 때 가기 좋으며, 두 곳 모두 MRT 줘잉역 1번 출구에 있는 버스 정류장에서 편하게 오고 갈 수 있다(불광산은 가오슝역에서 8009,8010을 타고 갈 수도 있으나 정차하는 정류장이 많아 1시간이 넘게 소요된다.).

버스는 불광산 및 불타기념관 직행 버스인 E02와 E-DA 월드로 가는 8501버스가 있다. E02버스는 3번 플랫폼, 8501버스는 5번 플랫폼으로 정해져있으나 현지 버스 사정에 따라 바뀔 때도 있으므로 플랫폼에서 버스 번호를 확인 후 기다리는 것이 좋다. 또 8501버스는 불광산 및 불타기념관까지 가는 버스와 E-DA 월드까지만 가는 버스가 따로 있으므로, 8501버스로 불광산 및 불타기념관에 간다면 버스 플랫폼에서 해당 버스가 어디까지 운행하는 지 정류장을 확인하고 기다려야한다. 시간표는 버스 종류 및 방향마다 정기적으로 변동되므로, 앞에서 안내한 타이완 버스^{Taiwan Bus} / 버스 트래커 타이완^{BusTracker Taiwan} 어플에서 검색하면 쉽게 찾을 수 있다.

불광산

佛光山

불광산은 본래 황무지였으나, 대만 불교계의 신화로 불리는 성운법사의 주도와 대만 불교 신도들의 헌신으로 사원을 짓기 시작해 1967에 완공됐다. 현재 대만에서 가장 큰 불교 사원이며 세계적으로 공인된 불교 성지가 됐다. 불광산의 구역은 크게 불광사와 불타 기념관으로 나누어지며, 둘 사이의 거리는 1㎞가 넘는다.

불교 신도가 아닌 일반 관광객들은 불타기념관의 대형 불상을 보러 가는 편이기 때문에, 불타기념관에만 가는 여행자들은 불광산의 첫 번째 정류장인 불타기념관에서 내려야한다. 물론 불광산은 규모가 크기 때문에 불광사와 불광산 불타기념관을 수시로 운영하는 무료 셔틀 버스가 있어 편하게 이용할 수 있다.

불타기념관은 2011년에 완공된 것으로 본관 앞에는 8개의 탑이 서있으며, 각 탑 또한 이름이 따로 있고 내부 또한 다르게 구성돼있다. 본관 아래에는 48개의 지하궁전, 본관 위에는 좌불 불광대불이 세워져있는데 불타기념관의 좌불 불광대불은 전 세계에서 가장 높다. 불타기념관은 세계적으로 유명한 여행 웹사이트인 트립어드바이저에서 2014년 여행자가 꼭 가봐야 하는 곳 중 대만 가오슝에서 1위로 가봐야하는 곳으로 선정됐다.

🌐 fgsbmc.org.tw

🏠 高雄市大樹區統嶺路1號, 쮜잉역(左營站) 버스 정류장에서 E02, 8501 버스로 약 40분

🕐 월, 수~금 09:00~19:00 / 토,일 09:00~20:00　🅽🆃🅱 화요일 휴무　📞 07-656-3033

E-DA 테마파크
E-DA Theme park

철강 업체인 이다 그룹에서 운영하는 곳으로 호텔 리조트와 동양 최대의 아울렛 쇼핑몰, 대만 최대의 실내 테마파크가 함께 모여 있으며 E-DA 테마파크 또는 E-DA 월드라고 불린다. 내부에는 학교 및 주택까지 있기 때문에 문화복합도시라고도 한다. 우리나라에는 2015년 MBC에서 방영한 〈여왕의 꽃〉이라는 드라마에서 이성경과 윤박이 데이트했던 장소로도 알려졌다.

아울렛은 총 A,B,C구역으로 나누어져있으며 글로벌 명품 브랜드와 대만의 유명 브랜드가 입점해있다. 특히 A구역의 최상층에는 대만 남부에서 제일 높은 곳에 위치한 대관람차가 있어 멋진 야경을 감상할 수 있다. 그리스를 테마로 만들어 대만 감성에 이국적인 분위기가 더해진 놀이공원은 매일 09:00부터 17:30분까지만 운영하며 자유이용권으로만 이용할 수 있다. 성인은 NT$899, 13세 이상 학생은 NT$799(학생증 제시 조건), 3세~12세는 NT$580, 장애인은 NT$450이며, 성인은 14시 이후 입장 시 NT$650에 티켓을 구매할 수 있다. 여행 플랫폼 어플 KKday에서는 조금 더 할인된 가격에 입장권을 구매할 수 있다.

🌐 edathemepark.com.tw
🏠 高雄市大樹區學城路一段10號. 쥐잉역左營站 버스 정류장에서 8501 버스로 약 30분
🕐 놀이공원 : 매일 09:00~17:30　📞 07-656-8080

여행 대만어(중국어) 회화

〈기본 인사 표현〉

한국어	중국어	발음
안녕하세요	您好	니하오
감사합니다	謝謝	셰셰
죄송합니다	對不起	뚜이부치
잠시만 기다려주세요	稍等一下	샤오덩이샤
사과드립니다	我道歉	워 따오 첸
저기요	前面那位	첸멘 나 웨이
잠깐만요	喂	웨이
실례합니다	不好意思	뿌하오이쓰
비켜주세요	請讓一下	칭 랑 이샤
도와주세요	請幫幫我	칭 빵방 워
부탁합니다	拜託您	빠이퉈 닌
조심하세요	請小心	칭 샤오신
만나서 반가워요	見到您很高興	젠따오 닌 헌 까오싱
다음에 또 만나요	再見	짜이지엔
안녕히 주무세요	晚安	완안
네	是	쓰
아니오	不是	부쓰

〈기본 대화 표현〉

한국어	중국어	발음
한국 사람인가요?	您是韓國人嗎?	닌 스 한궈런 마?
한국 사람이에요	我是韓國人	워 스 한궈런
중국 사람인가요?	您是中國人嗎?	닌 스 중궈런 마?
몇 살이세요?	您今年多大年紀了?	닌 진녠 뚸따 녠지 러?
나이를 여쭤 봐도 될까요?	我可以問您的年齡嗎?	워 커이 원 닌 더 녠링 마?
무슨 일을 하세요?	您做什麼工作?	닌 쬒 선머 꿍줘?
학생이에요	我是學生	워 스 쉬에성
회사원이에요	我是公司職員	워 스 꿍쓰 즈위앤
결혼하셨어요?	您結婚了嗎?	닌 제 훈 러 마?
취미가 무엇인가요?	您的愛好是什麼?	닌 더 아이하오 스 선머?
저는 사진 찍는 걸 좋아해요	我喜歡拍照	워 시환 파이 자오
저는 책을 읽어요	我看書	워 칸 수
종교가 있어요?	您有宗教信仰嗎?	닌 여우 쭝쟈오 신양 마?

〈기본 생활 표현〉

한국어	중국어	발음
이건 뭐예요?	这是什么	저 스 선머?
다시 말씀해주세요	请您再说一遍	칭 닌 짜이 숴 이뺀
이건 무슨 뜻이에요?	这是什么意思	저 스 선머 이쓰?
서두르세요	请快点	칭 콰이 뎬
저 급해요	我有点着急	워 여우뎬 자오 지
늦었어요	晚了	완 러
물어볼 게 있어요	有件事想问问您	여우 젠 스 샹 원원 닌
몇 시에 문을 열어요?	几点开门	지뎬 카이 먼?
아침 10시에 열어요	上午10点开门	상우 스 뎬 카이 먼
몇 시에 문을 닫아요?	几点关门	지뎬 꽌 먼?
저녁 10시에 닫아요	晚上10点关门	완상 스 뎬 꽌 먼
안으로 들어오세요	请进	칭 진
화장실은 어디예요?	洗手间在哪儿?	시서우젠 짜이 나얼?
그게 어디에 있지요?	那个在哪儿?	나거 짜이 나얼?
여기 있어요	在这儿	짜이 저얼
그곳은 어디에 있어요?	那个地方在哪儿?	나거 띠팡 짜이 나 얼?
이것은 어떻게 사용해요?	这个怎么用?	저거 쩐머 융?
여기 자리 있어요?	这里有人吗?	저리 여우런 마?
일요일에도 문을 열어요?	星期天也开门吗?	싱치 텐 예 카이 먼 마?
이해가 돼요?	明白了吗?	밍바이 러 마?
이해가 안돼요	不明白	뿌 밍바이
뭐라고 하셨죠?	您说什么?	닌 숴 선머?
잘 알아듣지 못했어요	我没听懂	워 메이 팅둥
이건 중국말로 뭐라고 해요?	这个用中国话怎么说?	저거 융 쭝원 쩐머 숴?
전화번호가 어떻게 되세요?	您的电话号码是多少?	닌 더 뗀화 하오마 스 뚸사오?
이거 한 개 주세요	这个给我一个	저거 게이 워 이 꺼
지금 몇 시에요?	现在几点了?	셴짜이 지뎬 러?

<공항에서>

한국어	중국어	발음
여권을 보여주세요	请出示您的护照	칭 추스 닌 더 후자오
여기 있어요	给您	게이 닌
탑승은 언제부터 하나요?	从什么时候开始登机?	충 선머 스허우 카이스 떵지?
이 짐을 부쳐 주세요	这个行李我要托运	저거 싱리 워 야오 퉈윈
이것을 기내로 가져갈 수 있어요?	这个能带上飞机吗?	저거 넝 따이샹 페이지 마?
탑승권 좀 보여주세요	请出示您的登机牌	칭 추스 닌 더 떵지파이
국적이 어디입니까	您国籍是哪里?	닌 궈지 스 나리?
한국입니다	是韩国	스 한궈
어떤 목적으로 오셨습니까?	您来做什么?	닌 라이 쭤 선머?
관광입니다	是旅游	스 뤼여우
어디에 머무르실 예정입니까?	打算住在哪儿?	다쏸 주짜이 나얼?
호텔에 있을 겁니다	打算在酒店住	다쏸 짜이 쥬뗸 주
자리를 바꿔도 돼요?	可以换一下座位吗?	커이 환 이샤 쭤웨이 마?
입국 신고서를 한 장 더 주세요	请再给我一张入境卡	칭 짜이 게이 워 이 장 루징카
수하물 찾는 곳이 어디에요?	行李在哪儿取?	싱리 짜이 나얼 취
제 짐이 없어졌어요	我的行李不见了	워 더 싱리 부 젠 러

<숙소에서>

한국어	중국어	발음
체크인하고 싶습니다	我想办理入住手续	워 샹 빤리 루주 서우쉬
다른 방으로 바꿔 주세요	请给我换一个房间	칭 게이 워 환 이 꺼 팡젠
수건을 더 주세요	请再给我几条毛巾	칭 짜이 게이 워 지 탸오 마오진
체크아웃은 몇시에요?	几点退房?	지뗸 투이팡?
저녁까지 제 짐을 보관해주실 수 있어요?	能把我的行李保管到晚上吗?	넝 바 워 더 싱리 바오관따오 완상 마?
택시를 불러 주세요	请给我叫一辆出租车	칭 게이 워 쟈오 이 량 추쭈처

〈식당에서〉

한국어	중국어	발음
주문하시겠어요?	您要点菜吗?	닌 야오 뎬 차이 마?
여기 메뉴판 주세요	请把菜单给我拿来一下	칭 바 차이딴 게이 워 나라이 이샤
여기 주문 받아 주세요	我们要点菜	워먼 야오 뎬 차이
영어 메뉴판이 있어요?	有英文菜单吗?	여우 잉원 차이딴 마?
계산서 주세요	请给我账单	칭 게이 워 장딴
신용카드로 해도 돼요?	能用信用卡付钱吗?	넝 융 신융카 푸첸 마?

〈상점에서〉

한국어	중국어	발음
이거 입어봐도 됩니까?	这个可以试穿一下吗?	저거 커이 스촨 이샤 마?
좀 깎아 주세요	便宜点吧	펜이 뎬 바
이건 얼마에요?	这个多少钱?	저거 뒤사오 첸?
비싸요	太贵了	타이 꾸이 러
계산하는 곳이 어디에요?	收款台在哪?	서우콴타이 짜이 나얼?
다른 것으로 바꿔주세요	请给我换一个别的	칭 게이 워 환 이 꺼 볘더

〈이동할 때〉

한국어	중국어	발음
여기가 어디에요?	这里是哪?	저리 스 나얼?
지하철역까지 이 길로 가면 됩니까?	去地铁站走这条路行吗?	취 띠톄잔 쩌우 저 탸오 루 싱 마?
걸어서 얼마나 걸려요?	走着去需要多长时间?	쩌우 저 취 쉬야오 뒤 창 스졘?
이 주소가 여기예요?	这个地址是这里吗?	저거 띠즈 스 저리 마?
거기까지 가는 데 얼마나 걸릴까요?	去到那儿得多长时间?	쩌우따오 나얼 데이 뒤 창 스졘?
요금이 어떻게 돼요?	车费是多少钱?	처페이 스 뒤사오 첸?

<관광할 때>

한국어	중국어	발음
관광안내소가 어디예요?	旅游咨询处在哪儿?	뤼여우 쯔쉰추 짜이 나얼?
무료 지도가 있어요?	有没有免费地图?	여우 메이여우 멘페이 띠투
입장료는 얼마예요?	门票多少钱?	먼퍄오 뒤사오 첸?
이 고장 특산물은 뭐예요?	这个地方特产是什么?	저거 띠팡 터찬 스 선머?
관광 안내 책자 하나 주세요	请给我一本旅游指南	칭 게이 워 이 번 뤼여우 즈난
사진을 좀 찍어 주시겠어요?	您能给我们照张相吗?	닌 넝 게이 워먼 자오 장 샹 마?

<중국어 메뉴판 읽기 - 조리법과 기본 재료>

한국어	중국어	발음
튀기다	炸	쟈
굽다	烤	카오
볶다	炒	차오
삶다, 끓이다	煮	주
지지다, 부치다	煎	지엔
찌다	蒸	쩡
해산물	海鲜	하이씨엔
생선	鲜鱼	시앤위
새우	虾	시야
오징어	鱿鱼	여우위
조개	蛤蜊	거리
가리비	扇贝	샨뻬이
양고기	羊肉	양러우
소고기	牛肉	뉴러우
차돌박이	肥牛	페이니우
돼지고기	猪肉	쭈로우
닭고기	鸡肉	지러우
채소	蔬菜	슈차이
청경채	青菜	칭차이

한국어	중국어	발음
배추	白菜	바이차이
작은 배추	娃娃菜	와와차이
양배추	包菜	바오차이
무	萝卜	루오뽀어
양상추	圆生菜	위엔셩차이
숙주	绿豆芽	뤼또우야
버섯	蘑菇	모꾸
팽이버섯	金针菇	찐쩐구
표고버섯	香菇	씨앙구
느타리버섯	平菇	핑구
송이버섯	松茸	쏭롱
시금치	菠菜	뽀차이
부추	韭菜	지우차이
상추	生菜	셩차이
깻잎	苏子叶	쑤즈예
고수	香菜	샹차이
감자	土豆	투떠우
고구마	红薯	홍슈
당근	红萝卜	홍로우보
옥수수	玉米	위미
마늘	蒜头	쏸터우
파	葱	콩
양파	洋葱	양충
오이	黄瓜	황꽈
호박	南瓜	난꽈
어묵완자	鱼丸	위완
고기완자	肉丸	러우완
새우완자	虾丸	시야완
넓은 당면	宽粉	꽌 펀
얇은 당면	粉丝	천쓰

조대현
63개국, 298개 도시 이상을 여행하면서 강의와 여행 컨설팅, 잡지 등의 칼럼을 쓰고 있다. KBC 토크 콘서트 화통, MBC TV 특강 2회 출연(새로운 나를 찾아가는 여행, 자녀와 함께 하는 여행)과 꽃보다 청춘 아이슬란드에 아이슬란드 링로드가 나오면서 인기를 얻었고, 다양한 여행 강의로 인기를 높이고 있으며 '트래블로그' 여행시리즈를 집필하고 있다. 저서로 블라디보스토크, 크로아티아, 모로코, 나트랑, 푸꾸옥, 아이슬란드, 가고시마, 몰타, 오스트리아, 족자카르타 등이 출간되었고 북유럽, 독일, 이탈리아 등이 발간될 예정이다.

폴라 http://naver.me/xPEdID2t

가오슝

인쇄 | 2026년 1월 17일
발행 | 2026년 2월 10일

글 · 사진 | 해시태그 여행 연구소, 조대현
기획 | 조대현
펴낸곳 | 해시태그 출판사
편집 · 교정 | 박수미
디자인 | 서희정

주소 | 서울시 도봉구 해등로 26길 20 8동 1303호
이메일 | mlove0107@gmail.com

979-11-7458-071-9(03920)

※ 일러두기 : 본 도서의 지명은 현지인의 발음에 의거하여 표기하였습니다.